中国社会安全系列研究丛书
姜晓萍 ◎ 主编

中国社会安全治理

突发事件风险的多维动态研究

陈垟羊 ◎ 著

中国社会科学出版社

图书在版编目（CIP）数据

中国社会安全治理：突发事件风险的多维动态研究／陈垟羊著. -- 北京：中国社会科学出版社，2024.12.（中国社会安全系列研究丛书）. -- ISBN 978-7-5227-4658-6

Ⅰ. D630.8

中国国家版本馆 CIP 数据核字第 2024E3C336 号

出 版 人	赵剑英
责任编辑	李凯凯
责任校对	王佳玉
责任印制	李寡寡
出　　版	中国社会科学出版社
社　　址	北京鼓楼西大街甲 158 号
邮　　编	100720
网　　址	http://www.csspw.cn
发 行 部	010-84083685
门 市 部	010-84029450
经　　销	新华书店及其他书店
印　　刷	北京君升印刷有限公司
装　　订	廊坊市广阳区广增装订厂
版　　次	2024 年 12 月第 1 版
印　　次	2024 年 12 月第 1 次印刷
开　　本	710×1000　1/16
印　　张	14.5
插　　页	2
字　　数	235 千字
定　　价	78.00 元

凡购买中国社会科学出版社图书，如有质量问题请与本社营销中心联系调换
电话：010-84083683
版权所有　侵权必究

前　言

突发事件的风险特征与演化规律是应急管理领域的核心科学问题。近年来，随着社会活动复杂性和多变性的增加，突发事件表现出更大的威胁性与破坏力，风险的不确定性和动态性明显增强，对风险防控与应急管理的精准性和科学性提出了更高的要求。准确识别突发事件的风险动态特征，充分把握各类风险的演化规律，既是推动应急管理实践从事后应对向事前防范转变的前提条件，也是推进社会治理体系和治理能力现代化建设的重要基础。突发事件是时间—空间—群体等维度复杂因素的耦合结果，突发事件风险在各个维度上均表现出不同的动态特征与演化机理。目前关于突发事件风险动态的研究侧重于对事件发展某一阶段或风险某一侧面动态特征的刻画，存在分析视角单一、内涵刻画不全、机理分析不足等方面的局限，与从实践层面更加深入有效地服务于突发事件的动态应急管理尚有一定差距。因此，如何进一步阐释风险动态的内涵和动因；如何全面、系统地分析风险的动态属性与作用机理；如何让风险动态分析更好地服务于动态应急管理已成为突发事件风险研究领域亟待解决的重要问题，也是推动从实践层面提高突发事件风险防控的科学化、体系化、精准化水平以及进一步优化风险防控策略和动态应急管理的现实需要。

本书以突发事件为研究范畴，以风险系统为分析对象，以突发事件风险动态属性的多维度—多尺度解析为基本思路，以服务突发事件风险防控与动态应急管理为研究目的。首先，本书分别从突发事件的过程导向和结果导向确定了风险动态属性的衡量维度；其次，研究构建了适用于突发事件风险动态特征刻画、机理分析的时间—空间—群体三维理论模型，并对四种多维情境下的风险动态机理进行了分析；最后，逐一对时间—空间、时间—群体、空间—群体和时间—空间—群体四种情境下典型突发事件的风险动态进行了实证研究，形成了一套比较完整的突发事件风险多维动态理论与方法体系，为风险防控与动态应急实践提供了理论参考与管理建议。本书的核心研究结论与贡献如下。

（1）突发事件风险动态具有时间—空间—群体多维交织的基本属性，各个单一维度只是刻画风险动态特征的基本标尺，而非风险动态的直接致因。本书构建的时间—空间—群体三维理论模型有效刻画了突发事件风险在四种情景下的动态特征与作用机理，为突破现有研究分析视角单一、内涵解读不全等方面的局限提供了方法论层面的参考。

（2）突发事件风险在时间—空间维度上的动态特征主要表现为潜在威胁与实际损失两个方面的波动方向与波动幅度不一致。风险局部动态的差异性与多样性致使风险最终表现为高风险—低损失、低风险—高损失、风险和损失相等三类动态情景。高风险并不一定意味着高损失，低风险也并不代表损失较小，这一发现是对现有理论研究与实践应用的重要补充。相较于传统的以划分风险等级的方式开展灾害评估而言，对风险情景的深入刻画和科学分类，能够为掌握风险系统内部动态差异、识别风险动态异常年份及地区、制定防灾减灾优化措施等实践层面提供更具针对性和操作性的理论依据。

（3）突发事件风险在时间—群体维度上的动态特征主要表现为风险烈度升级与风险化解多主体合作网络结构的变化。在突发事件早期若缺少有效的风险识别与化解手段，群体维度上的潜在损失将会增加，且伴随风险性质的演化升级；当风险防控措施介入后，风险动态则表现为群体维度上受影响对象的层次变化，即风险在个体层面、群体层面及二者交互层面的转化。多主体合作参与风险治理包括风险识别与风险化解两个环节，以及制度设计网络与自组织网络两种类型。在制度设计网络中，政府主体占据网络中心位置并主导合作进程；当制度设计被应用于风险化解实践时，政府主体则让渡了部分信息节点给非政府主体，使自组织网络呈现出去中心化的结构特征，多主体合作的形式更加多样且灵活。

（4）突发事件风险在空间—群体维度上的动态特征主要表现为不同维度上风险致因的双向互动、风险阈值在不同约束条件下的调整，以及由此带来的可承载风险浮动区间的改变。空间的物理条件、生态条件等因素会影响群体的活动方式与活跃程度,并改变群体维度上的风险承受状态。同时,群体的活跃水平也会对空间的风险承载能力产生消极影响,影响系数为0.64。

(5)突发事件风险在时间—空间—群体维度上的动态特征主要表现为风险在复杂网络中的传播、扩散和持续的发展过程。比如:在煤矿安全生产事故致因网络中,群体维度上的风险因素包括煤矿工人的违章操作、企业管理人员的逃避监管与非法开矿、政府监管部门工作人员的执法不严等;空间维度上的风险因子则突出表现为矿井掘进工作面、风巷等特殊作业空间内机械设备的不安全状态。研究通过对风险因子传导路径的关联规则挖掘与风险传播网络的结构分析,发现矿工的违章操作在风险传播链中发挥了关键的桥梁作用,且集中在局部通风机的不当操作与违规爆破作业方面。

本书首先系统性地分析了突发事件风险动态在不同维度上的基本内涵、动态形式、互动机理,为突发事件的风险研究提供了基础性的理论参照、研究视角和分析框架;其次,根据不同的突发事件类型和不同的风险动态情景有针对性地设计了相应的定量分析方法,一定程度上克服了传统分析方法在数据依赖、适用场景与特征刻画等方面的局限;最后,通过对四种动态情景下的实证分析,为进一步优化突发事件风险防控与动态应急策略提供了理论参考和管理启示。

目 录

绪 论 …………………………………………………………………（1）
 第一节 研究背景与目的意义 ………………………………………（1）
 第二节 研究综述 ……………………………………………………（5）
 第三节 科学问题与技术路线 ………………………………………（14）
 第四节 主要创新点 …………………………………………………（19）

第一章 突发事件的风险多维动态机理与逻辑关系 …………………（21）
 第一节 突发事件的动态内涵与动态维度 …………………………（21）
 第二节 风险动态的概念界定与理论分析 …………………………（28）
 第三节 风险动态的多维互动机理与逻辑关系 ……………………（39）
 第四节 小结 …………………………………………………………（47）

第二章 基于时间—空间维度的突发事件风险波动特征分析 ………（49）
 第一节 问题描述 ……………………………………………………（49）
 第二节 时空维度上风险动态的分析方法 …………………………（55）
 第三节 洪水灾害的风险系统分解 …………………………………（59）
 第四节 洪水灾害风险系统的局部动态分析 ………………………（61）
 第五节 洪水灾害风险系统的整体动态分析 ………………………（67）
 第六节 洪涝风险的预防策略：海绵城市 …………………………（69）
 第七节 小结 …………………………………………………………（75）

第三章　基于时间—群体维度的风险动态演化分析 (77)

第一节　问题描述 (77)

第二节　社区矛盾化解的多主体合作网络理论 (80)

第三节　数据统计与分析方法 (85)

第四节　社区矛盾纠纷在时间—群体维度上的动态演化特征 (92)

第五节　实证小结与管理启示 (107)

第六节　群体—时间维度风险动态的典型社会现象：心理台风眼效应与邻避效应 (109)

第七节　风险感知的心理效应与社会治理 (118)

第四章　基于空间—群体维度的突发事件风险动态平衡分析 (124)

第一节　问题描述 (124)

第二节　空间—群体维度上的景区风险环境特征 (128)

第三节　空间—群体维度上的景区超载风险动态分析方法 (131)

第四节　游客运动状态对空间容量的动态影响 (135)

第五节　空间—群体共同约束下的超载风险动态分析 (138)

第六节　旅游风险的动态识别与评估案例 (142)

第七节　小结 (151)

第五章　基于时间—空间—群体维度的突发事件风险动态传播网络分析 (154)

第一节　问题描述 (154)

第二节　风险要素提取与分析方法 (157)

第三节　风险传播网络的结构特征 (168)

第四节　事故致因中的关键风险点特征 (171)

第五节　风险传导路径的关联规则 (174)

第六节　事故致因中的关键风险隐患 (177)

第七节　实证小结与安全生产管理启示 (181)

第六章　总结与展望 (184)

第一节　研究总结 (184)

第二节 主要贡献 …………………………………………（188）
第三节 研究展望 …………………………………………（189）

附录 风险传播网络的模块化处理 ………………………………（192）

参考文献 ……………………………………………………………（196）

绪　　论

第一节　研究背景与目的意义

一　研究背景

突发事件是指突然发生且对公共安全、社会秩序和生命财产构成威胁或造成损失的自然灾害、事故灾难、公共卫生事件和社会安全事件。突发事件始终伴随着人类社会发展而存在，并且随着城市化的快速推进、社会财富的积累、人口密度和社会活动多样性的增加而表现出更大的威胁性与破坏力。2019 年，"3·21" 响水化工厂爆炸事故导致 78 人死亡，直接经济损失 198635.07 万元；2021 年，中国仅自然灾害这一类突发事件就造成了 1.07 亿人次受灾，直接经济损失 3340.2 亿元[1]。

2021 年 12 月，国务院印发的《"十四五"国家应急体系规划》明确指出，目前中国社会风险防控面临着严峻复杂的形势，各类突发事件风险的多样性、异常性、突变性显著，风险防控与应急管理的复杂度与困难度进一步增加。强化风险源头防控是"十四五"时期中国应急管理能力和体系建设的重要任务。准确识别突发事件的风险动态特征，充分把握各类风险的演化规律，既是推动应急管理从被动的事后应对向主动的事前防御转变的前提和基础，也是"十四五"时期强化风险源头治理、推进应急管理体系和能力现代化建设的基础性科学保障。

突发事件是时间—空间—群体维度上复杂因素耦合作用的结果。任何类型的突发事件都是以一定的物理空间或网络空间为孕灾环境，以社

---

[1] 国务院：《"十四五"国家应急体系规划》（国发〔2021〕36 号），2022 年。

会群体为主要承载体的风险系统，并且在时间维度上具有孕育、爆发、发展、衰退和终结的客观演化过程[①]，与之相关的各类风险也呈现出复杂性、动态性等基本特征。从时间、空间、人群三个维度来看，突发事件风险的动态性特征主要表现在以下几个方面。

一是风险在时间维度上的波动性，主要表现为风险概率和风险后果在时间序列上波动的差异性增大。例如，在2020年南方洪涝灾害中，长江下游地区累计降水量达到1200毫米，超过了中国60年来洪涝灾害的降水量峰值，但此次洪涝灾害所造成的财产损失与人员伤亡远低于历史上的大洪水。[②] 二是风险在空间维度上的传播性，主要表现为风险跨域动态传播的增强。例如，新冠疫情在市域、省域、跨国传播及全球大流行。三是风险在群体维度上的主、被动双重属性。人群作为突发事件风险的核心承载体，在风险系统中表现出客观影响的动态性和主观感知的动态性，客观影响的动态性主要体现为人群活动作为风险的外部约束条件能够作用于风险客体，对风险发生概率和损失大小产生动态影响，比如人际接触水平与人口流动性的大小就会直接对传染病的持续时间、传播方式、传播速度、传播强度、传播范围等产生不同程度的影响。[③] 主观感知的动态性主要体现为群体对同一突发事件的风险感知在时间维度和空间维度上的波动，如心理免疫理论和认知失调理论所描述的风险感知在时间维度上的衰减过程，以及心理台风眼效应、涟漪效应所描述的风险感知在空间维度上的波动特征。[④]

可见，突发事件风险的动态性具有多维度—多属性演化特征，且不同类型的风险在时间—空间—群体维度上的动态表现形式各有差异。因

[①] 陈安、周丹、师钰：《突发事件机理分析与现代应急管理全生命周期建设》，《中国经济报告》2019年第4期。

[②] Ke Wei, Chaojun Ouyang, Hongtao Duan, Yunliang Li, Mingxing Chen, Jiao Ma, Huicong An, Shu Zhou, "Reflections on the Catastrophic 2020 Yangtze River Basin Flooding in Southern China", *The Innovation*, Vol. 1, 2020.

[③] A. Wesolowski, N. Eagle, A. J. Tatem, D. L. Smith, A. M. Noor, R. W. Snow, C. O. Buckee, "Quantifying the Impact of Human Mobility on Malaria", *Science*, Vol. 338, No. 6104, 2012.

[④] Shu Li, Li-Lin Rao, Xiao-Peng Ren, Xin-Wen Bai, Rui Zheng, Jin-Zhen Li, Zuo-Jun Wang, Huan Liu, "Psychological Typhoon Eye in the 2008 Wenchuan Earthquake", *PloS one*, Vol. 4, No. 3, 2009.

此，若只从某一个维度分析风险的动态内涵，或只对某一类具体事件风险的动态属性进行研究，均无法实现对突发事件风险多维动态的全景刻画与机理分析。目前关于突发事件的相关研究已经取得了较为丰富的成果，但对风险动态的研究相对欠缺。相关研究在内容上主要着眼于自然灾害、公共卫生事件、生产事故等某一具体类型的风险，缺乏对不同类型风险动态共性规律与个性差异的探讨，且对风险动态的分析维度较为单一，内涵解析不够全面深入。在方法上主要借助于情景仿真与模型推演来分析风险的复杂动态过程[1]，如通过对自然灾害风险链的推演来捕获不同情景下的风险条件概率变化[2]；应用粒子群算法模拟社会安全事件中的应急疏散过程[3]；以多主体仿真来分析公共卫生事件的风险传播路径[4]；或网络舆情演化规律等[5]。这类基于仿真模型的研究方法能够有效解决动态数据获取与复杂情景刻画方面的问题，但参数设置和运行规则比较依赖于具体案例的独特属性，且参数数量和阈值的设置在一定程度上依赖于研究者个人能力和主观认知；此外，仿真数据所反映出的动态规律与客观实际情况之间总会存在一些无法避免的偏差。

对突发事件风险的多维动态研究，既是在理论层面对现有研究的补充和深入，也是在实践层面指导突发事件风险防控与动态应急管理的客观需要。"十四五"时期，中国应急管理体系的建设目标是建立与基本实现现代化相适应的中国特色大国应急体系，全面实现依法应急、科学应急、智慧应急，形成共建共治共享的应急管理新格局。突发事件应急管理由传统的"单一灾种"分部门、专业性管理向"全灾种、大应急"的系统性管理转变，这就对突发事件风险分析的系统性、深入性提出了更

---

[1] 刘奕、许伟、乔晗、范维澄：《突发事件应急管理方法研究进展专辑序言》，《管理评论》2016年第8期。

[2] 朱晓寒、李向阳、王诗莹：《自然灾害链情景态势组合推演方法》，《管理评论》2016年第8期。

[3] 江锦成：《面向重大突发灾害事故的应急疏散研究综述》，《武汉大学学报》（信息科学版）2021年第10期。

[4] 孙彩虹、张博舒：《基于目标免疫的疾病传播应急控制模型研究》，《管理评论》2016年第8期。

[5] 余乐安、李玲、戴伟、汤铃：《危化品水污染事件中政府危机信息公布策略与网络舆情扩散研究：基于多主体模型》，《管理评论》2016年第8期。

高的要求。基于风险分析的突发事件应急管理要与风险动态性特征相适应，要与"全灾种、大应急"的应急管理理念相契合，就必须有更加完备的风险动态分析理论与方法体系作为支撑。如何明晰风险动态的内涵和动因，如何全面、系统地分析风险的动态属性，如何使风险动态分析更好地服务于风险动态应急管理已成为当前防范突发事件风险亟待解决的重要问题。

二 研究目的及意义

本书旨在通过对突发事件的风险动态进行多维度分析，以风险的时间维度、空间维度、群体维度为主线，以马尔科夫理论、复杂网络理论、信息熵理论与可承载改变极限理论等为主要理论基础，建立适用于突发事件风险动态特征刻画、机理辨识、定量分析的方法与模型，并对典型突发事件的风险动态进行实证研究，为各领域突发事件风险动态分析与动态应急管理提供理论支持与方法借鉴。

突发事件风险分析的根本目的在于服务风险防控实践，提高应急管理的预见性、主动性与时效性，有效避免事态的扩散、升级与恶化，最大限度地降低风险损失。因此，可以将突发事件风险分析看作一种前瞻介入、前端治理、主动防御的应急管理过程，从而为风险防控与应急管理提供更加灵活多样和科学合理的决策参考。开展突发事件风险动态研究，不仅有助于完善风险动态的理论体系，还有助于解决突发事件应急管理实践中存在或面临的具体问题。主要体现在以下三个方面。

一是丰富突发事件风险动态的内涵实质和扩展研究视角。本书从时间、空间和群体三个维度分别分析突发事件风险动态的内涵与机理，这将是对传统时间尺度下的风险动态分析的重要补充。以风险客体和风险受体为基础的"时间—空间—群体"三维分析视角具备较强的兼容性，既能突破现有研究方法在具体风险类型与研究领域方面的适用性限制，又能够根据风险客体与受体的差异匹配个性化的分析内容。

二是完善突发事件风险动态理论体系和研究方法。本书在对突发事件风险各个维度动态机理分析的基础上，进一步深入刻画二维交织情景中的风险动态，最后再深入时间—空间—群体三维风险动态的分析。通过梯次递进、由简入繁、由点到面的方式刻画风险动态特征与动态演化机理，可以进一步丰富对突发事件风险动态的内涵认识，也可以为其他领域开展风险动态分析提供研究思路和具体方法指导。

三是为突发事件的动态应急管理提供决策参考。本书将在理论研究的基础上，对突发事件四种情境下的典型案例进行实证分析，加强对突发事件风险动态的共性规律和个性差异的体系认识，突破分条块、分灾种等传统应急管理模式在突发事件应急处置中的片面性和局限性，使之更加契合"全灾种，大应急"的科学理念。同时，本书所提出的突发事件风险多维动态分析框架具有较强的针对性和实践性，对于提高突发事件风险防控的科学化、精细化水平具有一定的参考借鉴意义。

第二节 研究综述

目前关于突发事件的风险动态尚无统一和准确的定义，相关研究主要是根据各类突发事件所涉及的系统属性，从不同侧面刻画风险状态的基本特征。尽管对风险的动态研究因领域和对象的不同而各有侧重，但以时间为研究尺度的风险时变波动性和以空间为研究尺度的风险空间差异性仍然是各领域对于风险动态分析的共识。[1] 无论何种类型的风险，社会群体都是最直接的承载体，且突发事件的公共属性决定了以人为本是风险防控与应急管理的基本原则。因此，以群体为基本衡量尺度的风险动态研究，更好地体现了突发事件风险防控与应急管理的现实需求。基于此，本书将从时间、空间和群体三个维度对突发事件的风险动态研究现状进行梳理。

一 时间维度的突发事件风险动态研究现状

时间维度上的突发事件风险动态分析主要关注风险的周期性波动和演变。风险的周期性波动研究是以历史数据为基础，分析灾情在不同时间维度上的变化规律，相关研究主要遵循以下思路：首先通过定性分析构建风险评价指标体系，其次搜集与之对应的孕灾环境、致灾因子和承

---

[1] 黄玥诚：《高危生产系统动态风险的拓扑模型与定量方法研究》，博士学位论文，中国地质大学（北京），2017年。

灾体信息构成面板数据或时间序列数据，最后量化风险系统各要素在时间维度上的状态变化和风险系统的整体波动。风险的周期性波动最常见于自然灾害领域的灾变分析，其中比较有代表性的是基于地貌演化规律的地质灾害风险分析[1]、基于板块运动规律的地震风险评估[2]，以及基于水文和气象数据的旱涝风险周期变化分析[3]等。这类研究主要侧重于风险的自然属性，对历史数据的时间跨度要求较高，且对风险动态性的刻画较为宏观。为了更全面、细致地刻画风险的波动特征，研究者在风险动态的评估指标体系和动态评估方法方面进行了尝试。例如，基于山洪动力过程的评估体系能够刻画泥石流风险的动态形成过程以及承灾体的易损性波动特征[4]，基于系统脆弱性和风险应对能力的评价指标体系能够综合反映出风险在自然属性和社会属性方面的波动规律。[5] 动态贝叶斯网络克服了传统基于指标体系的分析方法在数据缺失和不确定性处理方面的缺陷，能够在时间维度上刻画风险动态波动的因果关系，被广泛应用于安全工程、高危生产系统等领域的风险动态分析[6]，并在风险指标变化、概率波动，以及风险系统的局部和整体波动关系方面作出了重要贡献。[7]

---

[1] 冯秀丽、戚洪帅、王腾、李安龙、林霖：《黄河三角洲埕岛海域地貌演化及其地质灾害分析》，《岩土力学》2004 年第 S1 期。

[2] 张培震、邓起东、张国民、马瑾、甘卫军、闵伟、毛凤英、王琪：《中国大陆的强震活动与活动地块》，《中国科学》2003 年第 S1 期。

[3] 杨建平、丁永建、陈仁升：《长江黄河源区水文和气象序列周期变化分析》，《中国沙漠》2005 年第 3 期。

[4] 崔鹏、邹强：《山洪泥石流风险评估与风险管理理论与方法》，《地理科学进展》2016 年第 2 期。

[5] 王波、黄德春、华坚、张长征：《水利工程建设社会稳定风险评估与实证研究》，《中国人口·资源与环境》2015 年第 4 期。

[6] Huixing Meng, Xu An, "Dynamic Risk Analysis of Emergency Operations in Deepwater Blowout Accidents", *Ocean Engineering*, Vol. 240, 2021.

[7] 陆静、唐小我：《基于贝叶斯网络的操作风险预警机制研究》，《管理工程学报》2008 年第 4 期。Ulyana S. Ivanova, Olga V. Taseiko, Daria A. Chernykh, "Probabilistic Methods for Risk Assessment of Anthropogenic Accidents and Emergency", *Procedia Structural Integrity*, Vol. 20, 2019. Tarannom Parhizkar, Ingrid Bouwer Utne, Jan Erik Vinnem, Ali Moslehbc, "Dynamic Probabilistic Risk Assessment of Decision-making in Emergencies for Complex Systems, Case Study: Dynamic positioning Drilling Unit", *Ocean Engineering*, Vol. 237, 2021.

研究发现，时间维度上的风险周期性波动因风险种类和时间尺度的差异而有所不同。例如，中国草原火灾的年际动态表现出灾情次数上升、重特大灾情次数下降的趋势，月度动态则表现出明显的季节性差异[1]；中国暴雨洪涝的灾情次数在年际尺度上并没有明显的线性趋势，且风险等级和灾害损失的年际波动明显[2]，而对于台风、风暴潮等不确定性较强的风险而言，强调从更细的时间粒度来动态监测承灾体、孕灾环境和致灾因子的实时变化和互动过程。[3] 可见，时间是进行风险动态分析的一项基本维度，对风险的周期性波动研究需要根据研究对象划分不同的时间尺度和粒度。

突发事件风险的动态演化没有确切的时间尺度划分，主要以风险链、事故链和风险网络为相关研究视角。风险链是指某一风险事件的发生会衍生出一系列突发事件，从而在风险源之间形成链式结构并传递的现象[4]，这一视角下的突发事件风险动态分析以生命周期理论为基础[5]，认为风险是从孕育开始，经历发生、发展并最终衰退的过程。孕育阶段主要表现为风险因素的累积打破了系统的稳定状态，但系统整体仍处于可承受的动态平衡状态中[6]，此时风险仅以异常状态的形式出现，不会造成明显的整体性失衡和危害性后果，例如地震发生前的地下水冒泡，以及大规模群体性事件爆发前的舆情发酵等。当风险系统的不稳定状态超过可承载的极限范围时，风险就进入发生阶段，此时风险以各类明显的现

---

[1] 刘兴朋、张继权、周道玮、宋中山、吴晓天：《中国草原火灾风险动态分布特征及管理对策研究》，《中国草地学报》2006 年第 6 期。

[2] 张桂香、霍治国、吴立、王慧芳、杨建莹：《1961—2010 年长江中下游地区农业洪涝灾害时空变化》，《地理研究》2015 年第 6 期。

[3] 徐庆娟、潘金兰、刘合香：《基于三维信息扩散和随机过程的台风灾害风险估计》，《南宁师范大学学报》（自然科学版）2020 年第 4 期。

[4] 曹吉鸣、申良法、彭为、马腾：《风险链视角下建设项目进度风险评估》，《同济大学学报》（自然科学版）2015 年第 3 期。

[5] 陈安、周丹、师钰：《突发事件机理分析与现代应急管理全生命周期建设》，《中国经济报告》2019 年第 4 期。

[6] Nigel Martin, John Rice, "Emergency Communications and Warning Systems: Determining Critical Capacities in the Australian Context", *Disaster Prevention and Management: An International Journal*, Vol. 21, 2012. Thomas J. Sullivan, Masamichi Chino, Joachim Ehrhardt, Vyacheslav Shershakov, "International Exchange of Emergency Phase Information and Assessments: An Aid to National/International Decision Maker", *Radiat. prot. dosim*, Vol. 109, 2004.

象出现并伴随实质性的威胁和损失，且通常具有瞬时爆发性特征，如安全生产事故对建筑物和人员的直接毁伤。[1] 风险从发生阶段到发展阶段的转化受到风险系统内部属性[2]和外部约束的共同影响[3]，蔓延、转化、衍生与耦合是这一阶段风险动态性的主要特征。[4] 在风险自身演化和外部防控与治理等约束条件下，风险能量会逐渐衰减、转移并终结。[5]

与风险链相似，事故链主要关注安全生产领域的风险链式传播与风险模态演化[6]，多米诺骨牌效应和瑞士奶酪模型是这一领域风险动态演化的代表性理论。风险网络是对风险链式演化的横向扩展，它在分析风险系统内部演化逻辑的基础上进一步关注风险在不同系统之间的传导，如突发公共卫生事件对旅游业的冲击[7]，自然灾害对国际贸易的负面影响[8]，以及重大突发公共事件与经济、金融风险的共振关系等。[9]

二 空间维度的突发事件风险动态研究现状

空间维度上的突发事件风险动态分析主要关注地理因素对风险状态的影响和风险在空间上的传播。空间因素对风险状态影响的研究以空间

---

[1] 柳长森、郭建华、金浩、陈健：《基于WSR方法论的企业安全风险管控模式研究——"11·22"中石化管道泄漏爆炸事故案例分析》，《管理评论》2017年第1期。

[2] 侯光辉、王元地：《"邻避风险链"：邻避危机演化的一个风险解释框架》，《公共行政评论》2015年第1期。

[3] 姜波、陈涛、袁宏永、范维澄：《基于情景时空演化的暴雨灾害应急决策方法》，《清华大学学报》（自然科学版）2022年第1期。苏飞、殷杰、尹占娥、于大鹏、许世远：《黄浦江流域洪灾动态风险演化趋势研究》，《地理科学》2014年第5期。

[4] 陈安：《跨域突发公共卫生事件机理分析与应对机制设计》，《四川大学学报》（哲学社会科学版）2020年第4期。方志耕、杨保华、陆志鹏、刘思峰、陈晔、陈伟、姚国章：《基于Bayes推理的灾害演化GERT网络模型研究》，《中国管理科学》2009年第2期。

[5] 陈安、周丹：《突发事件机理体系与现代应急管理体制设计》，《安全》2019年第7期。

[6] 李威君：《风险动态评估理论与方法研究及其在天然气站场的应用》，博士学位论文，中国石油大学（北京），2017年。

[7] C. Goh, R. Law, "Modeling and Forecasting Tourism Demand for Arrivals with Stochastic Non-stationary Seasonality and Intervention", *Tourism Management*, Vol. 23, No. 5, 2002.

[8] Pandalai-Nayar N., Flaaen A., Boehm C., "Input Linkages and the Transmission of Shocks: Firm-Level Evidence from the 2011 Tohoku Earthquake", Society for Economic Dynamics, Center for Economic Studies, U. S. Census Bureau, October 1, 2015.

[9] 杨子晖、陈雨恬、张平淼：《重大突发公共事件下的宏观经济冲击、金融风险传导与治理应对》，《管理世界》2020年第5期。

计量分析为代表,最初用于分析经济体之间的空间依赖关系,并且广泛应用于金融、经济领域的风险空间集聚与溢出效应的研究中。① 对于突发事件而言,地理因素对风险的影响主要表现为风险空间格局的动态变化。例如,王倩雯等基于 GIS 和 BP 神经网络方法对闽三角地区的暴雨洪涝灾害进行了空间相关性分析,发现洪涝风险在空间上表现出整体随机、局部随机、领域聚类三种类型②;方云皓等对新冠疫情在全国层面上的空间相关性进行分析,发现疫情具有显著的空间集聚特征,且不同省市的风险 LISA 值具有明显的空间差异性。③ 除了识别风险的空间格局特征外,对风险空间相关性的分析还能够追踪风险分布热点区域和冷点区域的动态变化。④ 例如,城市安全风险格局的变动会受到减灾策略的影响,且风险热点的空间变异比冷点更为显著⑤;空间层面上的孕灾环境、承灾体和外部约束条件的差异会显著影响风险空间相关性指数的高低值聚集特征。⑥ 在对风险空间集聚特征分析的基础上进行地理加权回归分析则可以进一步探索出空间因素对风险布局特征的动态影响机理。⑦ 例如,对新冠

---

① 程棵、陆凤彬、杨晓光:《次贷危机传染渠道的空间计量》,《系统工程理论与实践》2012 年第 3 期;王周伟、赵启程、李方方:《地方政府债务风险价值估算及其空间效应分解应用》,《中国软科学》2019 年第 12 期。

② 王倩雯、曾坚、辛儒鸿:《基于 GIS 多准则评价与 BP 神经网络的暴雨洪涝灾害风险辨识——以闽三角地区为例》,《灾害学》2021 年第 1 期。

③ 方云皓、顾康康:《基于多元数据的中国地理空间疫情风险评估探索——以 2020 年 1 月 1 日至 4 月 11 日 COVID-19 疫情数据为例》,《地球信息科学学报》2021 年第 2 期。

④ Hamid Reza Pourghasemi, Soheila Pouyan, et al., "Spatial Modeling, Risk Mapping, Change Detection, and Outbreak Trend Analysis of Coronavirus (COVID-19) in Iran (days Between February 19 and June 14, 2020)", *International Journal of Infectious Diseases*, Vol. 98, 2020.

⑤ Ming Zhao, Zengfeng Sun, Youwen Zeng, "Exploring Urban Risk Reduction Strategy Based on Spatial Statistics and Scenario Planning", *Journal of Cleaner Production*, Vol. 264, 2020.

⑥ 龚俊宏:《国土空间用途管制背景下的土地利用变化与洪涝灾害风险空间分布关系研究》,硕士学位论文,江西财经大学,2021 年;叶明华:《农业气象灾害的空间集聚与政策性农业保险的风险分散——以江、浙、沪、皖 71 个气象站点降水量的空间分析为例 (1980—2014)》,《财贸研究》2016 年第 4 期。

⑦ M. K. Hossain, Q. Meng, "A Fine-scale Spatial Analytics of the Assessment and Mapping of Buildings and Population at Different Risk Levels of Urban Flood", *Land Use Policy*, Vol. 99, 2020. Md. Hamidur Rahman, Niaz Mahmud Zafri, Fajle Rabbi Ashik, Md Waliullah, Asif Khan, "Identification of Risk Factors Contributing to COVID-19 Incidence Rates in Bangladesh: A GIS-based Spatial Modeling Approach", *Heliyon*, Vol. 7, No. 2, 2021.

疫情的空间建模 lasso 回归分析指出,与社会人口特征相比,城市结构特征如城市几何形状、建筑物高度、密度以及城市天空视域因子等因素对疫情的空间扩散具有更显著的影响[1],与特定场所的地理距离、环境特征以及公共场所的布局方式也会不同程度地影响传染病的空间风险布局。[2]

突发事件风险在地理空间上的传播主要关注风险的动态传播范围和传播方向,其中最具代表性的是对公共卫生事件在不同空间尺度下的风险传播研究。在风险的跨国传播方面,Muhammad 等人基于风向玫瑰图分析了新冠疫情的主要感染区域和传播方向,发现港口地区和人口稠密地区是主要的感染区域,同时也是风险传播的输入地[3],毕佳等人对欧洲十国的疫情传播动态进行了分析[4],Boldog 等基于各国的连通性建立了风险爆发模型,预测了疫情风险的跨国传播方向。[5] 在风险的跨省传播方面,相关研究主要以人口流动为依据分析风险的空间传播特征,例如 Colizza 和 Vespignani 以城市人口通勤数据为基础构建传染病模型,并基于扩散方程分析了风险随人口移动的扩散机理[6],贾建民等以疫情暴发前武汉输入各省的人口数据为基础构建了基准风险模型,预测和解释了新冠疫情在

---

[1] Coco Yin, Tung Kwok, Man SingWong, et al., "Spatial Analysis of the Impact of Urban Geometry and Socio – Demographic Characteristics on COVID – 19, a Study in Hong Kong", *Science of The Total Environment*, Vol. 764, 2020.

[2] Md. Hamidur Rahman, Niaz Mahmud Zafri, Fajle Rabbi Ashik, Md Waliullah, Asif Khan, "Identification of Risk Factors Contributing to COVID – 19 Incidence Rates in Bangladesh: A GIS – based Spatial Modeling Approach", *Heliyon*, Vol. 7, No. 2, 2021.

[3] Muhammad Rendana, Wan Mohd RaziIdris, Sahibin Abdul Rahimd, "Spatial Distribution of COVID – 19 Cases, Epidemic Spread Rate, Spatial Pattern, and Its Correlation with Meteorological Factors During the First to the Second Waves", *Journal of Infection and Public Health*, Vol. 14, No. 10, 2021.

[4] 毕佳、王贤敏、胡跃译、罗孟涵、张俊华、胡凤昌、丁子洋:《一种基于改进 SEIR 模型的突发公共卫生事件风险动态评估与预测方法——以欧洲十国 COVID – 19 为例》,《地球信息科学学报》2021 年第 2 期。

[5] Péter Boldog, Tamás Tekeli, Zsolt Vizi, Attila Dénes, Ferenc A. Bartha, Gergely Röst, "Risk Assessment of Novel Coronavirus COVID – 19 Outbreaks Outside China", *Journal of Clinical Medicine*, Vol. 9, No. 2, 2020.

[6] Colizza, Vittoria, Alessandro Vespignani, "Epidemic Modeling in Metapopulation Systems with Heterogeneous Coupling Pattern: Theory and Simulations", *Journal of Theoretical Biology*, Vol. 251, 2008.

全国各地的时空传播方向和传播范围。① 此外,风险的跨市传播与区域传播也基本遵循上述研究思路,解释或预测了人口流入与流出对风险在跨域的传播特征。② 在更细粒度的空间尺度如城市内部、社区内部与社区之间的风险传播方面,研究主要以个体的手机信令数据为依据构建流动性网络,从而分析风险在地理兴趣点(如餐馆、超市、健身房等)之间的传播路径③,或基于社会网络分析群体社交模式变化对风险在社区内部动态传播的影响。④

三　群体维度的突发事件风险动态研究现状

群体维度上的突发事件风险动态研究主要关注群体风险感知的演化过程。除了对突发事件风险客体的动态分析外,作为风险直接承载体的群体对主观风险感知的动态特征也受到了学界和业界的共同关注。⑤ 突发事件的风险感知动态主要表现为人们对同一事件的风险感知在时间维度上的变化和在空间维度上的波动。⑥ 风险感知是指个体对不确定事件潜在威胁的主观判断,包括风险事件发生的概率、造成的损失和对既定目标的影响方式等。⑦ 风险感知在时间维度上的波动主要表现为风险感知水平在突发事件发展各阶段的变化。人们对灾害性事件的风险感知在风险爆

---

① 贾建民、袁韵、贾轼:《基于人口流动的新冠肺炎疫情风险分析》,《中国科学基金》2020年第6期。

② 刘勇、杨东阳、董冠鹏、张航、苗长虹:《河南省新冠肺炎疫情时空扩散特征与人口流动风险评估——基于1243例病例报告的分析》,《经济地理》2020年第3期。

③ Serina Chang, Emma Pierson, Pang Wei Koh, Jaline Gerardin, Beth Redbird, David Grusky & Jure Leskovec, "Mobility Network Models of COVID-19 Explain Inequities and Inform Reopening", *Nature*, Vol. 589, 2021.

④ Block, Per, Hoffman, Marion, Raabe, Isabel J., Dowd, Jennifer Beam, Rahal, Charles, Kashyap, Ridhi, Mills, Melinda C., "Social Network-based Distancing Strategies to Flatten the COVID-19 Curve in A Post-lockdown World", *Nature Human Behaviour*, Vol. 4, 2020.

⑤ 王治莹、梁敬、刘小弟:《突发事件情境中公众的风险感知研究综述》,《情报杂志》2018年第10期。

⑥ 范春梅、李华强、贾建民:《食品安全事件中公众感知风险的动态变化——以问题奶粉为例》,《管理工程学报》2013年第2期。

⑦ Yanan Dong, Saiquan Hu, Junming Zhu, "From Source Credibility to Risk Perception: How and When Climate Information Matters to Action", *Resources Conservation and Recycling*, Vol. 136, 2018.

发阶段显著上升,并随着事件的衰退而呈指数形式下降。① 一项针对中国三个城市居民对7种典型风险接受度的研究进行了为期10年的追踪,发现人们的风险接受度普遍持续下降,且这种变化在经济发达地区尤为明显。② 总体而言,目前国内学者对突发事件风险感知的研究大部分是基于截面数据分析关注风险发展的某一具体阶段,如疫情初期的公众风险感知刻画与影响因素分析③,而对时间维度上的风险感知演化过程与机理的研究大多数都集中在发达国家或地区,例如诺丁汉大学的一项研究追踪了公众对页岩气开采的风险感知的年际动态变化④,Micheal等分析了瑞士居民对核电站带来的社会安全风险感知的时变特征⑤,但这些研究发现是否适用于中国的风险感知动态特征,还需进一步验证。

突发事件风险感知在空间维度上的波动特征主要表现为三大效应,即涟漪效应、心理台风眼效应和邻避效应。涟漪效应最早由认知心理学家Slovic提出,他认为风险事件的发生就如同在平静的湖面上扔了一个石头,由此形成的涟漪会逐层向外扩展,涟漪效应由此得名⑥,在突发事件中主要表现为风险影响和公众的风险感知会从风险源或灾难中心地带向外逐渐降低。对汶川地震的风险感知研究发现,重灾区人民的风险感知较高且对地震的积极应对行为和回避行为都显著高于非重灾区。⑦ 心理台风眼效应是与涟漪效应相反的一种公众风险感知特征,它的发现源自对汶川地震中灾区居民、非灾区居民的风险感知的调查,研究发现公众对

---

① 王炼、贾建民:《突发性灾害事件风险感知的动态特征——来自网络搜索的证据》,《管理评论》2014年第5期。

② Jie Li, Ziwen Ye, Jun Zhuang, Norio Okada, Lei Huang, Guoyi Han, "Changes of Public Risk Perception in China: 2008 - 2018", *Science of The Total Environment*, Vol. 799, 2021.

③ 甄瑞、周宵:《新型冠状病毒肺炎疫情下普通民众焦虑的影响因素研究》,《应用心理学》2020年第2期。

④ O'Hara, S., Humphrey, M., Andersson - Hudson, J., Knight, W., *Public Perception of Shale Gas Extraction in the UK: From Positive to Negative*, University of Nottingham, Nottingham, UK, 2016.

⑤ Michael Siegrist, Bernadette Sütterlin, Carmen Keller, "Why Have Some People Changed Their Attitudes toward Nuclear Power after the Accident in Fukushima?", *Energy Policy*, Vol. 69, 2014.

⑥ Paul Slovic, "Perception of Risk", *Science*, Vol. 236, No. 4799, 1987.

⑦ 贾建民、李华强、范春梅、郝辽钢、王顺洪、解洪:《汶川地震重灾区与非重灾区民众风险感知对比分析》,《管理评论》2008年第12期。

灾民健康的担忧水平及对灾区所需心理援助的判断与自己在灾害中所遭受到的破坏程度负相关,地震中心区域居民的相关担忧水平反而是最低的,①且这一效应同样适用于SARS事件中的风险感知,即处于疫区的北京学生并没有明显的焦虑,而处在非疫区的重庆学生的焦虑水平却最高。②邻避效应是针对邻避设施而言的一种风险感知,指当地民众因为担心具有负外部性效应的设施会对自身利益产生负面影响而产生的厌恶情绪和反对态度。对于化工厂、核电站这类设施而言,居民的风险感知随距离的缩短呈负相关波动特征③或随地理距离的变化呈现出波浪形的波动特征④,而对于风力发电厂等能够为当地带来就业和经济收益的设施而言,人们的风险感知随地理距离的变化呈现出倒"U"形的波动特征。⑤

四 小结

综合来看,当前突发事件风险动态的相关研究已经取得了一些重要成果,但也还存在一些薄弱环节和不足之处有待进一步健全和完善,主要表现在以下几个方面。

(1)时空维度上的风险动态内涵刻画不够全面。现有研究主要将风险系统看作一个整体来分析它的波动或演化规律,或在此基础上分别研究孕灾环境、承灾体和致灾因子在不同尺度上的状态变化。而在现实情境中,风险系统内部各要素的波动或演化规律并非总是一致的,对系统整体的动态分析不能代表系统内各要素的状态,对系统内风险要素的动

---

① Shu Li, Li-Lin Rao, Xiao-Peng Ren, Xin-Wen Bai, Rui Zheng, Jin-Zhen Li, Zuo-Jun Wang, Huan Liu, "Psychological Typhoon Eye in the 2008 Wenchuan Earthquake", *PloS one*, Vol. 4, No. 3, 2009.

② 谢晓非、林靖:《心理台风眼效应研究综述》,《中国应急管理》2012年第1期。

③ Wei Li, Huiling Zhong, Nan Jing, Lu Fan, "Research on the Impact Factors of Public Acceptance towards NIMBY Facilities in China—A Case Study on Hazardous Chemicals Factory", *Habitat International*, Vol. 83, 2019.

④ 亓文辉、祁明亮、纪雅敏:《核电厂周边居民风险感知的"波浪效应"》,《中国应急管理科学》2021年第3期。

⑤ Y. Guo, P. Ru, J. Su, L. D. Anadon, "Not in My Backyard, But Not Far Away from Me: Local Acceptance of Wind Power in China", *Energy*, Vol. 82, 2015.

态分析也不能准确表征风险整体的动态性。此外，时间和空间是各领域风险动态分析的基础维度，只能作为风险动态的分析标尺而非直接驱动力，各维度风险要素的耦合才是导致风险动态变化的最重要因素。在风险动态的不确定性显著增强的现实背景下，有必要分别分析风险系统的整体动态变化、系统内部风险要素的动态变化以及二者波动的差异，进一步明确风险的动态是因何而动这一关键问题。

（2）群体维度上的风险动态分析视角比较单一。以群体为标尺的突发事件风险动态分析基本默认"风险为主导，群体为从属"这一前提，将人群视为风险被动承载对象来分析群体在风险发展过程中的受影响状态。除了部分关于人群异质性对传染病动态风险的影响外，鲜有研究将群体视为直接驱动力来分析其对客观风险的作用机理。在风险防控日益完善与人类社会活动日益复杂的背景下，群体能够反作用于风险的动态发展，因而有必要对群体在风险动态中的主体作用进行研究。此外，将群体置于风险从属地位的风险感知而言，国内研究主要关注事件某一阶段的感知特征识别，缺乏在时间维度上的动态分析与对比。

（3）缺乏多维度交织视角下的风险动态分析。目前关于突发事件的风险动态分析主要关注特定类型事件在某一具体维度上的动态特征，鲜有研究在多维交织视角下对突发事件的风险动态进行全面刻画与系统分析。事实上，风险动态具有多维交织的特征，例如自然灾害的风险动态往往具有时空交织特征，公共卫生事件的风险动态则具有明显的空间和群体二维交织特征。单一维度的风险动态分析只能对风险某一侧面的动态特征进行识别，而不能满足对风险因素、因素作用机理以及风险后果三者逻辑组合的动态分析需求。因此，有必要对多维交织视角下的突发事件风险动态进行分析，从而更加全面和深入地把握风险模态的动态性与多样性。

第三节　科学问题与技术路线

一　科学问题与内容结构

根据上述文献综述及其存在的问题，本书所提出的科学问题如下。

（1）突发事件风险在不同维度上蕴含着怎样的动态特征？

（2）突发事件风险多维属性的交织会对风险动态产生怎样的影响？

(3) 突发事件风险动态分析如何服务于风险防控与动态应急管理？

绪论重点从突发事件的客观属性及其风险动态特征，中国应急管理发展现状、趋势以及对突发事件风险防控与应急管理的要求等方面介绍了本书的研究背景，并从不同维度的突发事件风险动态研究对现有文献进行了综述，进而提出了本书的研究目的、科学问题及技术路线。第一章为理论基础与分析框架，首先对突发事件风险及风险的动态特征进行了理论分析，构建了"时间—空间—群体"三维理论分析模型，并对框架的逻辑结构进行了逐层解析。第二章至第五章为风险多维动态的具体研究内容，主要根据各类突发事件及其风险的客观特征依次重点控制其中一个维度，针对三种不同的情境分析两两交织维度上的风险动态属性，具体为时间—空间维度上的风险波动分析、时间—群体维度上的风险演化分析、群体—空间维度上的风险传播分析；最后，综合考虑突发事件风险在时间—空间—群体三个维度上的动态网络特征，着重解析了风险的综合动态属性，并通过实证分析具体阐述了每种多维情景下的风险动态表现与动态应急的策略和措施。第六章为总结，重点对各维度的突发事件风险动态特征进行提炼，并从应用层面阐述了各层次的分析方法以及整体分析框架。本书结构如图 0-1 所示。

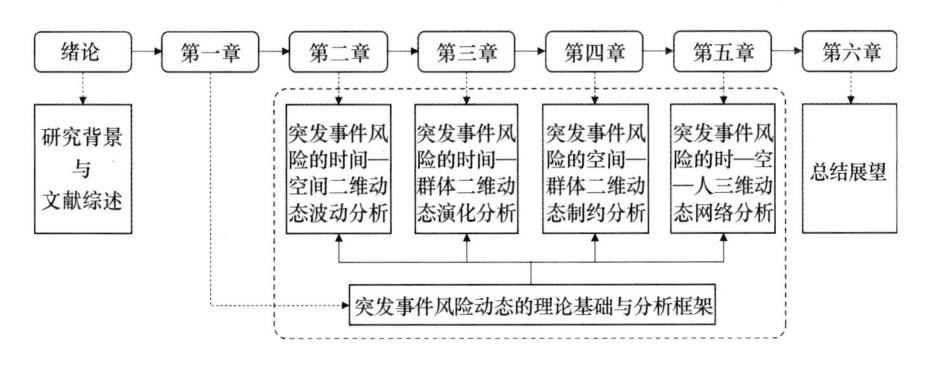

图 0-1 本书内容结构

研究内容一：突发事件风险多维动态的机理分析与理论模型

对突发事件风险动态的基本概念、属性特征、动态机理等基础理论问题进行分析。综合国内外突发事件风险与风险动态的相关研究，着重分析突发事件风险动态的定义、表现维度与作用机理等问题；提出突发事件风险动态分析的时间、空间、群体三个基本维度，并论述工具理性和价值理性；建立适用于描述突发事件风险动态特征及多维动态逻辑关系的风险三维理论模型，并对各维度的交织关系及其对风险动态的影响机理进行分析，为研究风险系统的内部动态属性、刻画风险动态的全景特征提供理论基础和逻辑框架。

研究内容二：突发事件风险的时间—空间二维动态波动分析

时间—空间二维视角下的风险动态分析将群体视为控制变量恒定不变，将时间和空间作为标定风险状态变化的基本维度来刻画风险系统的惯性动态特征，在不考虑外部力量的前提下分析风险在原有路径上的动态变化，以及分析在空间维度上风险区划的具体波动特征。研究基于分解重构思想设计了风险的时空动态特征识别框架，首先将风险系统整体分解为风险概率和风险损失两个核心子系统。其次进一步分解各子系统中的风险要素，进而构成风险子系统的基本动态单元集群；引入信息熵刻画风险要素在时空维度上的波动特征，以方差贡献率为依据识别系统动态的核心驱动因素与驱动力。按照自下而上的方式逐层重构风险系统随风险因素和子系统的变化而变化的动态特征，并以对比方式识别风险系统各层次的共性规律与个性差异。最后通过对自然灾害风险动态的实证分析，阐述了分解重构法在时空二维动态波动分析方面的适用性与优势，并从应急资源配置的视角提出了风险防控相关策略和措施的建议。

研究内容三：突发事件风险的时间—群体二维动态演化分析

时间—群体二维视角下的风险动态分析将空间作为控制变量恒定不变，将群体视为风险的被动承载体，分析风险系统随时间推移和群体状态变化的演化过程。研究将群体视为突发事件风险的核心承载体，分析风险在时间维度上的波动对群体状态的影响方式和影响内容；在此基础上，进一步分析了风险因素在时间—群体两个维度上的耦合对风险动态的影响机理；通过对社区矛盾纠纷化解的实证分析，具体阐述了矛盾纠纷的风险内容演化形式，构建了矛盾纠纷化解的多主体合作网络，并刻画了网络中的各主体合作方式、角色功能等动态表现形式。最后，从矛盾纠纷内容演化、多主体合作方式的角度提出了社区矛盾纠纷多元化解的策略和措施建议。

研究内容四：突发事件风险的空间—群体二维动态关系分析

空间—群体二维视角下的风险动态分析将时间作为控制变量恒定不变，将群体置于风险动态的主导地位，并将其与时间—群体二维动态中的从属地位相对照，分析风险系统随群体状态和空间状态的变化而变化的动态过程。研究从突发事件风险分析的视角分别阐述了空间因素对群体状态的制约作用，以及群体动态对空间风险承载力的影响方式，并进一步阐述了二维双向互动对风险系统动态平衡的影响机理。通过对景区超载风险动态的实证分析，具体阐述了空间维度上的风险因素对群体状态的制约和影响，以及群体状态对空间中风险动态平衡的影响机理，并基于分析结果从可承载风险变动区间的视角提出了维系风险动态平衡的策略和措施建议。

研究内容五：突发事件风险的时间—空间—群体三维动态网络分析

在二维动态演化的基础上，进一步分析风险在时间、空间、群体三个维度之间的传播过程和动态变化。首先，构建 Sent – LDA 模型对风险致因、风险致因内部的隐患因子进行提取，并计算关键词的词频，将多维度的风险信息聚类为时间—空间—群体框架下的风险因子；然后，基于复杂网络理论构建表达风险因子关系的网络，以风险致因为网络节点，以风险在时空维度上的共现关系为网络连边，通过分析网络的拓扑结构揭示风险因子在时间—空间—群体维度上的互动关系；最后，通过挖掘核心风险因子之间的关联规则，阐述了风险传导的具体路径，识别了在风险链和风险网络之间发挥连接作用的关键风险点，并基于分析结果从确定风险防控优先级的视角提出了相应的应急策略与措施建议。

二 技术路线

本书以突发事件为研究范畴，以风险系统为分析对象，以多维度—多尺度解析风险的动态属性为基本思路，以服务突发事件风险防控与动态应急管理为研究目的。首先，本书对不同类型突发事件的风险特征及其在各维度的动态逻辑进行了分析,并构建了"时间—空间—群体"突发事件风险动态理论模型;其次,本书先从二维视角分别对时间—空间、时间—群体、空间—群体三个方面的风险波动、演化及动态平衡等多维属性进行了研究,并通过不同类型突发事件的实证分析具体阐释了风险的动态内容、动态机理和动态应急管理策略;再次,本书又从三维视角综合考虑时间—空间—群体维度上的风险动态传播,构建风险要素的有向加权复杂网络来分析风险的随机性和非线性变化,并对风险点、风险链和风险网络的动态属性进行了实证研究;最后,全书通过理论模型、

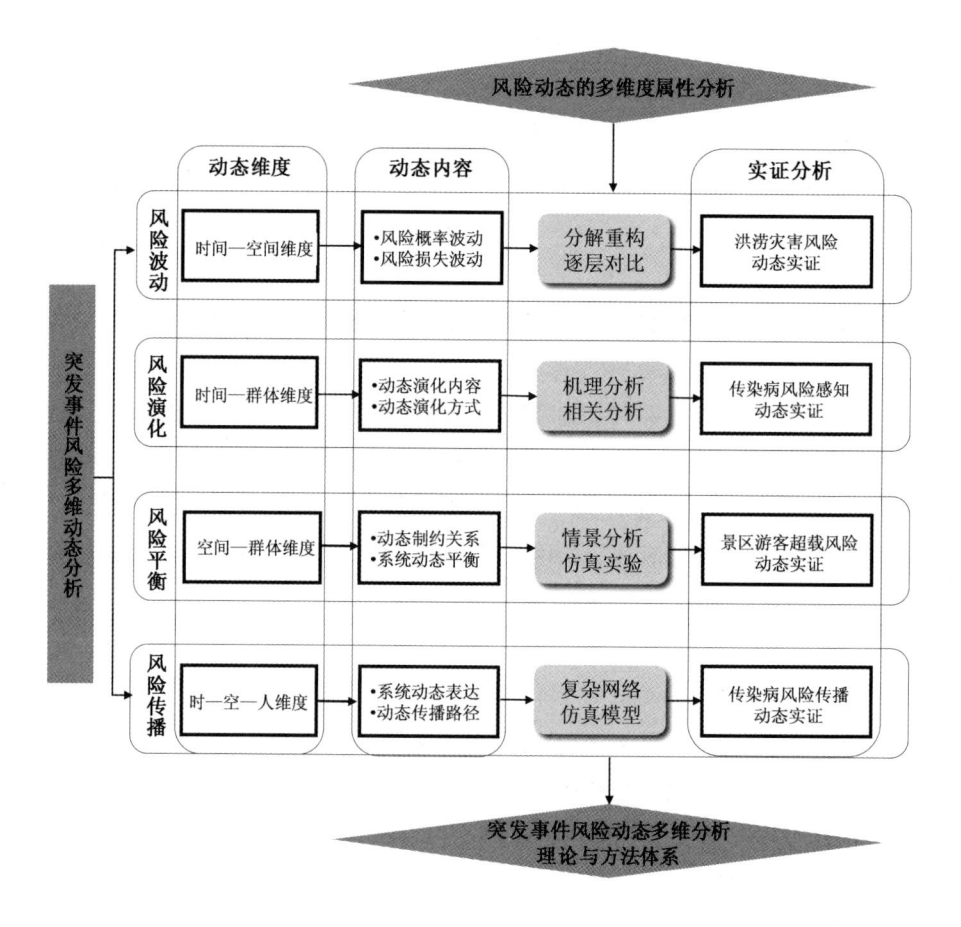

图 0-2 研究技术路线

分析框架、方法设计、实证研究，基本实现了对突发事件风险的多维动态属性分析，形成了一套突发事件风险的多维动态理论体系及研究方法体系。本书研究技术路线如图0-2所示。

第四节　主要创新点

本书围绕突发事件风险的多维动态属性进行了理论阐释、方法设计与实证研究，共包含五个主要研究内容，其中研究内容一是本书的基础性工作，研究内容三是对现有研究中关于群体维度风险动态内涵阐释不足等方面的补充和完善。本书的创新点主要体现在以下三个方面。

（1）构建了突发事件风险的多维动态理论模型，实现了对风险动态的全景刻画。研究以时间、空间和群体作为衡量风险动态的三个基本维度，阐释了各个维度上的风险致因和动态内涵，并从二维交织视角和三维网络视角切入，分别刻画了风险在四种情景下的动态表现形式与动态机理。通过对不同维度视角下的风险动态实证研究，分析了不同类型突发事件的风险波动、风险演化、风险平衡、风险传播等动态属性特征，基本涵盖了物理层面的客观风险系统与心理层面的主观风险感知两个层面的风险动态。

（2）量化了群体动态与风险动态二者的互动关系，阐释了群体在风险中的主、被动双重属性。研究通过对特定物理空间中群体动态的仿真建模分析，刻画了空间物理条件对群体动态的制约情景，同时量化了群体运动状态对空间风险承载能力的制约方式和影响程度。研究首次将一般意义上的群体运动状态，即步行和日常出行两类群体动态方式对风险动态的作用机理进行了量化与实证，详细阐释了空间—群体维度上的风险动力学特征。

（3）从设计网络和自组织网络对比的角度分析风险治理过程，刻画了对风险治理多主体合作机制从制度设计到实践应用的转化过程。研究引入了胡德（Hood）政策工具框架中的信息节点（nodality）来衡量各主体的风险化解能力，用信息节点的探测角色（nodal detector）和影响角色

(nodal effector)分别表示各主体的风险识别能力与风险化解能力,揭示了政府主体在风险治理实践中对信息节点的部分让渡,以及非政府主体信息节点能力的增长,更新了传统框架下的信息节点概念。

第一章

突发事件的风险多维动态机理与逻辑关系

本章首先详细界定了本书的研究范畴和分析对象，明确了研究对象的核心定义和理论基础，并对突发事件及其风险的动态属性进行了系统阐述。基于此，本章构建了时间—空间—群体突发事件风险动态多维理论模型，从各维度动态内涵、二维交织关系、三维网络结构三个方面分析了突发事件的风险动态机理，集中阐释了第二章至第五章关于时间—空间维度的突发事件风险波动、时间—群体维度的突发事件风险动态演化、空间—群体维度的突发事件风险动态平衡，以及时间—空间—群体三维网络视角下的突发事件风险动态传播实证分析的理论基础和各部分研究内容之间的逻辑关系。

第一节 突发事件的动态内涵与动态维度

一 突发事件的动态内涵分析

本书沿用《中华人民共和国突发事件应对法》的定义，认为突发事件是指造成或者可能造成严重社会危害，需要立即采取处置措施予以应对的事件。这一定义概括了突发事件不确定性、公共性、紧迫性、动态性等基本特征。不确定性主要表现为风险发生概率和后果严重性的不确定，即事件何时、何地出现不确定，事件所造成的后果及其损失的大小不确定；公共性是指突发事件危及经济社会、生产生活、生命健康、生态环境等多个方面，具有全局性和系统性影响特征，通常会导致社会公共利益受损；紧迫性主要表现为事件发生突然，情况变化迅速，应对时间仓促，需要立即采取措施予以应对处置，否则事态就可能迅速恶化；动态性是与紧迫性相一致的特点，主要表现在突发事件一旦出现后即处于扩散、升级和演变的动态发展过程[①]，因此必须立即采取应对措施防范和控制事态的发展变化。事件这一概念本身就暗含着动态变化的内涵，事件的出现和发展通常伴随着要素关系和相关主体状态的改变。[②] 突发事件的不确定性、公共性和紧迫性特征本身就意味着事件具有不断发展变化的动态属性，突发事件从出现到终结始终是一个动态发展的生命周期（图1-1），主要包括孕育期、发生期、发展期、衰退期和终结期五个阶段，在各个阶段又都具有不同的发展机理和表现形式。[③]

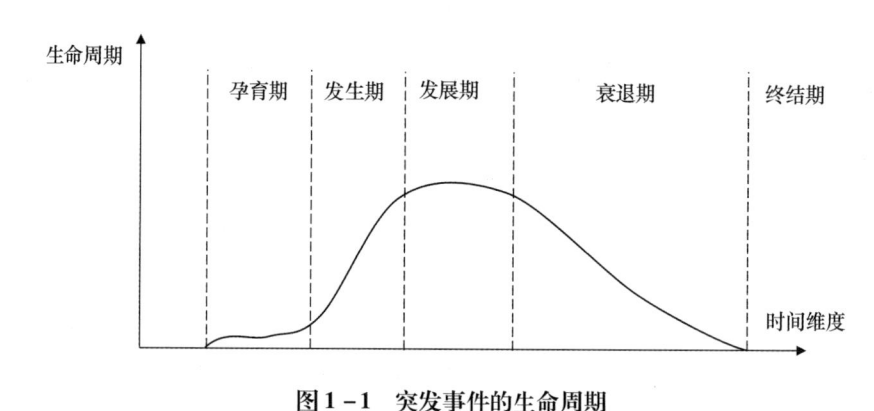

图1-1 突发事件的生命周期

孕育期是突发事件风险因子的积累阶段，具有缓慢而平静的特征，也被称作危机潜伏期。突发事件系统内部的风险因子在这一阶段不断发生量的积累，表现出熵增的发展趋势[④]，事件发生的概率也在这一阶段持

---

① 吴国斌、钱刚毅、雷丽萍：《突发公共事件扩散影响因素及其关系探析》，《武汉理工大学学报》（社会科学版）2008年第4期。

② Jaegwon Kim, "Events as Property Exemplifications", Action theory, Springer, Dordrecht, 1976.

③ 陈安：《跨域突发公共卫生事件机理分析与应对机制设计》，《四川大学学报》（哲学社会科学版）2020年第4期。刘雅姝、张海涛、徐海玲、魏萍：《多维特征融合的网络舆情突发事件演化话题图谱研究》，《情报学报》2019年第8期。

④ 于海峰、王延章、卢小丽、王宁：《基于知识元的突发事件风险熵预测模型研究》，《系统工程学报》2016年第1期。

续增大。但在此阶段，突发事件系统内部的不稳定、不确定因素通常维持在可接受范围内，暂不会改变系统整体的结构和功能。[1] 因此，可以认为孕育期的突发事件风险系统正处于从有序状态向无序状态发展的过程，但暂时没有突破系统要素属性和整体结构变化的临界值，因此也不会对风险承载体造成明显的改变或损失。例如，大规模群体性事件在孕育期主要表现为矛盾的累积、信息的聚集和舆论的发酵，行动主体的情绪在此阶段持续波动变化和升级扩散，参与和组织群体性行为的意愿不断增强，但还并未采取实质性、破坏性行动。[2]

发生期是指突发事件系统的整体平衡状态被打破，系统属性发生规模性质变并爆发标志性事件的阶段[3]，也被称作危机爆发期。突发事件在发生期的发展变化速度最快，突发性、破坏性、紧迫性、单一性是这一阶段的显著特征。突发性是指任何某一诱因就可能导致标志性事件的出现，但难以确切预知具体诱因，且事件发生的时间和地点存在偶然性，通常无法沿用常规的管理方式予以有效应对。破坏性是指突发事件一旦发生就意味着会造成不同程度的损失，且这种损失和危害还有迅速扩大的趋势。紧迫性是指因事件发展速度快、情况变化复杂、破坏范围广而对事件的快速应急响应和高效稳妥提出了更高的要求。单一性是指这一阶段主要以已经爆发的某个标志性事件为主，尚未衍生出其他类型的风险事件。

发展期是突发事件影响力在空间上扩展和程度上加深的阶段，蔓延、转化、衍生、耦合是这一阶段的主要特征。蔓延主要表现为同类或相似事件在空间上的扩大或时间上的延长，包括链式蔓延、辐射式蔓延和网络式蔓延三种类型。[4] 例如，从人口流动的视角来看，新冠疫情从武汉向

---

[1] Nigel Martin, John Rice, "Emergency Communications and Warning Systems: Determining Critical Capacities in the Australian Context", *Disaster Prevention and Management: An International Journal*, Vol. 21, 2012.

[2] 虞铭明、朱德米：《环境群体性事件的网络舆情扩散动力学机制分析——以"昆明 PX 事件"为例》，《情报杂志》2015 年第 8 期。

[3] 尹念红：《面向突发事件生命周期的应急决策研究》，博士学位论文，西南交通大学，2016 年。

[4] 迟菲、陈安：《突发事件蔓延机理及其应对策略研究》，《中国安全科学学报》2013 年第 10 期。

全国的扩散过程，属于突发事件在空间维度上的网络式蔓延。[1] 转化表现为随着一种类型突发事件的不断发展变化，会向另一领域或另一类型事件进行传导、转移，或直接导致另一类型突发事件的出现。例如，大规模群体性事件通常会引发社会舆情危机，二者之间的相互作用会共同推动事态恶化。[2] 衍生是指随着突发事件的发展变化或是受到某些客观条件以及应急处置措施的影响，从而导致产生具有关联性的新事件或另一类型突发事件，并产生危害性的后果。例如，疫情防控对人口流动、国际交往、社交距离等方面的限制措施在减缓病毒传播的同时，也引发了经济下行、失业[3]、国际原油价格暴跌等事件，并对低碳经济产生显著的负面影响。[4] 耦合源于物理学概念，指两个系统或两种运动之间的互动。在突发事件中，耦合是指在时空维度不同属性因素的叠加作用下，导致事件恶化或次生事件演化，主要包括循环、同发、抑发、伴生等多种耦合方式。[5] 例如，大型工程设施与地质条件的耦合增加了地质灾害风险的不确定性[6]，突发事件线上线下舆情的耦合表现出共生、互推和反作用三类关系。[7]

衰退期是指突发事件的发展态势已经得到基本控制，其影响范围正逐渐缩小、损失程度正逐渐降低的阶段。突发事件风险系统在此阶段逐渐恢复动态平衡，但存在的隐患并没有彻底消除，短期内仍然存在风险

---

[1] 王姣娥、杜德林、魏冶、杨浩然：《新冠肺炎疫情的空间扩散过程与模式研究》，《地理研究》2020年第7期。

[2] 彭小兵、邹晓韵：《邻避效应向环境群体性事件演化的网络舆情传播机制——基于宁波镇海反PX事件的研究》，《情报杂志》2017年第4期。

[3] Meleik Hyman, Calvin Mark, Ahmed Imteaj, Hamed Ghiaie, Shabnam Rezapour, Arif M. Sadri, M. HadiAmini, "Data Analytics to Evaluate the Impact of Infectious Disease on Economy: Case Study of COVID-19 Pandemic", *Patterns*, Vol. 2, No. 8, 2021.

[4] Zhijie Jia, Shiyan Wen, Boqiang Lin, "The Effects and Reacts of COVID-19 Pandemic and International Oil Price on Energy, Economy, and Environment in China", *Applied Energy*, Vol. 302, 2021.

[5] 吴国斌：《突发公共事件扩散机理研究——以三峡坝区为例》，博士学位论文，武汉理工大学，2006年。

[6] 李晓、李守定、陈剑、廖秋林：《地质灾害形成的内外动力耦合作用机制》，《岩石力学与工程学报》2008年第9期。

[7] 叶琼元、夏一雪、兰月新、张鹏、王娟：《突发事件网络舆情线上线下耦合机理研究》，《情报科学》2021年第3期。

反弹或二次爆发风险事件的可能。这一阶段与事件在孕育、发生、发展期三个阶段在时间维度上依次向下一个阶段演化，处于不同衰退期的突发事件会因为风险等级过高、干预措施不当、环境因素变化等原因又再次向前三个阶段演化，并可能呈现反复、循环的特征。例如，传染病疫情的感染人数出现拐点并开始持续下降时，即可认为进入了衰退期，但由于在衰退期防控意识淡薄、防控措施松懈等原因，感染人数就会在此期间出现短暂的反弹，直至事件再次基本得到控制。①

终结期是突发事件发展的一个阶段而非节点，当事件本身的直接破坏力消失、造成的直接损失基本确定时，可以认为突发事件进入了终结期。终结可以看作衰退的延续，二者的显著差异表现为：较之于突发事件在衰退期仍有反弹或可能出现二次风险事件的特征，进入终结期即意味着短期内爆发二次风险事件或出现风险明显反弹的可能性已极低甚至已没有可能性。终结期的主要特征表现为突发事件的直接破坏力消失，相关影响虽然仍然作用于社会，但其影响力已显著降低。例如，若某中风险地区对新冠疫情进行了有效控制，14 天内无新增本土病例，则可降为低风险地区，疫情防控进入常态化。此阶段公共卫生事件没有继续导致确诊人数的增加，即事件的直接破坏力已消失，但保持社交距离、进行健康码监测等常态化防控措施仍在落实，事件对公众风险感知、工作及消费方式等方面的影响仍在继续。②

可见，突发事件在时间维度上具有动态演化的基本属性，且在孕育期、发生期、发展期、衰退期和终结期的动态特征各有差异，具体总结如表 1 - 1 所示。

---

① 丁中兴、宋文煜、方欣玉、王凯、鲍倡俊、陈峰、沈洪兵、武鸣、彭志行：《基于 SE-IAQR 动力学模型预测湖北省武汉市新型冠状病毒肺炎疫情趋势》，《中国卫生统计》2020 年第 3 期。

② Zhanjing Zeng, Po - Ju Chen, Alan A. Lew, "From high - touch to high - tech: COVID - 19 drives Robotics Adoption", Tourism Geographies, No. 1, 2020.

表1-1　　　　　　突发事件的动态属性及各阶段特征

演化阶段	基本属性	动态特征
孕育期	熵增过程	从有序向无序发展，且维持动态平衡
发生期	突发性、破坏性、紧迫性、单一性	出现标志性事件，且事态发展速度快
发展期	转化、蔓延、衍生、耦合	事件的复杂性、威胁性在时空维度扩展
衰退期	双向演化趋势	逐渐恢复动态平衡，或向前一阶段反弹
终结期	平稳性	事件的破坏力消失，社会影响力降低

二　突发事件的风险动态维度

从突发事件的过程导向来看，风险是由风险致因、风险事件、风险载体和风险后果为基本构成要素的复杂系统。风险系统的构成要素具有时间维度上的递进演化关系。[①] 突发事件分为自然灾害、公共卫生事件、社会安全事件和事故灾难四种基本类型，每一类事件都是时空维度上风险要素交互作用的结果。风险系统的构成要素之间、同一时空尺度下的风险事件之间均存在着复杂的非线性耦合关系，直接影响风险载体和后果在空间维度上的扩张、转移，以及在时间维度上的持续、反复或叠加（图1-2）。突发事件的公共属性决定了群体是承担风险负面后果的主要载体（p_2），同时，突发事件中的群体活动、风险防控、应急处置等人为因素也是影响事件生命周期演化过程的重要驱动因素（p_1）。

从突发事件的结果导向来看，风险是衡量事件发生概率与损失大小的二维复合概念。只有当事件对人类社会形成潜在威胁或造成实际损失时，才满足风险概念和突发事件定义的基本内涵。例如，发生在荒漠无人区的龙卷风或海面上的台风虽然具有时间—空间维度上的风险致因耦合关系和发生概率，但通常只被称为一种自然现象；但当它发生在有群体居住或活动的地理空间内并对社会生产生活秩序、群体生命财产安全、生活环境质量等方面形成威胁或造成损失时，就被称为了自然灾害。可以认为，风险要素在时间—空间—群体三个维度上的耦合是突发事件产

[①] 郭晓亭、蒲勇健、林略：《风险概念及其数量刻画》，《数量经济技术经济研究》2004年第2期。

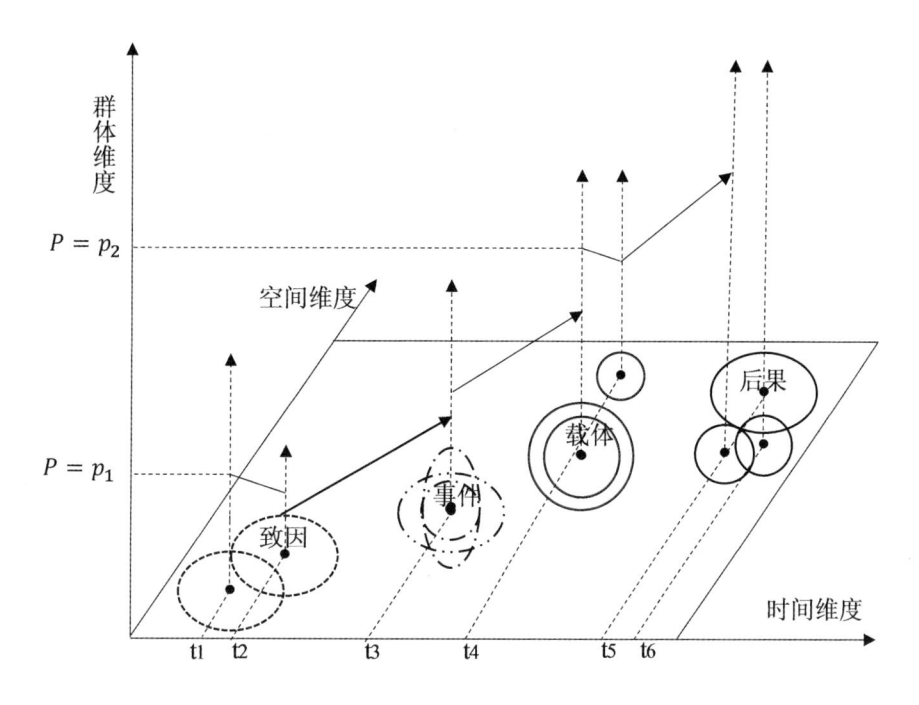

第一章　突发事件的风险多维动态机理与逻辑关系　◇◇　27

图 1-2　突发事件的时空发展过程概念图示

生和发展的必要条件。

不同类型的突发事件风险动态在时间—空间—群体维度上具有尺度和粒度的差异（表1-2）。风险在时间维度上的尺度是指对事件的历史观测区间，或未来发展的预测区间，各类型的风险动态在年度、月度、天或小时等不同粒度上的波动幅度各有差异：自然灾害通常关注年度、季度波动，传染病等公共卫生事件则通常关注风险的每日传播情况；风险在空间维度上的尺度是指事件的影响范围，或事件赖以存在的特定区域，各种类型的风险动态在地理兴趣点、特殊场所、地理区划等不同粒度上的差异大小各不相同：事故灾难重点分布于天然气、煤矿、化工等工业生产领域，公共安全事件则主要存在于各类公共活动、公共场所中；风险在群体维度上的尺度是指潜在被威胁群体或实际受损群体，以风险结果为导向来看，各类突发事件所造成的实际损失在人口数量、群体类别、心理感知等不同粒度的具体表现上各有差异；从风险的演化过程来看，风险群体的个体行为、集体活动,以及风险防控措施等人为因素都会作用于事件生命周期的演化过程。

表 1-2　突发事件在时间—空间—群体维度上的尺度与粒度划分

维度	尺度	粒度
时间维度	历史观测区间/风险预测区间/事件生命周期	瞬时,天,月度,季度,年度
空间维度	影响范围/存在区域	地理兴趣点,特殊场所,行政区划,地理区域
群体维度	受威胁群体/受灾人口	人口数量,群体类别,集体活动,个体行为,风险感知

时间、空间和群体是衡量突发事件风险演化过程和风险动态特征的三个基本维度。本书所研究的突发事件风险侧重于从管理学的角度为风险防控和动态应急管理提供科学依据,力争实现更有效率地降低风险事件发生、减少风险事件造成的后果损失两大基本目的。突发事件系统的开放性、复杂性及其自身生命周期的动态属性,增加了其风险的隐蔽性、不确定性和多变性。突发事件风险动态分析是以特定风险事件或危险源为对象,着力对扰乱突发事件系统平衡、诱发风险事件发生、推动事件动态演变的风险致因进行识别,并对风险动态演化的情景进行刻画。在此基础上,进一步分析风险系统受时间—空间—群体维度风险致因影响而演化的过程和状态的改变,进而刻画出突发事件风险的多维度动态特征与动态机理。

第二节　风险动态的概念界定与理论分析

一　突发事件风险动态的概念界定

风险动态是对风险状态变化的一种描述,包括风险外部环境的变化、风险整体水平的波动、风险发生概率的变化,以及风险系统不同层次要素状态在时空维度上表现出的差异性。① 目前国内外关于突发事件风险动态的研究尚未对风险动态或某一类型事件的风险动态给出明确的定义，主要基于各自的研究视角和不同类型突发事件的属性特征，对风险状态的具体动态内涵加以补充，或对风险在特定情境下的变化机理进行了解释。

在自然灾害领域，风险动态被定义为随风险系统和内在属性变化而变化，无法被统计平均化的风险。② 与传统的静态风险研究不同的是，对风险动态的研究不以风险等级评估或风险区域划分为主要依据，而是将风险视为由承载体、孕灾环境和防灾措施构成的复杂系统，关注风险形成过程中致灾因子的动态变化、系统内各主体的互动关系、特定时间范围内风险概率和损失的演变规律，以及多灾种情境下风险系统状态的变化③，从而实现对风险孕育发生、发展以及消退全过程的动态评估。这一定义将时间作为风险动态的基本衡量尺度而非风险动因，动态内涵包括时间维度上风险结果和风险形成过程两方面的波动，前者主要指概率和损失大小的波动，后者主要指风险要素及要素之间互动关系的变化。

在事故灾难领域，相关研究主要着眼于高危生产系统展开，将系统作业看作一个动态的持续性过程，将风险视为可分解的多个风险节点。风险动态被定义为设备故障、人为失误、管理因素、作业过程等风险致因在时间序列上的累积过程，即前一节点的风险因素会因作业过程的持续而与后续节点的风险因素耦合，从而改变风险水平或产生新的风险类型。④ 研究主要关注不同设备失效、风险因素不同运行状态，以及不同安全管理措施等多种情境下的风险概率变化、事件关联关系、事故演变趋

---

① 黄玥诚:《高危生产系统动态风险的拓扑模型与定量方法研究》，博士学位论文，中国地质大学（北京），2017年。
② 黄崇福:《自然灾害动态风险分析基本原理的探讨》，《灾害学》2015年第2期。
③ 黄河、范一大、杨思全、李文波、郭啸天、赖文泽、王海雷:《基于多智能体的洪涝风险动态评估理论模型》，《地理研究》2015年第10期；王飞、尹占娥、温家洪:《基于多智能体的自然灾害动态风险评估模型》，《地理与地理信息科学》2009年第2期。
④ 李威君:《风险动态评估理论与方法研究及其在天然气站场的应用》，博士学位论文，中国石油大学（北京），2017年。

势等。① 这一定义暗含了风险动态在时间维度上具有连续性，其内涵主要包括风险的积累、传导和耦合。

在社会安全事件领域，风险动态的相关研究主要集中在网络舆情领域，风险动态被定义为相关舆情产生、群体传播、空间差异、话题变迁及热度变化的演化过程。② 研究将时间作为风险动态的基本衡量尺度，刻画了舆情产生、发展和演变规律，以及在不同群体中的演化模式。③ 这一定义将时间、群体、内容作为风险动态的衡量尺度，动态内涵主要是指风险表现形式在三个维度上的变化情况，以及风险生命周期的发展过程。

在公共卫生事件领域，风险动态被定义为传染病在时空维度上的传播、扩散过程，以及风险自身的变异，前者主要表现为感染人数的增加和受影响区域的扩张，后者表现为传染病或病毒自身结构性、致死性等基本属性的改变。相关研究以 SEIR 模型和空间自相关为主要方法，分析传染病在不同传播条件下的时空格局变化及群体动态变化④，其中人的行为变化对风险传播的影响是普遍共同关注的研究重点，主要包括人口流动性、管理行为、个体及群体的风险行为选择等。这一定义表明，时间

---

① 刘庆龙、曲秋影、赵东风、刘尚志、王劲：《基于多源异构数据融合的化工安全风险动态量化评估方法》，《化工学报》2021 年第 3 期。

② 魏静、贾宇广、朱恒民、洪小娟、黄卫东：《基于舆情当事人信息质量及群众信任阈值的观点演化研究》，《情报杂志》2022 年第 2 期；张军、王学金、李鹏、庄云蓓：《基于 CCM 的突发事件网络舆情传播建模方法研究》，《情报理论与实践》2022 年第 6 期；庄文英、许英姿、任俊玲、王兴芬：《突发事件舆情演化与治理研究——基于拓展多意见竞争演化模型》，《情报杂志》2021 年第 12 期。

③ 沈阳、吴荆棘：《基于复杂因子的网络舆情推演研究》，《情报学报》2013 年第 12 期；杜洪涛、王君泽、李婕：《基于多案例的突发事件网络舆情演化模式研究》，《情报学报》2017 年第 10 期。

④ 金丽娟、许泉立：《中国 COVID-19 疫情的空间格局和时空演化》，《中华疾病控制杂志》2021 年第 11 期；刘亚溪、宋辞、刘起勇、张知新、王席、马佳、陈晓、裴韬：《重庆市新型冠状病毒肺炎流行时空特征及其与人群活动性的关系》，《地球信息科学学报》2021 年第 23 期；王鑫、何忠伟、刘芳、张莎莎：《中国非洲猪瘟疫情的时空演化分析》，《中国畜牧杂志》2021 年第 9 期。Nidhal ben Khedher, Lioua Kolsi, Haitham Alsaif, "A Multi-stage SEIR Model to Predict the Potential of a new COVID-19 Wave in KSA after Lifting all Travel Restrictions", *Alexandria Engineering Journal*, Vol. 60, 2021. P. Yarsky, "Using a Genetic Algorithm to Fit parameters of a COVID-19 SEIR Model for US States", *Mathematics and Computers in Simulation*, Vol. 185, 2021.

和空间是风险动态的两个基本衡量尺度，动态内涵主要是指风险的时空扩散过程及传播路径。与前三类风险动态不同的是，群体是公共卫生事件风险最直接、最主要的承载体，因此风险在时空维度上的动态性最终表现为感染人数、感染程度或感染群体类别的动态变化。

综上所述，不同类型的突发事件风险具有不同的动态内涵，相关研究对突发事件风险动态定义的认知共性和典型特征集中表现在以下三个方面。

（1）时间和空间是衡量风险动态属性的基本尺度。不同类型突发事件的风险动态具体表现为风险概率、损失大小或风险系统不同层次构成要素在时间维度或空间维度上的波动、聚集、传播或延展等变化过程。

（2）群体动态既是风险动态的致因，也是风险动态的重要表现形式。突发事件的公共属性决定了人类社会与风险之间存在着双向互动关系：一方面，突发事件会对生产生活等社会秩序造成影响，并最终表现为受影响群体的数量、类别以及受影响程度、被影响的方式等方面的变化；另一方面，风险群体的社会活动方式、活动强度以及人为的风险防控、应急管理措施等也会作用于风险的动态演化过程。

（3）各个维度只是风险动态的衡量标尺，而非直接驱动力。突发事件风险的动态变化是时间—空间—群体维度上复杂因素耦合作用的结果，具体表现为时间维度上的波动或反复，空间维度上的扩张或转移，群体维度上的传播或深入。

本书所研究的突发事件风险系统包含多种类型和层次的对象，风险动态分析倾向于对事件形成和发展过程中风险系统的状态变化、风险发生概率和后果损失大小的复合描述。在梳理了突发事件基本属性、风险动态内涵和维度的基础上，本书确定了时间、空间和群体作为衡量突发事件风险动态的三个基本维度，综合上述分析与概念界定思路，将突发事件的风险动态定义如下。

突发事件风险动态是指风险系统随着各个要素互动关系和不同属性变化而发生的状态改变。这一定义包含三个层面的核心内涵：

第一，突发事件风险是由风险致因、风险事件、风险载体和风险后果为基本构成要素的复杂系统。

第二，突发事件风险系统的内部构成要素是基本动态单元，各个要素的互动关系、不同结构属性特征的改变是风险动态的直接驱动力。

第三,突发事件的风险动态是一个多维概念,在时间、空间和群体维度以相互交织的维度上有着不同的风险致因和具体表现形式。

二 突发事件风险动态的理论基础

(一)信息熵理论

熵最初起源于物理学概念,是指物理系统在热力变化过程中吸收的热量 d_Q 与系统温度 T 之间的比值,用以衡量系统无序程度与能量变化的关系。1948 年,香农(C. E. Shannon)将这一概念引入信息论领域,从概率统计的视角给出了信息熵概念,用以衡量离散型随机事件的不确定程度[1]:

$$H = -\sum_{i=1}^{n} p_i(x_i) \log_b p_i(x_i) \quad (1-1)$$

式 1-1 中,H 为随机事件整体的信息熵,p_i 为随机事件 x_i 可能出现的概率,或系统出现第 i 个状态的概率,n 表示可能出现的事件或状态的数量,底数 b 表示不同维度的信息量纲,其中,$0 \leq p_i(x_i) \leq 1$,$\log_b p_i(x_i) \leq 0$,$H \geq 0$,当且仅当 $p_i(x_i) = 1$ 时,$H = 0$。非负性、可加性、单调性和连续性(吕健,2015)。可以看出,信息熵是评价系统不确定性大小的衡量指标,系统不确定性受到事件发生概率、可能出现的事件或状态数量、概率分布三方面因素的共同影响。

热力学第二定律表明,当自然系统不与外界发生能量或者物质交换时,系统熵的变化量大于 d_Q 与 T 之间的比值,因此物理系统中不可逆的热力学过程始终朝熵增的方向发展,这就是熵增原理。对于系统的状态变化而言,熵增是系统从有序状态向混乱状态变化的过程,伴随着不确定性增加;熵减是系统从无序状态向有序状态变化的过程,伴随着不确定性的减小。香农认为信息的本质是对不确定性的消除,信息量的增加可以减少系统的不确定性,因此,信息量的增加伴随着信息熵的减少。

---

[1] Shannon C. E., "A Mathematical Theory of Communication", *The Bell System Technical Journal*, Vol. 27, No. 3, 1948.

从这个角度来看，系统变化过程中的信息可以被认为是系统的负熵[①]（黎鸣，1984），信息负熵的增加可以减少系统物理熵，从而降低系统的不确定程度，提高系统的有序性，即信息的负熵定理：

$$I = -\Delta H \quad (1-2)$$

式1-2将信息视为开放的系统，I表示系统的信息量，从外界获取信息则表示信息量的增加，即系统吸收负熵以削减自身的物理熵，从而降低不确定性；信息缺失则表示负熵的减少，系统不确定性和无序程度随之增加。因此，信息和信息熵是一对互补的概念，信息量的增加意味着信息熵的减少。一个开放系统熵的变化值是负熵和增熵之和，系统外部的负熵可视为有利于维持系统稳定秩序干预因素，增熵则是指破坏系统平衡状态的不稳定因素：

$$\Delta H = d_e H + d_i H \quad (1-3)$$

式1-3中，$d_e H$表示系统与外部环境进行物质能量交换所吸收的负熵，$d_i H$表示系统内部要素变化所产生的物理增熵。当$\Delta H > 0$时，表示外部吸收的负熵小于系统的增熵，系统处于熵增的发展趋势，系统平衡状态将随着不确定性和混乱程度的增加而最终被打破；当$\Delta H \leq 0$时，表示系统从外部环境获取的信息能够抵消或者降低系统内部的不确定性，从而使系统状态的变化始终维持在动态平衡中。

信息熵是对物理学意义上熵概念的拓展，社会科学和自然科学领域中的随机事件都有其自身的不确定性，且都可以用信息熵这一标尺进行衡量[②]（宋华岭和王今，2000），因此，信息熵又被称为泛熵[③]（于海峰，2013）。信息熵所蕴含的熵增和熵减原理是对系统动态变化以及变化方向的描述，其对突发事件风险动态研究的指导意义体现在以下几个方面。

第一，风险是属于典型的不确定性问题，风险不确定性主要来源于随机不确定性和知识不确定性。前者是由于风险系统自身的变化而具有固有的、不可降低的特征，后者是由于对风险的认识或对相关信息掌握

[①] 黎鸣：《论信息》，《中国社会科学》1984年第4期。
[②] 宋华岭、王今：《广义与狭义管理熵理论》，《管理工程学报》2000年第1期。
[③] 于海峰：《基于知识元的突发事件系统结构模型及演化研究》，博士学位论文，大连理工大学，2013年。

不全面而导致的,也被称作主观不确定性,可以通过增加知识和信息的储备而降低。① 用信息熵理论分析突发事件的风险动态,有利于对风险系统状态变化程度和动态发展方向进行量化,从而更加准确地刻画出系统不确定性的具体表现形式。

第二,突发事件的风险动态演化符合熵增熵减过程。突发事件的生命周期表现为系统整体状态的变化过程:孕育期到发展期是从有序到无序的演化阶段,系统的动态性、无序性增加,符合系统熵增的动态发展规律。若不对系统施加额外的影响和干预,如采取风险防控与应急管理措施,则风险系统的有序和稳定状态最终会被打破,进而出现标志性事件并对系统结构、功能产生破坏,最终进入另一种系统平衡状态。可见,突发事件自身的动态属性表现出耗散结构的特征,熵是解释耗散结构的基础性概念,也是衡量突发事件系统状态变化的基本标尺。突发事件风险防控与动态应急的本质则是实现风险系统熵减的过程。

第三,信息熵能够实现对系统内部风险致因驱动力大小的量化。突发事件风险是一个复杂的开放系统,它的状态变化受到大量复杂因素的共同影响。信息熵能够借助对系统无序程度的测度,识别各个因素所携带的信息量,从而判断各类因素对风险动态影响程度的大小。风险致因携带的信息量越大,则表示对风险动态的作用力越强,从风险评估的角度可以赋予较高的指标权重,反之则赋予较低的权重。可见,通过信息熵来衡量系统内部驱动力的权重大小,能够准确反映出风险致因的客观波动情况,避免主观赋权所带来的认知偏差。

(二) 马尔科夫理论

马尔科夫理论由俄国数学家马尔科夫首先提出,用以研究事件在时间序列 $(t_1, t_2, \cdots, t_n)$ 上的状态及其动态变化的随机过程,属于随机过程理论的重要分支。马尔科夫理论的核心是利用不同状态之间的转移概率

---

① 孔得朋:《火灾安全设计中参数不确定性分析及耦合风险的设计方法研究》,博士学位论文,中国科学技术大学,2013 年;Apostolakis G. E., "A Commentary on Model Uncertainty", Proceedings of Workshop on Model Uncertainty, Center for Reliability Engineering, University of Maryland, College Park, Maryland, 1995;K. Durga Rao, H. S. Kushwaha, A. K. Verma, A. Srividya, "Quantification of Epistemic and Aleatory Uncertainties in Level – 1 Probabilistic Safety Assessment Studies", *Reliability Engineering & System Safety*, Vol. 92, No. 7, 2007.

来预测事件的动态路径，与传统模糊数学、概率论、灰色概率分析法不同的是，马尔科夫理论将事件状态变化的概率视为具有时变特性的动态参数，且事件未来状态的改变只受到现在某一时刻状态的影响，而与过去的状态无关，即马尔科夫过程的无后效性特征，其定义的数学表达如下：

$$F_{x(t_n)|x(t_1),x(t_2),\ldots,x(t_{n-1})} = F_{x(t_n)|x(t_{n-1})} \tag{1-4}$$

式1-4表示在条件$X(t_i) = x_i, i = 1, 2, \cdots, n-1$下，$X(t_n) = x_n$的分布函数与在条件$X_{(t_{n-1})} = x_{n-1}$下的分布函数相等，且$t_n$时刻的随机变量状态只受$t_{n-1}$时刻状态的影响，与$t_{n-1}$之前的状态无关。马尔科夫过程某一具体时刻状态的转移概率只依赖于前一时刻的状态，因此，得知任意两个相邻时间的状态转移的条件概率，则可以推断系统整体的动态过程，即：

$$\begin{aligned}F_{x(t_n)|x(t_1),x(t_2),\ldots,x(t_{n-1})} &= P[x(t_n) = e_n \mid x(t_1) \\ &= e_1, \ldots, x(t_{n-1}) = e_{n-1}]\end{aligned} \tag{1-5}$$

状态转移概率是指系统在多维度因素耦合作用下，从一种状态发展到另一种状态的可能性大小。马尔科夫过程的状态转移概率可以表示为：

$$\begin{aligned}P[x(t + \Delta t) = e_j | x(t) = e_i] &= P[x(\Delta t) = e_j | x(0) = e_i] \\ &= p_{ij}(\Delta t)\end{aligned} \tag{1-6}$$

式1-6中，$\Delta t \geq 0$，P_{ij}只与时间间隔Δt相关，不受t的影响。$P_{ij(\Delta t)}$表示系统状态从e_i转移到e_j的概率。当系统的状态空间包含多个可能的变化状态时，其转移概率可表示为：

$$P = \begin{pmatrix} p_{11}(\Delta t) & \cdots & p_{1n}(\Delta t) \\ \vdots & \ddots & \vdots \\ p_{m1}(\Delta t) & \cdots & p_{mn}(\Delta t) \end{pmatrix} \tag{1-7}$$

其中，

$$\begin{aligned} & p_{ij}(\Delta t) \geq 0, i, j = 1, 2, \ldots, n \\ & \sum_{j=1}^{n} pij(\Delta t) = 1, i = 1, 2, \ldots, m \end{aligned} \tag{1-8}$$

当马尔科夫过程中的Δt相同时，转移概率可进一步表示为：

$$P = \begin{pmatrix} p_{11} & \cdots & p_{1n} \\ \vdots & \ddots & \vdots \\ p_{m1} & \cdots & p_{mn} \end{pmatrix} \quad (1-9)$$

因此，可以根据系统在任意两个相邻时刻的状态变化概率来推测系统整体的状态转移概率矩阵，且当观测样本足够大时，推测出的转移概率会无限趋近于系统动态的真实情况。可见，马尔科夫理论是以概率为基础对系统动态变化过程进行刻画的工具，能够描述系统在时间维度上的整体动态过程，也能够对每个时间截面上系统整体及部分的状态、相邻时序上系统状态的发展路径进行分析。马尔科夫理论对于突发事件风险动态研究的指导意义体现在以下几个方面。

第一，马尔科夫理论对状态转移概率的研究是一种相对动态的视角。该理论认为事件的发生概率会随着时间的推移和系统状态的变化而发生改变，适用于随机波动性较大的问题分析。突发事件自身生命周期的动态演化过程，不同发展阶段、不同条件耦合对风险致因的作用均伴随着风险概率的波动和风险系统状态的改变，以马尔科夫理论为基础分析突发事件风险动态，能够较为系统地刻画风险的动态演化过程。

第二，马尔科夫过程可以实现对系统状态空间的细分，满足对复杂状态变化过程的分析要求。突发事件风险动态在时间、空间、群体三个基本维度以及各交织维度上的动态变化包含了多个状态截面，且随着事件在时间维度上的延续伴随着风险状态的转移。基于马尔科夫过程的无后效性特征，能够根据任意两个相邻状态的转移概率分析系统整体的发展路径和状态变化，为风险在时空维度上的动态规律分析提供了理论基础。

（三）复杂网络理论

复杂网络是由节点和边为基本构成要素的图，起源于18世纪图论领域的哥尼斯堡七桥问题研究，即将不同的陆地视为分散的点，将连接陆地的桥视为点之间的连边，点与边就构成了网络。

$$G(t) = [V(t), E(t), f(t)] \quad (1-10)$$

式 1-10 中，$G(t)$ 表示 t 时刻的复杂网络，$V(t)$ 表示 t 时刻网络中节点的集合，$E(t)$ 表示 t 时刻网络中连边的集合，$f(t)$ 表示 t 时刻网络中节点与边之间的映射关系。

复杂网络理论的核心是通过节点、连边以及二者映射关系的结构分析来研究网络的形成机理、互动关系、演化路径、微观性质和宏观结构形态，实现对网络自组织演化规律的把握。平均路径长度、度、聚类系数和介数是描述网络要素结构关系的基本统计性质[①]（刘涛等，2005）。平均路径长度是对网络中节点分散程度和网络大小的描述，用所有节点间距离的平均值表示：

$$L = \frac{\sum_{i \geqslant j} d_{ij}}{\frac{1}{2}N(N-1)} \qquad (1-11)$$

式 1-11 中，N 表示网络中节点的数量，d_{ij} 表示两个节点之间连边数量的最小值。

度是对网络节点在网络微观层面重要性的衡量，用节点所连接的邻居节点数量表示，节点的度值越大则表示该节点对网络的影响力越大。

$$k_i = \sum_{j \in N} a_{ij} \qquad (1-12)$$

有向网络的度分为入度和出度两类，前者表示从其他节点出发指向该节点的连边数量，后者则相反，表示从该节点出发指向其他节点的连边数量。

聚类系数是对网络中节点集聚性的衡量，用节点之间的连接程度表示。网络中与某节点相连的 k_i 个节点之间也互相连接，则最多存在 $k_i(k_i-1)/2$ 条连边。则该节点的聚类系数是与其相连的其他节点之间的实际连边数量和最大连边数量的比值：

$$C_i = \frac{2E_i}{k_i(k_i-1)} \qquad (1-13)$$

式 1-13 中，E_i 表示 k_i 个节点之间实际连边的数量，$0 \leqslant C_i \leqslant 1$。此外，通过对网络中所有节点聚类系数及其平均值的计算，可得到网络整体的聚类系数（Cohen and Havlin，2003；Jin and Xiao，2005）。

介数分为节点介数和边介数，是对节点或边对网络全局综合影响力

[①] 刘涛、陈忠、陈晓荣：《复杂网络理论及其应用研究概述》，《系统工程》2005 年第 6 期。

的衡量，介数较高的点或边对网络整体结构和功能具有较强的控制能力。节点介数用最短连边数量表示：

$$g(e) = \sum_{s \neq t, s \neq v} \frac{Q_{st}(i)}{Q_{st}} \qquad (1-14)$$

式 1-14 中，$Q_{st}(i)$ 表示在节点 s 和节点 t 之间的最短连边中经过节点 i 的数量，Q_{st} 表示节点 s 和 t 之间最短连边的总数。类似的边介数表示为：

$$g(e) = \sum_{s \neq t, s \neq v} \frac{Q_{st}(e)}{Q_{st}} \qquad (1-15)$$

式 1-15 中，$Q_{st}(e)$ 表示节点 s 和节点 t 之间的最短连边中经过边 e 的数量，Q_{st} 表示节点 s 和 t 之间最短连边的总数。

节点、连边及其关系的基本统计性质表明，复杂网络具有动态演化的特征[①]（马骏等，2005），主要表现为局部节点的关联互动、网络结构在节点属性和连边方向、权重等复杂作用机理下的局部与整体演化。复杂网络理论被广泛地应用到了系统动态的分析中，用以揭示系统演化的动态机理、非线性波动、动态博弈等复杂过程[②]（陈锐等，2014；高霞等，2015；谭少林等，2017），对突发事件风险动态研究的指导意义体现在以下几个方面。

第一，复杂网络的拓扑结构能够实现对风险多主体—多维度的动态抽象。对社会现实系统的拓扑抽象适用于对不同类型事件，以及不同维度风险因素的统一建模。突发事件风险系统包含不同属性、不同维度的构成要素，其动态演化过程也具体表现为不同维度上风险概率和损失状态变化，复杂网络能够将风险系统的大量要素及其复杂作用机理抽象为统一的网络模型，以节点表示风险系统基本构成要素，以连边表示要素间的作用方式及方向，实现对风险状态变化的表征。通过对节点、连边、

---

① 马骏、唐方成、郭菊娥、席酉民：《复杂网络理论在组织网络研究中的应用》，《科学研究》2005 第 2 期。

② 陈锐、王宁宁、赵宇、周永根：《基于改进重力模型的省际流动人口的复杂网络分析》，《中国人口·资源与环境》2014 年第 10 期。高霞、陈凯华：《合作创新网络结构演化特征的复杂网络分析》，《科研管理》2015 年第 6 期。谭少林、吕金虎：《复杂网络上的演化博弈动力学——一个计算视角的综述》，《复杂系统与复杂性科学》2017 年第 4 期。

结构的逐层解析，不仅可以研究网络组成部分的动态行为，也能够探索系统整体随着部分状态变化而动态发展的过程。

第二，复杂网络包含的众多拓扑统计参数能够实现对系统动态内涵的拓展。网络中节点、连边及其映射关系具有较强的信息承载能力，能够根据突发事件及其风险自身的属性赋予多样化、差异化的动态内涵，适用于从多维度的视角解析突发事件风险系统的动态变化过程。此外，通过对不同拓扑参数的综合分析与对比，还能够实现对不同维度组合视角下风险动态过程的特征刻画与机理分析。

第三节　风险动态的多维互动机理与逻辑关系

一　风险动态的时间—空间—群体多维互动逻辑关系

突发事件风险动态具有时间—空间—群体多维交织的基本属性。时间是划分风险静态与动态的基本尺度，风险在时间维度上的演化通常伴随着风险系统在空间或群体维度上内部要素互动关系、结构特征与基本属性等方面的调整。突发事件的生命周期过程是风险在时间维度上最典型的动态表现。

风险孕育期的核心内涵是系统从有序向无序发展的熵增过程，动态特征表现为风险发生概率的实时变化，由于此阶段没有造成实质性的破坏，因而风险在空间和群体层面处于相对静止的状态。当系统内部的动态平衡被打破并爆发标志性事件时，风险进入发生期并伴随着空间或群体维度上具体承载体的实际损失。当突发事件进入发展期，风险的转化、蔓延、衍生、耦合等复杂过程使得风险的影响范围在空间维度上迅速扩张、转移，并伴随着受威胁或受损群体在数量、类别以及影响程度等方面的增加，直至达到风险能量释放的峰值。当突发事件到达衰退期时，风险系统进入从无序向有序发展的熵减过程，并且在空间维度上的影响范围逐渐缩小，群体维度上受影响的人数和程度逐渐降低，直至到达事件的终结期。时间、空间和群体维度上的风险状态变化并非三种独立的动态形式，而是相互联系、相互影响的动态关联关系（图1-3）。

时间维度上的风险动态关注风险概率和实际损失的时变波动特征。从突发事件的生命周期来看，事件发生的概率在孕育期逐渐增大，在发

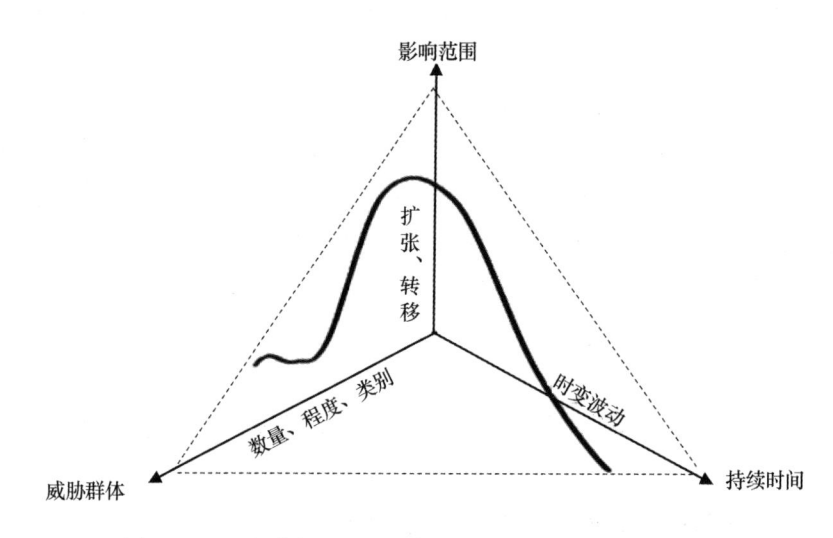

图 1-3 风险动态的时间—空间—群体三维交织逻辑示意

生期达到峰值并爆发标志性事件；风险损失从发生期到发展期逐渐增大，又随着衰退期的到来逐渐降低直至消失。在生命周期的每一个阶段，不同类型的风险波动性又具有不同的时间尺度特征：自然灾害风险通常具有明显的季节性或周期性特征；公共卫生事件孕育期和发生期的偶然性较大，发展和衰退期则受到复杂条件的影响而表现出较强的不确定性；公共安全事件和事故灾害生命周期各阶段的时间尺度则相对较短，主要取决于外部环境因素的影响且演化速度较快。

空间维度上的风险动态强调风险等级和影响范围的转移、扩张或缩减过程。空间维度上的风险致因通过作用于系统内部动态单元进而改变风险的整体状态；风险等级在空间维度上的动态主要表现为两个方面：一是特定区域内的风险等级变动；二是特定风险等级在空间上的转移和集聚过程。风险影响范围的动态性则主要表现为风险的空间集聚、转移或扩散，例如传染病风险的市域、省域、全国以及国际传播。

群体维度上的风险动态包括客观风险后果和主观风险感知两大类。客观风险后果将群体作为风险的核心承载体，其动态性主要体现为风险受体在数量、类别和受影响程度等方面的变化；风险感知是群体维度上风险动态区别于其他维度风险动态的显著特征，主要表现为风险感知内容、感知程度以及感知影响因素的群体差异。此外,群体在风险动态中的主动性主要表现为群体主观能动性对风险系统要素关系、要素属性以及风险演化路径的改变,包括个体和群体的风险行为、风险决策以及人类社会的风险防控措施等。

二 风险动态的二维交织特征与互动机理

不同类型的突发事件在风险动态驱动力和表现形式两方面具有明显的差异。从物理层面的风险客观系统来看,突发事件主要包含四种类型:自然灾害的风险动态主要由自然环境因素与社会因素驱动,并直接表现为受灾范围与因灾损失的年际波动,具有明显的空间—时间维度动态特征。社会安全事件的风险动态主要是由社会因素驱动,并直接表现为参与人数、事发场所、影响范围等方面的变化,具有明显的空间—群体维度动态特征。事故灾害的风险动态主要由人、机、环三方面的因素驱动,并直接表现为事故的条件概率变化和损失后果的实时变化。公共卫生事件的风险动态主要由群体因素和管理因素驱动,并直接表现为感染人数、持续时间、波及范围的变化,具有明显的时间—空间—群体维度动态特征。

从心理层面的风险感知来看,群体对特定事件的风险感知受到事件发展进程和个体属性的双重影响,并通过作用于人的风险行为来影响事件的客观发展过程,具有明显的时间—群体维度动态特征。对突发事件风险主观感知的研究是对风险客观系统整体动态的重要补充,有利于从主客观两个方面形成对风险动态特征的全面刻画,并从突发事件的风险防控与风险沟通两方面服务于应急管理实践。

本节将分别对时间—空间、时间—群体、空间—群体、时间—空间—群体四种情境下的风险动态机理与逻辑关系进行分析,为突发事件的风险多维动态研究提供基础性的理论模型与分析框架。

(一) 突发事件风险动态的时间—空间二维交织关系

时间和空间维度上风险致因的互动关系及其对风险动态的影响主要表现为以下四个方面:第一,突发事件会因外部环境变化和自身生命周期演化而在时空维度上表现出风险状态的改变。第二,风险致因在时间维度上的量变和质变会直接作用于具体事件的风险概率和风险后果,包括风险影响范围、空间风险等级或风险种类的改变等。第三,突发事件自身生命周期在时间维度上存在孕育、发生、发展、消退、终结的演化过程,空间维度上的外部环境条件差异和变化会对事件生命周期的递进、循环、反复等演化过程产生影响,从而改变风险在时间维度上的动态表达形式。第四,从相对静态的视角来看,某一时间节点的突发事件风险会映射于具体的空间领域,包括地理意义上的特定区域或网络意义上的舆情空间等。

如图 1-4 所示,t 时刻风险致因的显著性和作用机理分别用方块颜色和连线表示,t 时刻突发事件所处的生命周期具体阶段用三角形表示,该时刻风险存在于空间 a 中,随着时间变化到 $t+1$ 时刻,风险致因及其作用机理会发生状态改变,突发事件的生命周期也会发生阶段上的演化,同时,风险赖以存在或受影响的具体空间由空间 a_1 变化为空间 a_2。此外,风险载体的数量、类别及风险后果的大小、概率也在时空维度上发生了动态变化,风险动态具体表现为风险等级和风险种类在时间和空间维度上的波动和差异。

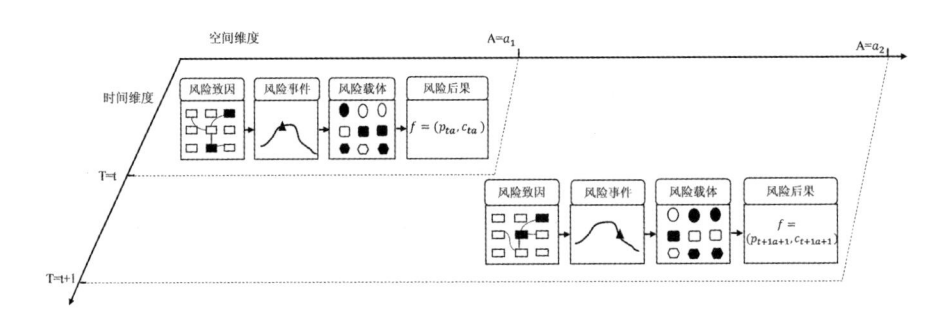

图 1-4 风险动态的时间—空间二维交织示意

(二) 突发事件风险动态的时间—群体二维交织关系

时间和群体维度上风险致因的互动关系及其对风险动态的影响主要表现为以下三个方面:第一,随着风险时间的持续和突发事件生命周期的演化,风险在特定区域内所影响的群体会发生人数、类别及损失大小等方面的变化。第二,群体维度上主观风险感知会因突发事件发展进程和风险系统状态改变而发生风险感知水平和具体感知内容的变化。第三,群体具有主观能动性,主观风险感知和客观风险系统变化会影响个体或群体的风险行为选择、风险防控措施，这些人的因素又通过作用于风险致因、风险事件、风险载体或风险后果，进而影响客观风险系统和主观风险感知在时间和群体交织维度上的动态发展路径和具体表现形式。

如图1-5所示，群体维度上的主观风险感知和客观风险实际，以及时间维度上的 t 和 $t+1$ 时刻将群体—时间二维交织下的风险动态划分为了四个象限。实线箭头表示象限之间的风险演化方向，时间维度上的主观风险感知和客观风险实际均会随着事件的持续而发生状态改变，前者主要表现为风险感知程度和感知内容的变化，后者主要表现为风险系统构成要素的动态变化，如风险因素（f）、风险事件（e）、承载体（b）、后果严重性（c）等方面的变化。虚线箭头表示风险的互动关系，群体的主观风险感知在一定程度上是客观风险系统的反映，风险感知会随风险后果的严重性、风险发展不同阶段的具体状态改变而发生变化[1]；此外，群体的风险行为选择会因风险感知程度和群体属性状态差异而发生变化[2]，风险相关行为通过作用于突发事件系统内部的构成要素而影响风险动态发展，如人群流动、个人防护行为对传染病疫情动态传播路径和风险持续时间的改变。[3]

---

[1] 王炼、贾建民：《突发性灾害事件风险感知的动态特征——来自网络搜索的证据》，《管理评论》2014年第5期；王艳霞、李小保、吕厚超：《新冠肺炎疫情期间社区居民时间态度、焦虑和风险感知的关系研究》，《社区心理学研究》2020年第2期。

[2] 周凌一、刘铁枫：《信息视角下新冠肺炎疫情的公众风险感知与预防行为》，《复旦公共行政评论》2021年第1期；Keith Eastwood, David N. Durrheim, Michelle Butler, Alison Jones, "Responses to pandemic (H1N1) 2009, Australia", *Emerg Infect Dis*, No. 16, No. 8, 2010; G. James Rubin, Richard Amlô, Lisa Page, Simon Wessely, "Public perceptions, anxiety, and behaviour change in relation to the swine flu outbreak: cross sectional telephone survey", *BMJ*, Vol. 339, 2009.

[3] W. E. Allen, A. T. Han, J. Briggs, X. Jin, X. Lin. , "Population-scale longitudinal mapping of COVID-19 symptoms, behaviour and testing", *Nature Human Behaviour*, Vol. 9, No. 9, 2020; Shengjie Lai, Nick W. Ruktanonchai, Liangcai Zhou, Olivia Prosper, Wei Luo, Jessica R. Floyd, Amy Wesolowski, Mauricio Santillana, Chi Zhang, Xiangjun Du, Hongjie Yu & Andrew J. Tatem, "Effect of Non-pharmaceutical Interventions to Contain COVID-19 in China", *Nature*, Vol. 585, 2020; AMY WESOLOWSKI, NATHAN EAGLE, ANDREW J. TATEM, DAVID L. SMITH, ABDISALAN M. NOOR, ROBERT W. SNOW, AND CAROLINE O. BUCKEE, "Quantifying the impact of human mobility on malaria", *Science*, Vol. 238, No. 6104, 2012.

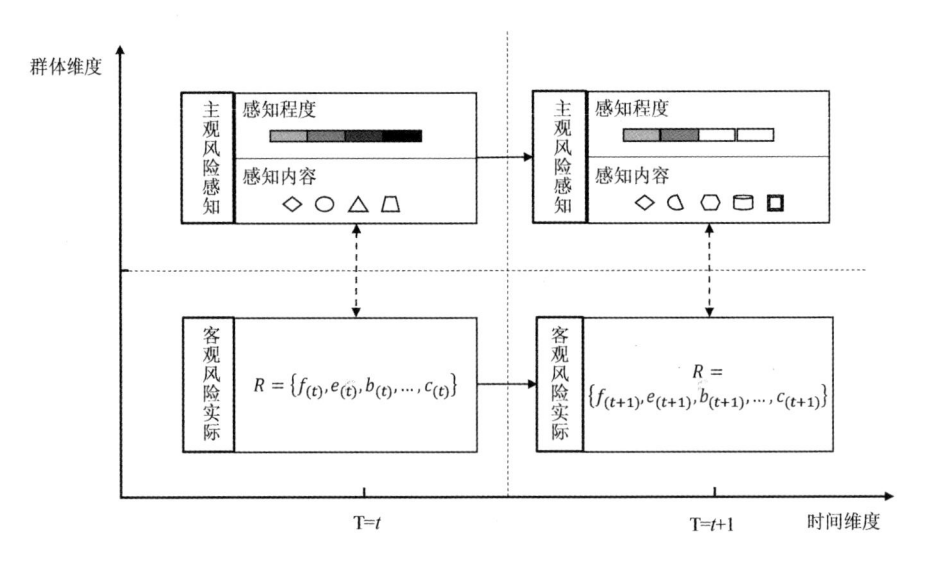

图 1-5　风险动态的时间—群体二维交织示意

（三）突发事件风险动态的空间—群体二维交织关系

空间和群体维度上风险致因的互动关系及其对风险动态的影响主要表现为以下三个方面：第一，空间形态、结构、规模等物理属性的变化与交织，会使受灾群体发生数量和受影响程度等方面的变化。例如，城市空间结构与布局会影响风险的集聚特征、传播速度与传播路径，进而改变空间内潜在受威胁群体的风险状态与实际受灾人口数量。第二，群体具有主观能动性，因此在与风险互动的过程中具有被动和主动的双重属性，被动性是指当群体作为受灾体被动地承载事件发展所带来的风险后果，表现出受灾人口数量、类别以及受影响程度的空间差异；主动性是指群体在与风险互动的过程中，其自身的行为选择、应对措施会对风险环境的客观物理属性产生影响，进而成为风险变化的驱动因素。第三，群体和空间维度上风险致因的不同组合方式、属性变化和作用机理会影响风险系统构成要素的基本属性，以及风险系统整体状态的变化方式。

如图 1-6 所示，空间维度 A 和群体维度 P 上不同属性的风险致因用几何形状予以区分，群体的脆弱性、暴露度等风险属性用不同颜色予以区分，各个维度及不同维度之间的风险因子互动关系与作用方向用带箭

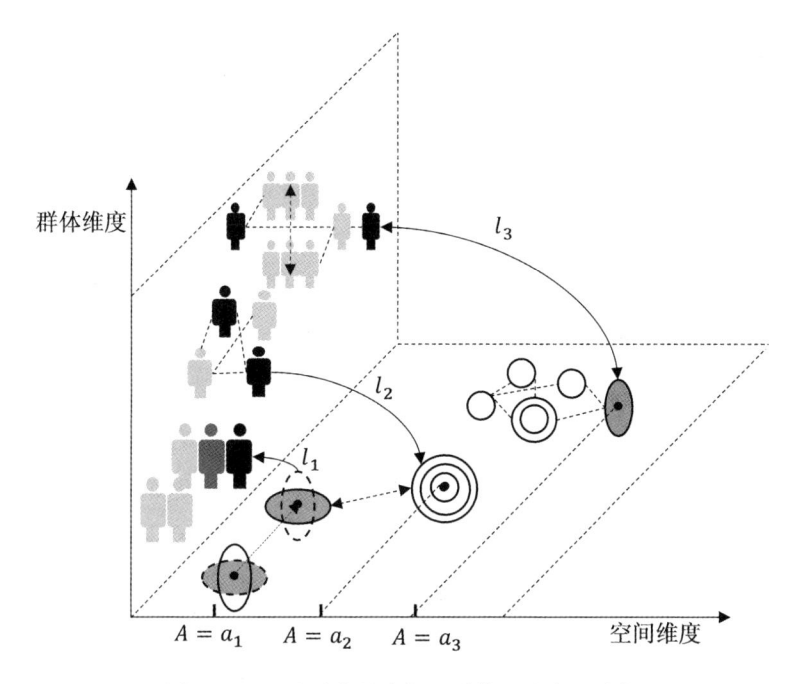

图 1-6　风险动态的空间—群体二维交织示意

头的连线表示。空间维度上的风险因子存在跨区域转移、扩散，以及因子之间的交互影响，并作用于受灾群体种类、数量和受影响程度的变化（l_1）。群体在突发事件中的风险行为特征、状态属性、互动关系等会影响风险在空间中的传播、扩散过程（l_2）。例如，群体跨域流动和人际接触带来的传染病疫情传播。此外，风险系统的构成要素存在跨维度的双向互动关系（l_3），风险因素及其作用机理会随着空间和群体维度的变化而发生改变，空间—群体维度上风险致因和风险环境的动态变化会共同作用于风险的形成过程和风险在两个维度上的表现形式，进而改变风险系统的整体状态。

三　风险动态的三维网络结构与互动机理

将风险系统内部的构成要素视为节点，要素之间的互动关系视为连边，以时间—空间—群体为基本维度构建突发事件风险的动态传播复杂网络。突发事件风险网络的节点通常具多维度、跨维度的连接特征，这是因为风险致因、标志性事件、风险载体和风险后果四类基本构成要素分别适用于从不同的维度来表达动态属性。以传染病风险系统为例，风险致因通常包括人群、细菌（病毒），二者在空间维度上的耦合，以及在时间维度上的积累会最终引发传染病疫情的出现和传播；标志性事件表现为病毒在一定空间范围内或一定数量的群体中形成蔓延趋势，且对社会公众健康产生实质性威胁；传染病的直接风险载体一般包括人和动物，并且会随着时间的推移和空间的扩展发生数量和类别等方面的改变；风险后果则主要表现为受感染人数、因病死亡人数以及由此带来的社会秩序、经济发展等方面的连带后果。

突发事件风险系统的网络节点具有时间—空间—群体三维交织的属性，且不同节点之间存在多种形式的跨维度互动关系和演化路径。如风险致因在突发事件不同发展阶段的显著程度、作用方式变化，以及风险载体和风险损失随事件生命周期的演化而在各个阶段表现出差异等。时间—空间—群体三维交织视角下的突发事件风险可以看作由多个子网络构成的复杂网络，包含风险致因网络、风险事件网络、风险载体网络和风险后果网络（图1-7）。

从复杂网络的视角来看，突发事件风险的动态研究首先要从统计的角度分析多维网络中的节点和连边性质，刻画出风险动态网络的拓扑结构。基于复杂网络的基本统计特征和结构属性，以突发事件风险多维动态网络的平均路径长度表示风险系统基本构成要素的全局分离程度，在各个类型的风险网络中具有不同的具体内涵。例如，在传染病风险动态传播网络中可表示风险传播路径和持续时间；网络度和度的分布用以表示风险要素对系统影响力的大小，也可用以表示不同类型风险网络中具体风险点的风险等级大小；节点连边的数量、权重、方向等属性用以表示风险传导路径、扩散方向的动态变化；网络集聚系数及其与节点度的关系可衡量风险网络随不同条件，或在不同维度上动态变化后的结构差异。根据突发事件及其风险的属性特征，构建小世界网络模型、无标度网络模型、局域世界演化模型等复杂网络模型，通过刻画不同条件下网络属性、结构等方面的动态演化过程，进而实现对突发事件风险动态在时间、空间、群体多维交织网络中的动态机理分析。

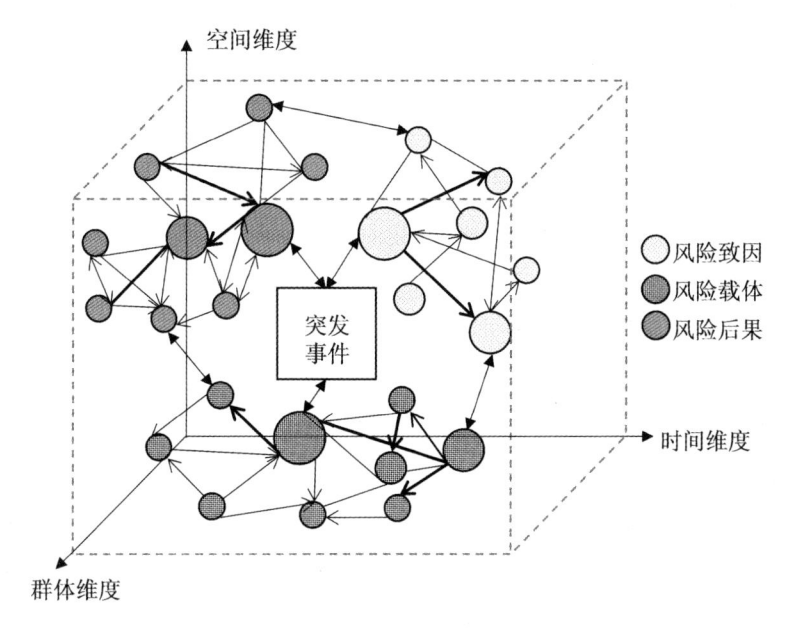

图1-7 风险动态的时间—空间—群体动态网络示意

第四节 小结

本章首先分析了突发事件的概念、属性及其风险的基本特征，在此基础上界定了突发事件风险动态的基本定义、分析范畴和理论基础，明确了衡量风险动态的基本维度。其次，构建了突发事件风险多维动态的理论模型，并对各维度的动态内涵与逻辑关系进行了分析。最后，分别从二维交织关系和三维网络结构的视角，对突发事件风险动态理论与研究方法进行了概述，并分析了不同维度组合视角下风险动态特征与机理。

（1）对突发事件的概念、特征、内涵进行了梳理，并基于生命周期理论，从纵向事件演化阶段和横向每一阶段的具体特征两方面分析了突发事件的不确定性、公共性、紧迫性、动态性等基本属性。

（2）分别从结果导向和过程导向对突发事件风险的动态特征进行了剖析，明确了风险动态刻画的时间、空间、群体三个基本维度，并阐述了各维度风险动态的基本逻辑。

（3）总结了突发事件风险动态的共性与核心内涵，确定了本书对突发事件风险动态的基本定义。并以信息熵理论、马尔科夫理论、复杂网络理论为参考依据，为突发事件风险动态的多维度分析提供了成熟的理论支撑。

（4）构建了突发事件风险动态的多维分析框架，逐一分析了每个维度上的风险动态内涵，并论述了维度之间的逻辑关系与作用机理。分别从时间—空间维度、时间—群体维度、空间—群体维度三个二维组合视角分析了突发事件风险动态的内涵、动态机理和二维互动关系，最后综合分析了时间—空间—群体三维视角下风险动态网络的基本内涵、动态机理和分析框架。

（5）二维交织视角下的突发事件风险动态逻辑表明，对突发事件风险动态的分析需要从物理和心理两个层面展开，即风险客观实际与风险主观感知。心理层面的风险动态主要侧重于对群体风险感知动态的刻画，时间—群体交织维度是基本衡量尺度。时间—空间、群体—空间、时间—空间—群体三种维度组合则侧重于对风险客观实际的动态分析。

第二章

基于时间—空间维度的突发事件
风险波动特征分析

本章基于第一章对风险多维动态的机理分析与逻辑框架,研究了时空二维情景下突发事件风险的波动特征。研究首先论述了以时间—空间为风险动态衡量标尺在各类突发事件中的适用性与匹配性,并阐述了实证对象的选择依据以及研究的必要性与重要性;其次,研究通过对洪水灾害风险系统的分解与重构,分析了风险致因在时空维度上的驱动力差异,并对比了风险潜在威胁性与实际破坏性在波动方向与波动幅度方面的动态表现;最后,研究基于对风险系统局部动态与整体动态的异质性分析,刻画了洪水风险的三类典型动态情景,并提出了相应的风险防控与应急管理策略。

第一节 问题描述

时空二维交织视角下的突发事件风险动态是指风险系统受到时间和空间维度上风险致因的共同影响而发生状态改变:风险状态随着时间的推移在不同的空间领域表现出差异性,或同一空间中的风险状态在时间维度上表现出波动性。时空维度上的风险动态弱化了群体因素对风险形成过程和系统要素状态的影响,主要关注风险系统在自然状态下的动态发展过程。突发事件中的自然灾害以气象、水文、地质等自然因素为直接驱动力,风险系统的核心构成要素存在于时空维度,且风险的状态改变在时间和空间维度上体现得更为明显。因此,以时间和空间为基本衡量尺度适用于自然灾害的风险动态分析,更有利于对风险系统的局部动态关系和整体动态过程进行较为全面的刻画。

洪水灾害是世界范围内发生最频繁、致死率最高的一类自然灾害。国际灾害与流行病研究中心的调查显示,近十年全球范围内暴发的洪水灾害呈上升趋势,从2009年的149次增加到了2019年的194次,1998—2017年近20年的时间里,全球暴发的洪水灾害约占自然灾害总数的43%,尽管各国在防灾减灾与应急救援方面做了大量努力,但因洪水造成的人员伤亡仍占因灾死亡人数的43.5%。[①] 中国是世界上受自然灾害影响最为严重的国家之一,2000—2019年20年的时间里发生了超过500次自然灾害,其中大部分是气象和水文灾害。中国大规模、破坏性的洪水灾害频发,造成了严重的社会经济损失和人员伤亡,自20世纪90年代以来,中国每年因洪涝灾害造成的经济损失约占GDP的1.42%,是美国的40多倍。城市化进程所伴随的人口密度和经济密度增加使得社会环境的风险暴露度和脆弱性进一步增强,科学的风险评估是开展防灾减灾工作的前提,也是降低灾害损失的必要保障。

中国的洪水灾害在空间维度上呈现出明显的南北差异:南方地区受洪水风险威胁程度较高、因灾损失较大,北方地区受洪水风险的威胁程度较低。[②] 南方洪水灾害的高发区主要集中在长江中下游流域,以暴雨洪涝为主,2010—2016年中国由暴雨引发的洪水灾害几乎全部集中在广东、广西、贵州等南部地区。在时间维度上呈现出明显的季节性差异:南方季风气候区域的洪水灾害主要为暴雨洪涝,洪水风险等级在雨季5—9月处于一年中的最大值[③],灾害暴发的概率最高,旱季暴发洪水风险的概率则极低。以中国洪涝灾害为具体研究对象,既是时空维度上突发事件风

---

① The International Disaster Dataset Centre for Research on the Epidemiology of Disaster. Natura disasters report, 2019.

② Z. W. Kundzewicz, Su Buda, Wang Yanjun, Xia Jun, Huang Jinlong, Jiang Tong, "Flood risk and its reduction in China", *Advances in Water Resources*, Vol. 130, 2019; Wei Su, Xiaodong Zhang, ZhenWang, Xiaohui Su, Jianxi Huang, Siquan Yang, Sanchao Liu, "Analyzing Disaster-forming Environments and the Spatial Distribution of Flood Disasters and Snow Disasters that Occurred in China from 1949 to 2000", *Mathematical and Computer Modelling*, Vol. 54, 2011.

③ Xu Ying, Zhang Bing, ZhouBo-Tao, Dong Si-Yan, Yu Li, LiRou-Ke, "Projected Flood Risks in China Based on CMIP5", *Advances in Climate Change Research*, Vol. 5, No. 2, 2014.

险动态的典型代表，又可以此为切入点积极探索中国风险动态防控与应急管理亟待解决的有关重要问题，在理论和实践层面均具有重要意义。

目前关于时空维度上洪水灾害风险的研究主要有三个方面的特征：一是强调对风险状态差异的空间维度划分，包括国别[1]、流域[2]、省份[3]、市县[4]等不同空间尺度上洪水风险格局演化研究，以及环境因素对洪水风险系统影响机理研究。[5] 对中国洪水灾害的历史数据分析发现，沿海地区的洪水灾害呈现出明显的雨潮复合特征，即风暴潮与累积降雨相结合所引发的复合洪涝灾害，且在空间维度上具有"两头多—中间少"的分布格局，部分揭示了沿海各省在台风期和非台风期的雨潮复合灾害演化规律[6]；对长三角地区洪水灾害的风险评估发现，该地区的城市洪涝灾害韧性水平在空间维度上发展不均衡，表现为由中心向外围递减的分布特征，上海、南京、苏州、杭州等核心城市的洪灾风险韧性较高，但区域内城市韧性的空间集聚效应不明显，且以"低—低"集聚为主。[7] 以城市为研究尺度的洪水风险评估主要是在城市化的视角下展开，分析城市系统与灾害系统之间的耦合关系：城市化进程所伴随的不透水面积增加与植被

---

[1] Kaori Tembata, Yuki Yamamoto, Masashi Yamamoto, Ken'ichiMatsumoto, "Don't Rely too Much on Trees: Evidence from Flood Mitigation in China", *Science of The Total Environment*, Vol. 732, 2020.

[2] Yunqiang Liu, Ming You, Jialing Zhu, Fang Wang, Ruiping Ran, "Integrated Risk Assessment for Agricultural Drought and Flood Disasters Based on Entropy Information Diffusion Theory in the Middle and Lower Reaches of the Yangtze River, China", *International Journal of Disaster Risk Reduction*, Vol. 38, 2019.

[3] Huabing Huang, Xi Chen, Zhanqiang Zhu, Yuhuan Xie, Lin Liu, Xianwei Wang, Xina Wang, Kai Liu, "The Changing Pattern of Urban Flooding in Guangzhou, China", *Science of The Total Environment*, Vol. 394, 2017.

[4] Jing Song, Zheng Chang, Weifeng Li, Zhe Feng, Jiansheng Wu, Qiwen Cao, Jianzheng Liu, "Resilience-vulnerability Balance to Urban Flooding: A Case Study in A Densely Populated Coastal City in China", *Cities*, Vol. 95, 2019.

[5] Hanye Wang, Shengzhi Huang, Wei Fang, Beibei Hou, Guoyong Leng, Qiang Huang, Jing Zhao, Zhiming Han, "Multivariable Flood Risk and Its Dynamics Considering Project Reasonable Service Life in A Changing Environment", *Journal of Hydrology*, Vol. 590, No. 1, 2020.

[6] 许瀚卿、谭金凯、李梦雅、刘青、王军：《中国沿海地区雨潮复合灾害联合分布及危险性研究》，《地理科学进展》2022年第10期。

[7] 贺山峰、梁爽、吴绍洪、郭浩：《长三角地区城市洪涝灾害韧性时空演变及其关联性分析》，《长江流域资源与环境》2022年第9期。

破坏将造成水文过程的巨大变化，降低洪水的承载能力和河流的储存量。随着城市化进程的推进，中国的洪水灾害呈现出先上升后下降的发展趋势，二者的耦合关系逐渐趋于协调。2001—2018年中国的城市化系统与洪水灾害系统在大部分城市呈现出倒"U"形的耦合关系，两个系统之间的耦合协调度（Coupling Coordination Degree，CCD）具有显著的空间集聚效应，在东南部地区主要表现为"低—低"集群，在西北地区则主要表现为"高—高"集群。①

二是强调对风险状态的时间尺度划分，包括特定区域内的洪水风险在年际、月度等不同时间尺度上的波动特征，或洪水灾害破坏力的年际动态变化特征研究。② 对岷江流域洪水灾害在2000—2015年的风险动态评估发现，不同风险等级的区域在时间维度上存在年际变化，主要表现为低风险区向高风险区的转化③；对黄浦江流域5年、50年以及500年一遇的洪水灾害模拟结果显示，城市用地的不断扩张使得该流域洪灾脆弱性面积增大，中上游地区的风险等级提高，与此同时，防洪抗旱等工程设施的建设也在一定程度上消解了城市化对洪灾脆弱性的负面影响，因而黄浦江流域的洪灾风险呈现出先上升后下降的发展趋势。④

三是强调特定空间内的洪水风险演化过程与动态特征研究，如城市内涝、地下空间洪水风险等方面的动态评估研究。⑤ 城市洪水主要是由短期或持续的降雨量超过排水系统的能力所引起的，相关研究主要关注城市空间格局及其影响因素对洪水风险的影响机理，从而揭示城市洪水的

---

① Yi Liu, Xianjin Huang, Hong Yang, "An Integrated Approach to Investigate the Coupling Coordination Between Urbanization and Flood Disasters in China", *Journal of Cleaner Production*, Vol. 375, 2022.

② Huabing Huang, Xi Chen, Zhanqiang Zhu, Yuhuan Xie, Lin Liu, Xianwei Wang, Xina Wang, Kai Liu, "The Changing Pattern of Urban Flooding in Guangzhou, China", *Science of The Total Environment*, Vol. 394, 2017.

③ 周燕莲、董铭、刘维明、李豪：《基于GIS的岷江流域洪灾动态风险性评价研究》，《人民长江》2022年第5期，第20—27页。

④ 苏飞、殷杰、尹占娥、于大鹏、许世远：《黄浦江流域洪灾动态风险演化趋势研究》，《地理科学》2014年第5期，第621—626页。

⑤ Hai-Min Lyua, Shui-Long Shen, An-Nan Zhou, Wan-Huan Zhoud, "Flood Risk Assessment of Metro Systems in a Subsiding Environment Using the Interval FAHP-FCA Approach", *Sustainable Cities and Society*, Vol. 50, 2019.

成灾机理、演化规律与防灾策略。城市洪水在世界范围内频繁发生，尤其常见于发展中国家。从全球灾害发生的频率来看，中国是城市洪水的高风险、易发地区，北京、上海、广州和深圳等特大城市的洪水风险尤其突出，2012年7月21日发生在北京的暴雨洪涝，造成10660间房屋倒塌，经济损失18.3亿美元[①]；一项研究追踪了2015—2020年中国9个特大城市的1201次洪水记录，对其空间特征和驱动因素的探究发现，南京、武汉、西安和沈阳洪水表现出明显的单核、多层次空间聚集模式，而上海、广州、深圳和天津呈现多核、多层次的空间聚集格局，其特征是多核聚集、多点发生。城市地貌特征如斑块密度、建筑物密度、建筑物形体系数对洪涝具有较高的贡献度，而城市地形因素和排水能力的影响力远远小于其他因素。[②] 这可能是因为大部分特大城市的内部地形以平坦为主，差异性较小[③]，而城市排水基础设施的影响力主要体现在小范围洪水方面。[④] 值得注意的是，城市洪水的演化机理尺度效应和空间异质性作用下的动态结果，不同的研究尺度会带来不同的结果，要结合不同城市的地理区位、结构特征寻找最佳观测尺度，重视空间异质性和尺度效应，只有在特定尺度上进行考察和分析，才能把握其内在规律。[⑤]

相关研究对洪水灾害风险动态的分析普遍侧重刻画风险某一方面的动态特征，如因灾损失的时空动态；或侧重于分析洪水风险系统的整体状态变化，如风险等级波动；而对风险系统整体与局部的互动关系、系统内部动态特征的多样性与差异性以及对风险动因的探究等方面还相对

---

① Meng, Z., Yao, D., "Damage Survey, Radar, and Environment Analyses on the First-Ever Documented Tornado in Beijing during the Heavy Rainfall Event of 21 July 2012", *Weather Forecasting*, Vol. 29, No. 3, 2014.

② Yongheng Wang, Chunlin Li, Miao Liu, Qian Cui, Hao Wang, Jianshu LV, Binglun Li, Zaiping Xiong, Yuanman Hu, "Spatial Characteristics and Driving Factors of Urban Flooding in Chinese Megacities", *Journal of Hydrology*, Volume 613, Part B, 2022, 128464.

③ Wu, M., et al., 2021. "Identification of Sensitivity Indicators of Urban Rainstorm Flood Disasters: A Case Study in China", *J. Hydrol.* 599, 126393.

④ Louise Petersson, Marie-Claire ten Veldhuis, Govert Verhoeven, Zoran Kapelan, Innocent Maholi, Hessel C. Winsemius, "Community Mapping Supports Comprehensive Urban Flood Modeling for Flood Risk Management in a Data-Scarce Environment", *Frontiers in Earth Science*, Vol. 8, 2020.

⑤ Stephens, C. M., Lall, U., Johnson, F. M., Marshall, L. A., "Landscape Changes and Their Hydrologic Effects: Interactions and Feedbacks Across Scales", *Earth-Science Reviews*, Vol. 212, 2021.

欠缺。

　　灾害事件的发生会触发空间维度上的环境因素变化,进而对风险自身的动态过程产生影响。1998年中国特大洪水灾害促进了防洪减灾工作的完善,退耕还林、防洪大坝和水库等基础设施的修建改变了空间维度上原有的风险环境,推动了风险实际损失在时间维度上的降低。[①] 2020年中国南方洪水灾害是近60年来风险等级最高的一次,但造成的实际损失却远低于历史上的极端年份。[②] 城市洪水在造成大规模经济、人口损失的同时,也促使政府更加重视环境保护和灾害防治,2015年"海绵城市"建设试点项目在中国16个城市启动,促进了地表透水能力和城市抗洪风险韧性的提高。可见,洪水风险的潜在危险性与其造成实际损失在时空维度上的演化方向具有不一致性。因此,洪水灾害风险在时空维度上的动态分析需要分别对其构成要素、局部动态和整体动态进行分解,才能全面准确地把握风险动态的真实内涵,尽量避免用风险系统整体的单一性动态特征覆盖系统内部的多样性动态内涵。

　　针对现有研究对自然灾害在时空维度上的动态内涵刻画不够全面、以单一性特征覆盖多样性内涵、对风险波动驱动力研究不够深入等方面的不足,本章以中国洪水灾害为实证分析对象,以分解重构、逐层对比的方式对风险系统各部分的动态特征进行了刻画,全面分析了风险系统的整体动态特征、系统内部风险要素的动态机理,以及二者在时空维度上的波动差异,详细阐述了风险的动态是因什么而动这一关键问题。

　　本章在时间维度上的研究区间为2008—2018年,在空间维度上的研究区域包括江苏、浙江、安徽、福建、江西、湖北、湖南、广东、广西、海南、四川、贵州、云南和重庆14个中国南方省份,对以上空间分析范

[①] FKS Chan, J. A. Griffiths, D. Higgitt, S. Xu, F. Zhu, Y. T. Tang, "Sponge City in China—A Breakthrough of Planning and Flood Risk Management in the Urban Context", *Land Use Policy*, Vol. 76, 2018.

[②] Wei Su, Xiaodong Zhang, ZhenWang, Xiaohui Su, Jianxi Huang, Siquan Yang, Sanchao Liu, "Analyzing Disaster-forming Environments and the Spatial Distribution of Flood Disasters and Snow Disasters That Occurred in China From 1949 to 2000", *Mathematical and Computer Modelling*, Vol. 54, 2011.

畴的选择基于以下考虑：第一，以上地区属于亚热带季风气候，洪水灾害多发生于5—9月，各地洪水灾害具有相似的气象致因[①]；第二，研究区域水系密度大，且位于全国主要流域，包括长江流域、珠江流域、淮河流域等水系的中下游地区，气象和地理方面的共同作用使得该地区成为洪水灾害的高发区，尤其是空间维度上的跨流域和跨区域洪水风险特征突出[②]；第三，南方地区的城镇化水平、人口密度和经济发展水平较高，其中9个省份位于长江经济带，是中国社会发展水平最高的区域，具有较大的风险暴露度。

首先，研究根据风险的经典定义将洪水灾害风险系统整体分解为潜在威胁系统和实际损失系统两个基本组成部分；其次，分别对两个子系统进行细化分解，得到系统内部的基本动态单元；最后，对风险系统局部和整体在时空维度上动态特征进行对比，实现对洪水灾害风险动因、潜在风险威胁性和实际破坏性在时空维度上的波动方向、波动程度，以及风险系统整体动态情景的刻画。

第二节　时空维度上风险动态的分析方法

本章采用熵权和TOPSIS相结合的方法分析洪水灾害风险在时间和空间维度上的动态特征，并对分析结果进行层次聚类以确定空间维度上的风险分布特征。方法层面的应用逻辑如下：首先，以熵权法量化风险致因的驱动力大小，识别风险动态的关键驱动因素；其次，以TOPSIS计算风险系统在空间维度上的局部和整体动态差异，并根据相对贴近度对差异进行排序；最后，对风险系统熵权-TOPSIS的综合值进行逐层聚类，确定空间维度上风险系统整体状态差异的等级阈值，并将其拓展到时间维度上，完成对风险在时空维度上的波动情景刻画。

[①] Jian Fang, Feng Kong, Jiayi Fang, Lin Zhao, "Observed Changes in Hydrological Extremes and Flood Disaster in Yangtze River Basin: Spatial－temporal Variability and Climate Change Impacts", *Natural Hazards*, Vol. 93, No. 1, 2018.

[②] Yan－Jun Wang, Chao Gao, Jian－Qing Zhai, Xiu－Cang Li, Bu－da Su, Heike Hartmann, "Spatio－temporal Changes of Exposure and Vulnerability to Floods in China", *Advances in Climate Change Research*, Vol. 5, No. 4, 2014.

一 熵权法

熵权法是以信息熵理论为基础的分析方法，用以计算减少不确定性所需要的信息量大小，因其在客观性、数据容量等方面的优势而被广泛地应用于指标权重的分析中。在复杂指标体系中，某指标的熵权越大，表示研究对象在该项指标上的方差越小，说明该指标对评价目标的影响力越弱，则对应较低的指标权重。当评价指标之间不存在差异时，熵权达到最大值。熵权法属于完全由数据驱动的算法，能够避免主观偏差对分析对象的影响。本章应用熵权法分析洪涝风险系统中，风险潜在威胁和实际损失两部分的具体风险致因的影响力，具体步骤如下。

Step 1：建立目标分析矩阵

空间维度上的分析区域共包含 i 个省份/直辖市和 j 个风险致因，则可构建每个研究区域的风险分析矩阵，分别计算风险潜在威胁和实际损失两个子系统的因子影响力大小，x_{ij} 表示第 i 个地区的第 j 个风险因子：

$$X_{ij} = \begin{pmatrix} x_{11} & \cdots & x_{n1} \\ \vdots & \ddots & \vdots \\ x_{1m} & \cdots & x_{mn} \end{pmatrix}, i=(1,2,\ldots,n), j(1,2,\ldots,m) \quad (2-1)$$

Step 2：矩阵正则化处理

洪涝风险系统包含时间维度和空间维度上的多种风险因子，具有维度、属性、量纲等方面的多样性差异，需要对其进行归一化处理以消除量纲和属性对分析过程的影响：

$$x_{ij} = \frac{x_{ij} - \min_j(x_{ij})}{\max_j(x_{ij}) - \min_j(x_{ij})} \quad (2-2)$$

$$x_{ij} = \frac{\max_j(x_{ij}) - x_{ij}}{\max_j(x_{ij}) - \min_j(x_{ij})} \quad (2-3)$$

其中，式 2-2 是对正向指标的正则化处理，式 2-3 是对负向指标的正则化处理。所有指标正则化处理后，得到新的标准化分析矩阵：

$$X'_{ij} = \begin{pmatrix} x'_{11} & \cdots & x'_{n1} \\ \vdots & \ddots & \vdots \\ x'_{1m} & \cdots & x'_{nm} \end{pmatrix}, i=(1,2,\ldots,n), j=(1,2,\ldots,m)$$

$$(2-4)$$

Step 3：计算特征值与熵值

分析矩阵中，第 j 个风险因子在第 i 个省份的特征比重为 y_{ij}，对于省份 i 而言，风险因子 j 的熵值为 e_j：

$$y_{ij} = \frac{x'_{ij}}{\sum_{i=1}^{n} x'_{ij}} \quad (2-5)$$

$$e_j = -\frac{1}{\ln n}\sum_{i=1}^{n} y_{ij} \ln y_{ij} \quad (2-6)$$

Step 4：计算因子权重

风险因子的权重以熵值为基本参照进行计算，e_j 越小说明该因子在省份 i 的洪涝风险系统中系统的信息量越大，则赋予其越高的权重：

$$w_j = \frac{1-e_j}{\sum_{j=1}^{m}(1-e_j)}, j=1,2,\ldots,m \quad (2-7)$$

二 优劣解距离法

优劣解距离法（Technique for Order of Preference by Similarity to Ideal Solution，TOPSIS）是根据最优解和最劣解的相对距离计算贴近度，从而实现对分析对象进行优先级排序的多目标决策方法。[1] TOPSIS 具有计算步骤简单，对样本量要求较低等方面的优势，通常与熵权法组合并被广泛应用于各领域风险分析，以及自然灾害的空间维度上分布与动态演化问题研究。[2] 在本章中，TOPSIS 被应用于洪涝风险动态的空间差异分析，

---

[1] Abbas Mardani, Ahmad Jusoh, Edmundas Kazimieras Zavadskas, "Fuzzy Multiple Criteria Decision-making Techniques and Applications-Two Decades Review from 1994 to 2014", *Expert Systems with Applications*, Vol. 42, 2015; T. J. Stewart, "A Critical Survey on the Status of Multiple Criteria Decision Making Theory and Practice", *Omega*, Vol. 20, 1992.

[2] 祝思佳、邱菀华：《基于熵权 TOPSIS 的航空转包生产供应商风险评估》，《系统工程》2020 年第 1 期；黄文成、帅斌、孙妍、李美霖、庞璐：《熵-TOPSIS-耦合协调法评价铁路危险品运输系统风险》，《中国安全科学学报》2018 年第 2 期；Chinh Luu, Jason von Meding, Mohammad Mojtahedi, "Analyzing Vietnam's National Disaster loss Database for Flood Risk Assessment Using Multiple linear Regression-TOPSIS", *International Journal of Disaster Risk Reduction*, Vol. 40, 2019; Reza Kiani Mavi, Mark Goh, Neda KianiMavi, "Supplier Selection With Shannon Entropy and Fuzzy TOPSIS in the Context of Supply Chain Risk Management", *Procedia - Social and Behavioral Sciences*, Vol. 235, 2016.

根据相对贴近度对 14 个地区的洪涝灾害风险等级进行排序，具体步骤如下：

Step 5：以风险因子的熵权为基础建立分析矩阵

$$V_{ij} = w_j \cdot X' = \begin{pmatrix} x'_{11}w_1 & \cdots & x'_{1n}w_1 \\ \vdots & \ddots & \vdots \\ x'_{m1}w_m & \cdots & x'_{mn}w_m \end{pmatrix},$$

$$i = (1,2,\ldots,n), j = (1,2,\ldots,m) \tag{2-8}$$

Step 6：计算最优最劣解

最优解和最劣解的计算公式分别如式 2-9 和式 2-10 所示，其中 J 表示分析矩阵中的正向风险因子，即该因子的值越大，表示风险程度越高，J' 表示负向风险因子，即该因子的值越大，表示风险程度越低：

$$A^+ = \{(\max_i V_{ij} | j \in J), (\min_i V_{ij} | j \in J') | i = 1,2,\ldots m\}$$
$$= \{V_1^+, V_2^+, \ldots, V_n^+\} \tag{2-9}$$

$$A^- = \{(\min_i V_{ij} | j \in J), (\max_i V_{ij} | j \in J') | i = 1,2,\ldots m\}$$
$$= \{V_1^-, V_2^-, \ldots, V_n^-\} \tag{2-10}$$

Step 7：计算风险系统中各因子与最优解和最劣解的欧式距离

风险系统中各分析对象与最优和最劣的欧式距离分别用式 2-11 和式 2-12 表示：

$$d_i^+ = \sqrt{\sum_{j=1}^n (V_{ij} - V_j^+)^2}, i = 1,2,\ldots,m \tag{2-11}$$

$$d_i^- = \sqrt{\sum_{j=1}^n (V_{ij} - V_j^-)^2}, i = 1,2,\ldots,m \tag{2-12}$$

Step 8：计算相对贴近度

相对贴近度是对分析对象优先级的表示，取值范围为 0-1，分析对象相对贴近度的值越大表示在设定的分析准则下的优先级越高，在本章中表示该对象在空间维度上的风险潜在威胁性或实际损失程度越高：

$$C_i = \frac{d_i^-}{d_i^+ + d_i^-}, 0 < C_i < 1, i = 1,2,\ldots,m \tag{2-13}$$

三　层次聚类

层次聚类不需要人为设定类别数量，是一种完全由数据驱动的分类方法，以欧式距离为基础计算分类对象之间的相似性。在聚类过程中，首先将单个聚类对象看作独立的类别，然后分别根据两两之间距离的相似性依次组合为更大的簇。本章采用层次聚类法分别对风险潜在威胁和实际损失的熵权－TOPSIS值进行逐级聚类，确定空间维度上的风险等级阈值。根据研究需要，本章最终选择5级聚类，即将风险等级划分为极低、低、中、高、极高五个类别。

第三节 洪水灾害的风险系统分解

分解重构思想可以追溯到还原论，这一理论的基本思想是由整体逐层向下分解将研究对象不断细化。这一方法论的优势在于解决自上而下的分解细化问题，但无法回答自下而上的整体性建构与内部关系问题，仅仅研究分解后的各部分特征容易割裂部分与整体之间的关系[1]。例如，物理学对物质的研究已经分解细化到了夸克，但对夸克的细化研究无法解释大物质构造。为此，钱学森提出了系统方法论，认为对系统的研究要坚持整体论与还原论的辩证统一，既要对系统整体进行分解，又要将分解后的研究综合集成到系统整体上。[2] 在分解重构思想的指导下，本书从风险由不利后果发生概率和损失大小两部分组成这一经典定义出发，将洪水灾害风险系统分解为潜在威胁与实际损失两个基本组成部分，其中潜在风险威胁对应于定义中的风险概率，实际损失对应于定义中的损失大小。在此基础上，研究进一步对潜在威胁和实际损失进行细化，分解为时空维度上有数据一一对应支撑的基本动态单元。最后通过对风险基本动态单元、风险系统局部动态、风险系统整体动态的逐层分析和自下而上的系统重构，形成时空维度上洪水灾害风险系统状态变化的全面刻画。

一 洪水灾害风险的潜在威胁性

洪水灾害风险系统的潜在威胁分解为危险度、暴露度和脆弱度三个

---

[1] 于景元:《从系统思想到系统实践的创新——钱学森系统研究的成就和贡献》,《系统工程理论与实践》2016年第36期。

[2] 钱学森:《论系统工程》,上海交通大学出版社2007年版。

在自然灾害风险研究中被广泛认可的构成要素（表2-1）。危险度是指能够触发洪水灾害的自然因素，分解为降水、地理、气候三类风险致因。降水和气候因素包括研究区域在雨季，即5—9月月均降水量、月度最大降水量，地理因素包括湿地和绿地覆盖面积（Eekhout et al.，2018）。暴露度是指洪水灾害发生后可能造成损失的最大影响范围，经济、人口、农业损失是研究区域自然灾害的主要威胁对象，因此将暴露度分解为人口密度、建成区面积、农业面积和人均GDP四个风险致因。脆弱度是指社会人口、经济和其他潜在因素对灾害影响的易感性，分解为老龄人口、幼龄人口、农村人口比和水稻种植面积四个风险致因。空间维度上危险度、暴露度和脆弱度三个衡量指标分别获取了研究区域在时间维度上2008—2018年的动态变化数据，相关数据来源于国家和研究区域各省的统计年鉴。

表2-1　　　　　洪水风险潜在威胁的基本构成要素

构成要素	风险致因	符号	衡量单位	数据来源
危险度	月均降水量	h1	mm	各省份统计年鉴（2008—2018）
	月度最大降水量	h2	mm	
	湿地及绿地覆盖面积	h3	%	中国统计年鉴（2008—2018）
暴露度	人口密度	e1	Person/sq. km	各省份统计年鉴（2008—2018）
	建成区面积	e2	Sq. km	
	农业面积	e3	Sq. km	
	人均生产总值	e4	100 million yuan	中国统计年鉴（2008—2018）
脆弱度	65岁以上人口	v1	Person	各省份统计年鉴（2008—2018）
	0—14岁人口	v2	Person	
	农村人口比例	v3	%	
	水稻种植面积	v4	Sq. km	中国统计年鉴（2008—2018）

二 洪水灾害风险的实际破坏性

洪水灾害风险系统的实际损失分解为人口损失、农业损失和经济损失三类构成要素（表2-2）。人口损失分解为受影响的人口数量、死亡人口数量和失踪人口数量，是衡量自然灾害人口损失的三个基本指标。研究区域是中国主要的农业生产地区之一，水稻作为该地区的主要农作物，是受暴雨洪水灾害影响最直接、最主要的对象，具有较高的暴露度与脆弱度，是研究区域农业损失的主要衡量指标。[①] 5—9月是该地区洪水灾害的高发期，同时也是水稻的生长期和收割期，以水稻受灾面积衡量洪水风险对农业造成的损失，在空间维度和时间维度均具有代表性。经济损失被分解为房屋倒塌数量和直接经济损失两部分，不包含因灾导致的间接经济损失及其对社会经济发展的影响。人口损失、农业损失和经济损失三个衡量指标分别获取了研究区域在2008—2018年的动态变化数据，相关数据来源于中国气象灾害年鉴。

表2-2　　　　　　洪水风险实际损失的基本构成要素

构成要素	风险致因	衡量单位	数据来源
人口损失	受灾人口	Person	中国气象灾害年鉴（2008—2018）
	死亡/失踪人口	Person	
农业损失	水稻受灾面积	Sq. km	
经济损失	直接经济损失	100 million yuan	
	倒塌房屋	House	

第四节　洪水灾害风险系统的局部动态分析

一　风险动因在空间维度上的差异分析

洪水灾害风险系统的潜在威胁性包含危险度、暴露度和脆弱度三个

[①] Qiang Zhang, Xihui Gu, Vijay P. Singh, Lin Liu, Dongdong Kong, "Flood-induced Agricultural Loss across China and Impacts from Climate Indices", *Global and Planetary Change*, Vol/139, 2016.

基本组成部分,并进一步被细化分解为 11 个风险致因作为风险系统的基本动态单元。风险致因对系统局部的影响力大小如表 2-3 所示:在风险致因层面,洪水灾害的风险潜在威胁在空间维度上的差异主要受到农业种植面积、人口密度和水稻种植面积的影响,重要性分别为 0.1300、0.1239 和 0.1120。其中,前两个风险致因直接作用于暴露度;从风险潜在威胁性的局部状态来看,洪水风险的潜在威胁性在空间维度上的差异受暴露度影响最大(0.4304),其次是脆弱度(0.3014),最后是危险度(0.2682)。

表 2-3　　　　洪水风险系统潜在威胁性的风险动因影响力

构成要素	风险致因	属性	风险致因权重	系统要素权重
危险度	h1	+	0.1098	0.2682
	h2	+	0.0465	
	h3	−	0.1119	
暴露度	e1	+	0.1239	0.4304
	e2	+	0.1300	
	e3	+	0.1300	
	e4	+	0.0798	
脆弱度	v1	+	0.0802	0.3014
	v2	+	0.0159	
	v3	+	0.0933	
	v4	+	0.1120	

注:属性 + 表示风险致因与潜在威胁程度正相关,属性 − 表示风险致因与潜在威胁程度负相关。

风险潜在威胁性的基本动态单元在空间维度上的状态差异主要表现为影响力大小的差异。研究区域洪水风险威胁性的空间差异受暴露度的影响最大,这说明空间维度上的城市建设面积、经济发展水平、农业种植面积和人口分布情况的差异是造成威胁性大小在空间上波动的主要因素。因此,区域之间暴露度差异越大,则风险威胁性的波动幅度越大。此外,不同影响力的风险因子组合方式与密集程度会随着空间的改变而发生变化,并最终表现为风险概率在空间维度上的动态波动。

洪水灾害风险系统的实际破坏性包括人口、农业和经济三方面损失，并进一步被分解为5个风险致因作为风险系统的基本动态单元。风险致因对系统局部的影响力大小如表2-4所示，在风险致因层面，受灾人口、死亡及失踪人口、直接经济损失是实际破坏性程度在空间维度上差异的主要致因，影响力分别为0.2716、0.2054和0.1817，且人口方面的两个风险因素均为造成风险损失空间差异的主要动因；从风险实际破坏性的局部状态来看，人口损失对风险破坏力在空间维度差异的影响最大（0.4770），其次是经济损失（0.3491），农业损失对风险实际破坏性空间差异的影响最小（0.1739）。

表2-4　　　　洪水风险系统实际破坏力的风险动因影响力

构成要素	风险致因	风险致因权重	系统要素权重
人口损失	受灾人口	0.2716	0.4770
	死亡/失踪人口	0.2054	
农业损失	水稻受灾面积	0.1739	0.1739
经济损失	直接经济损失	0.1817	0.3491
	倒塌房屋	0.6740	

综合来看，风险致因对风险系统的作用力大小在空间维度上存在差异。对于风险的潜在威胁性而言，如果影响力较大的风险因子在某区域聚集程度较高，则有较大概率发生风险事件。对于风险的实际破坏性而言，如果影响力较大的风险因子在具体空间维度上的聚集程度较高，则表示风险事件所造成的损失更严重。然而，仅仅依据风险威胁性的大小无法判断风险系统的整体状态，即风险系统中的高概率并不意味着高损失，反之亦然。为了刻画二者在风险动态中的个性差异，研究进一步对比了风险系统在空间维度上的局部动态特征。

二　风险潜在威胁性在时空维度上的波动特征

洪水风险的潜在威胁性对应风险定义中的概率，威胁性越大则表示发生洪水灾害的可能性越大。从空间维度来看，研究区域在2008—2018年的风险潜在威胁性TOPSIS计算值和聚类结果表明：对于危险度而言，四川、安徽、江苏和广西四个省份的风险值最高，而江西、福建两个省份的风险值最低。对于暴露度而言，江苏和广东两省的风险值最高，海南的风险值最低。对于脆弱性而言，四川、江西和湖南三个省份的风险值最高，而浙江省的风险值最低。其中，四川和江苏两个省份在危险度和暴露度两个方面都处于风险最大值（图2-1）。

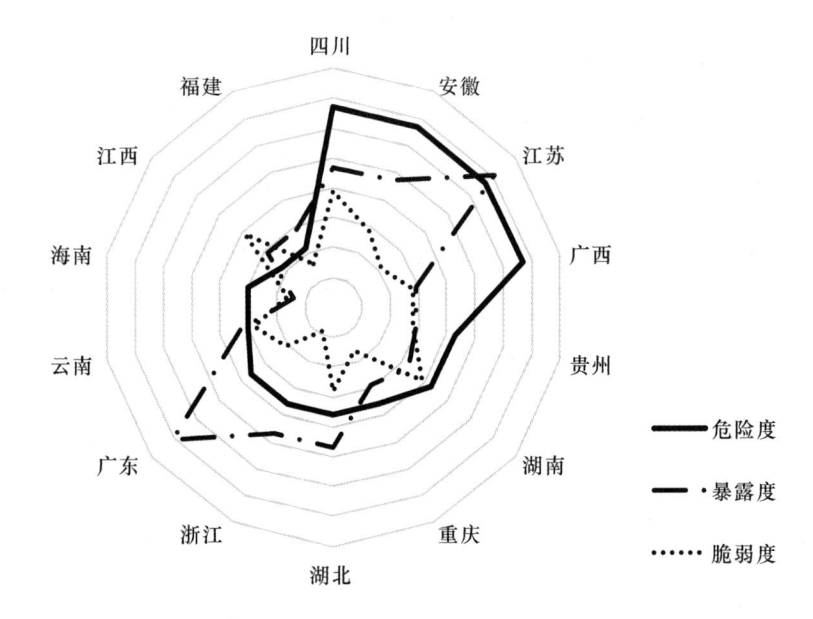

图2-1 风险潜在威胁性的空间差异

从时空二维交织视角来看（图2-2），2008—2014年，研究区域的整体风险潜在威胁性水平较低；到2016年以后，高风险地区和极高风险地区在空间维度上呈现扩张的发展趋势。整体而言，极高和极低风险水平的省市在时间和空间维度上均是少数，安徽、四川和江苏三个省份的威胁性表现为极高等级，而海南省表现为极低水平。分地区来看，风险的动态波动幅度和波动方向在时空维度上表现明显的差异性：一是风险波动方向的差异，江苏省的洪水风险潜在威胁性在研究的整个时间维度上都处于极高风险状态，而海南省在此期间则一直处于极低风险状态；二是风险波动幅度的差异，四川、安徽、湖南和广东四个省份在10年间均保持较高的威胁性水平，其中四川省的风险波动幅度较大，在2016—2017年两年间跃升至极高风险水平。福建省在时间维度上保持动态向上的发展方向，即风险威胁性水平逐年上升，而其他省份的风险波动幅度则相对较小，保持较为平稳的动态发展趋势。

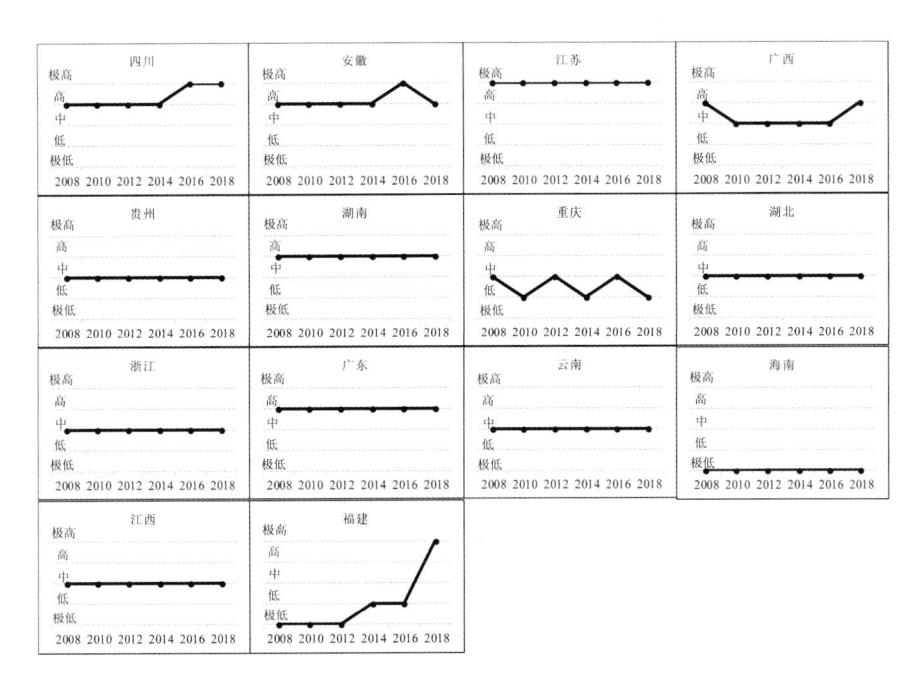

图 2-2　风险潜在威胁性的时空动态特征

表 2-5　　　　洪涝灾害风险威胁性和破坏性的风险阈值

风险系统	取值范围	风险等级
潜在威胁性	0.1487-0.1931	极低
	0.2056-0.2486	低
	0.2551-0.3411	中等
	0.3464-0.4287	高
	0.4438-0.5137	极高
实际破坏性	0.0010-0.2107	极低
	0.2231-0.3027	低
	0.3307-0.4366	中等
	0.5099-0.5323	高
	0.6230-0.6502	极高

注：风险阈值划分以层次聚类结果为依据，并作为图 2-2 和图 2-4 的分级依据。

三 风险实际破坏性在时空维度上的波动特征

洪水风险的实际破坏性对应风险定义中的损失，破坏性越大则表示洪水灾害发生后造成的损失越严重。从空间维度来看，研究区域在2008—2018年的风险实际破坏性TOPSIS计算值和聚类结果表明，人口和经济损失两方面风险水平最高的是四川省，而农业损失方面风险水平最高的是湖北和湖南两省。海南省在人口、经济和农业三方面的风险损失均处于最低水平，而其他地区的风险损失水平没有表现出明显的空间差异（图2-3）。

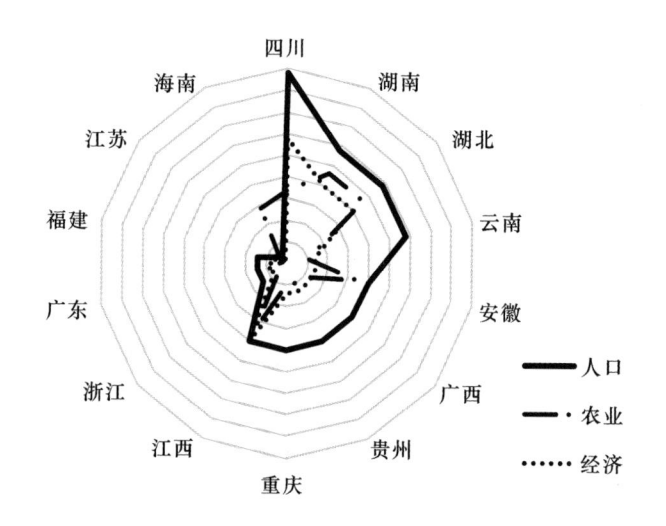

图2-3 风险实际破坏性的空间差异

从时空二维交织的视角来看，风险损失在时空维度上的整体波动幅度和方向均比风险威胁性的动态程度更低（图2-3）。从动态变化幅度来看，所有地区的实际损失在大部分的时间里都处于低或极低水平，其中2010年、2012年和2016年三年出现了较大幅度的波动，波动幅度从大到小依次为2010年、2012年和2016年。2008年、2014年和2017年，空间维度上的风险动态差异性最小，所有地区均没有出现极高和极低值。可见，空间维度上的洪水灾害损失大小在时间维度上具有波动性，时间维度上损失水平的动态变化又集中表现为风险等级在空间维度上分布格局的改变。

具体而言，四川省的损失波动幅度最大，动态发展方向表现为先上升后下降的趋势，风险损失从2008年的极低等级跃升至2012年的极高水平，跨越五个风险区间后，又在2014年下降至极低水平。湖北省的风险波动幅度较大，但风险动态发展方向相对一致，即从2008年的风险低水平发展至2016年的风险高水平。时空维度上江苏、浙江、福建、广东、重庆市的风险损失在整个研究期间均处于相对平稳的发展态势，即动态发展方向与幅度均未发生明显波动。

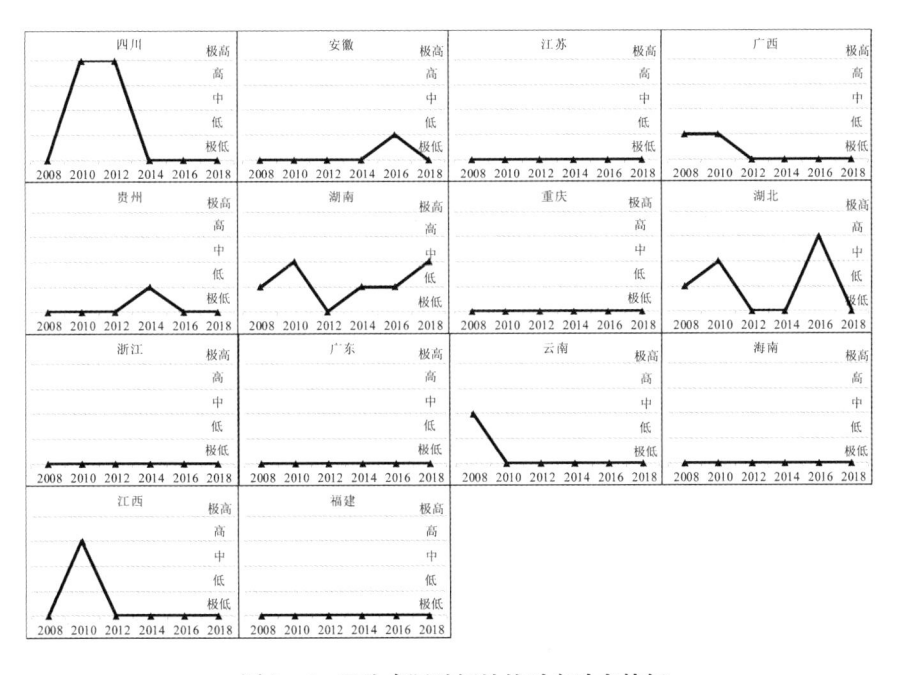

图2-4 风险实际破坏性的时空动态特征

第五节 洪水灾害风险系统的整体动态分析

一 风险系统的波动方向与波动幅度

洪水灾害的风险局部动态表明，风险潜在威胁性和实际破坏性均存在明显差异，且二者风险波动幅度和波动方向分别在时间维度、空间维度和时空交织维度上存在不同的动态特征。本节将通过对威胁性和破坏性的动态对比，将风险系统的局部动态特征重构到整体动态的分析中，刻画出洪水风险系统整体动态在时空维度上的具体表现形式与异常波动情况。

图 2-5 描述了时间—空间二维交织情景下的风险局部动态对比特征，即潜在威胁性与实际损失性之间的差值。差值为负表示风险系统内部威胁和损失两部分的波动方向相反，且潜在威胁的波动幅度小于损失波动幅度，该区域在时空维度上属于低威胁—高损失地区，如四川省（2010—2013 年）、湖北省（2010 年、2016 年），可以认为它们属于风险波动的异常年份，或异常地区，需要在风险监测预警方面予以重点关注，并优化现行风险防控与应急管理措施。反之表示该区域在时空维度上属于高威胁—低损失地区（如江苏省，2008—2017 年），从侧面反映了其防灾减灾的有效性。四川、湖北、湖南、江西和云南五省在时空维度上的风险动态方向存在较大差异，而其他省份则基本保持相对一致的动态方向。江苏、浙江、广东、广西和安徽五个省份在时间维度上的波动幅度相对较大，且在时间维度上始终保持差值为正。

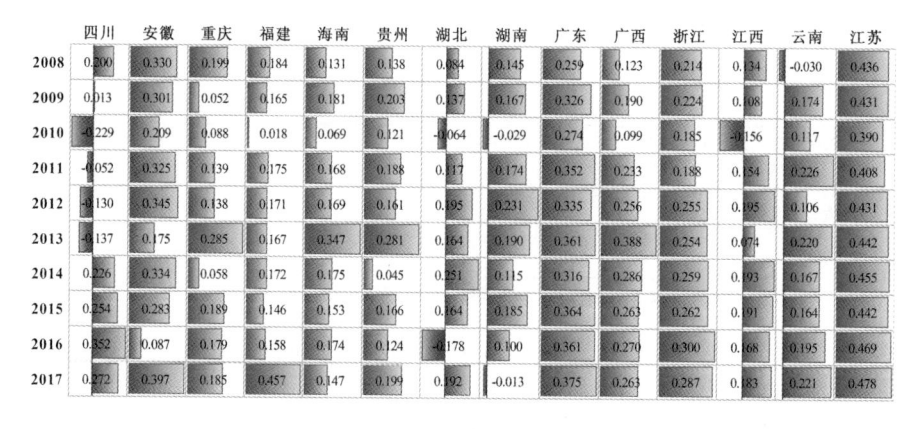

	四川	安徽	重庆	福建	海南	贵州	湖北	湖南	广东	广西	浙江	江西	云南	江苏
2008	0.200	0.330	0.199	0.184	0.131	0.138	0.084	0.145	0.259	0.123	0.214	0.134	-0.030	0.436
2009	0.013	0.301	0.052	0.165	0.181	0.203	0.137	0.167	0.326	0.190	0.224	0.108	0.174	0.431
2010	-0.229	0.209	0.088	0.018	0.069	0.121	-0.064	-0.029	0.274	0.099	0.185	-0.156	0.117	0.390
2011	-0.052	0.325	0.139	0.175	0.168	0.188	0.117	0.174	0.352	0.233	0.188	0.154	0.226	0.408
2012	-0.130	0.345	0.138	0.171	0.169	0.161	0.195	0.231	0.335	0.256	0.255	0.195	0.106	0.431
2013	-0.137	0.175	0.285	0.167	0.347	0.281	0.164	0.190	0.361	0.388	0.254	0.184	0.220	0.442
2014	0.226	0.334	0.058	0.172	0.175	0.045	0.251	0.115	0.316	0.286	0.259	0.193	0.167	0.455
2015	0.254	0.283	0.189	0.146	0.153	0.166	0.164	0.185	0.364	0.263	0.262	0.191	0.164	0.442
2016	0.352	0.087	0.179	0.158	0.174	0.124	-0.178	0.100	0.361	0.270	0.300	0.168	0.195	0.469
2017	0.272	0.397	0.185	0.457	0.147	0.199	0.192	-0.013	0.375	0.263	0.265	0.183	0.221	0.478

图 2-5　时空维度上的风险动态趋势

二　风险系统的动态情景与状态差异

从实践层面的突发事件风险防控与动态应急管理来看，时空维度上潜在威胁性和实际破坏性二者之间的差距可以作为确定风险防控优先级的依据。研究进一步对 14 个地区在时间维度上的整体动态趋势进行了分析，分别计算了风险威胁和损失的 TOPSIS 值，并按照 1-14 进行了风险防控优先级排序。排名越靠前则表示风险紧急程度越高（图 2-5）。对比结果显示，风险的潜在威胁性与其造成的实际损失在动态方向和动态幅度方面均不是完全一致的，即高概率并不意味着高损失。南方区域的洪水风险在时空维度上的动态发展表现为三种风险情景：高威胁—高损失、低威胁—高损失、损失和威胁一致。低威胁—高损失表示该区域的风险防控措施与实际情况不相匹配，无法取得理想的防控效果，需要重新审视减灾计划以满足动态应急管理的需要，降低风险损失。高威胁—低损失表示该区域的防洪减灾工作效果好，可以为其他地区提供应急支持。威胁和损失相等则表示风险动态发展态势较为稳定，正常的风险监测及预警能够满足动态应急管理的日常需求。

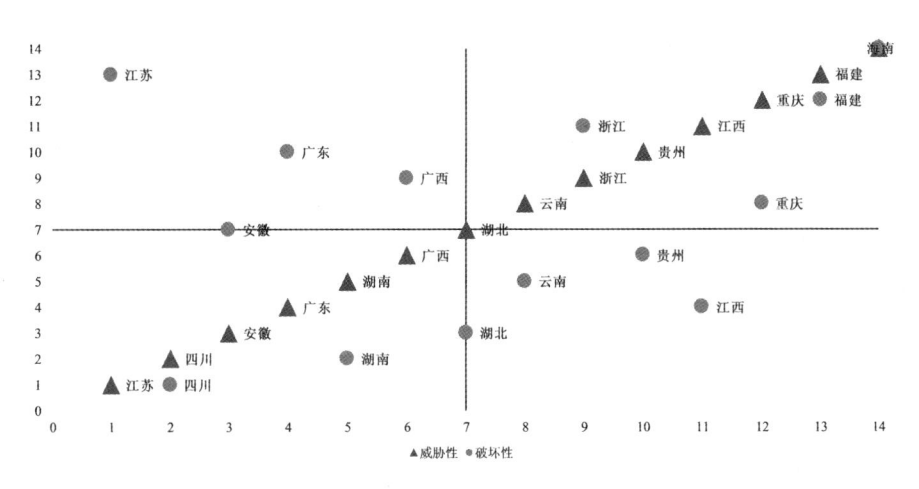

图 2-6　洪水风险威胁性与破坏性排序对比

第六节　洪涝风险的预防策略：海绵城市

一　产生背景与概念内涵

洪水灾害是全球城市所面临的最常见的一类自然灾害，城市化所伴随的不透水面积增加、植被减少、用地类型改变、人口聚集改变了自然的水循环过程，阻碍了降水入渗，增加了地表径流，诱发了城市内涝，加剧了城市洪水风险的脆弱性和暴露度。从 2009 年到 2018 年，中国城市面积从 175463 平方千米增加到 200896 平方千米，城市建设带来了土地利用方式的大规模变化，相当大比例的自然表面被硬化混凝土路面所取代，严重破坏了原始自然状态下的水平衡和水循环，加剧了城市洪水和内涝风险。另外，城市内部的不透水地面会减少雨水渗漏，降低地下水的补给，从而使城市在面临洪涝风险的同时也面临缺水问题，形成"旱涝并存"的尴尬局面[①]。因此，城市必须找到有效的城市水管理方法，解决内涝、水污染、水生态退化、水资源短缺等问题。

为了解决城市化发展带来的水环境问题，许多国家都开始积极探索环境友好型的城市水环境管理战略，如美国的低影响开发战略（Low Impact Development，LID）和最佳管理实践（Best Management Practice，BMP）；英国的可持续城市排水系统（Sustainable Urban Drainage Systems，SUDS）；澳大利亚的水敏感城市设计（Water Sensitive Urban Design，WSUD）；新西兰的低影响城市设计和发展计划（Low Impact Urban Design and Development Program，LIUDD），以及新加坡的积极、美丽、清洁水资源建设方案（The Active，Beautiful，Clean water Programme，ABC）。

"海绵城市"这一概念最早是在 2012 年的低碳城市与区域发展科技论坛上被提出的，是一项旨在促进水资源利用、水环境良性循环、防涝治水、水污染防治、水生态恢复为目标的自然—城市水循环综合治理方案。"海绵城市"的核心思路是将城市透水性较差的下垫面改造成"海绵"，使之能够在降雨事件发生时采取渗、滞、蓄、净、利用、排水等措施，用城市 20%的土地吸收利用 70%的降雨，从而在控制地表径流的同时，提高对雨水的存储和利用效率，在降雨事件发生后补充地下水以满足城市用水需求，减轻城市发展对水环境的负面影响。2014 年，中国城乡和住房建设部印发《海绵城市建设技术指南》，2015 年，财政部、住房城乡建设部、水利部联合印发了《关于开展中央财政支持海绵城市建设试点工作的通知》，将海绵城市建设正式提上日程，并在各地开展海绵城市建设试点。

---

① Hao Wang, Chao Mei, Jiahong Liu, Weiwei Shao, "A New Strategy for Integrated Urban Water Management in China: Sponge City", *Science China Technological Sciences*, Vol. 61, No. 3, 2019.

二 江门人才岛潮头公园的海绵城市创新设计

广东省江门市是位于珠江三角洲西岸的中心城市,是进入西江的门户,西江是珠江的主流,四面分别与中山市、珠海市、阳江市、佛山市与云浮市相连,南部连接南海海域,是连接珠三角、港澳与粤西的重要交通枢纽。江门市总面积为9506.92平方千米,2020年常住人口为463.03万人,是粤港澳大湾区的重要城市,区位优势突出,发展腹地广阔。江门市地处亚热带,气候温和,雨量充沛。年平均气温23℃,降雨量2424.4毫米。每年日照约1612.5小时,无霜期超过360天。城市流域共有26条河流,总流域面积超过100平方千米。随着江门市工业化和城市化的发展,下垫面渗透面积减小,城市内涝增多。2016年,江门市开始建设海绵城市,用以缓解城市内涝和面源污染。在此背景下,海绵城市设施被纳入江门人才岛潮头公园项目的规划设计工作中,以优化雨水管理,促进江门城市的可持续建设为主要建设目标。

人才岛位于江门市东北部的蓬江区,总面积12.68平方千米。全岛雨季洪水频发,旱季缺水,且以《地表水环境质量标准》(GB 3838 - 2002)的V类为主,水质较差。岛屿土壤以砂壤土和黏土为主,粉砂含量普遍大于5%,土地开发利用以农田和鱼塘为主。如何结合降雨丰富、水系众多、地形复杂、生态建设方法等相关绿色理念,对现有的生态环境进行修复,改善水体污染是人才岛海绵城市建设的重点。人才岛的海绵城市开发周期为8年,潮头公园建设总投资2亿元,海绵城市设施造价超过200万元,建设目标细分为以下四点。

(1)设定年降雨量体积捕获比为90%,相应设计降雨量为64mm,高于《海绵城市建设效果评价标准》(GB/T 51345 - 2018)的要求;

(2)水质总体符合地表水环境质量标准第Ⅳ类要求;

(3)雨水利用率按年降雨深度的5%产生的径流深度计算;

(4)将岛屿的防洪工程标准提升至50年一遇。

潮头公园的海绵设施建设遵循了低影响开发原则,即通过分散式的小装置来调整地表径流、发挥水质净化和生态修复等基本功能,使开发区的水循环过程尽可能地接近自然状态。潮头公园独特的海岛位置和水系生态条件要求海绵设施要兼顾城市内涝和水污染问题,为此,潮头公园既布局了雨水花园、透水铺装、表流湿地、生态停车场和各类植草沟等传统 LID 设施，也结合岛屿的水文和土壤环境布局了创新性海绵设施。

砾石接触氧化系统。该系统是加设在自然排水系统中的过滤系统，主要用以净化水质。砾石氧化系统通过接触过滤物、生物膜吸附、氧化等方式分解水中的有机物，在日本和中国台湾的河流污水处理中有比较成熟的应用，而在雨水净化中的使用相对较少。为了有效改善水质，潮头公园设计了在河流上游和下游分设置了厚度为 0.4m 的砾石接触氧化系统，面积分别为 115m^2 和 205m^2。

生态滤池。生态滤池的总面积为 3921m^2，设计储水量 392.1m^3，通过模拟自然湿地的结构和功能，利用自然生态系统中物理、化学和生物过程等多重功能净化雨水径流。公园内的多个滤池以串联和并联相结合的方式布局，并且在其基础上布局了三个多功能池塘，用以承接经生态滤池处理后的雨水径流。多功能池塘经由岛上的数个天然小鱼塘改造而成，具有储水量大的优点，既能在暴雨发生时通过调节水位蓄水，缓解内涝，又能在旱季维持水生态系统，为潮头公园的植物提供灌溉用水。

多功能池塘是潮头公园因地制宜的一项创新性设计，利用岛上多个池塘与西江相连的特征，将多个鱼塘改造为三大多功能池塘，既能在暴雨季节储存雨水，改善内涝，又能够净化水质并优化整体景观。在多功能池塘周围设置沉式绿地、雨水花园、砾石接触氧化系统、生态滤池等净化设置，能够在原有生态系统复杂、水环境恶劣的情况下对传统的自然湿地系统进行模拟，对雨水进行处理和净化，以优化整体水质。此外，为了最大化模拟原始生态系统，潮头公园的植物布局以岛上的原有植物品类为主，如在东南角移植原生的乔木和灌木，在建设过程中将芦苇、菖蒲等水生植物移植到多功能池塘中，用以改善周边水系，解决水污染问题。

三 中国海绵城市的综合效能实证

海绵城市的防洪蓄水效能受到气候、地形、下垫面等因素的综合影响，中国地形从西到东可分为三级，不同的地貌逐渐由高原、山地、丘陵过渡到盆地和平原，相应的气候条件也各有差异。为了对比海绵城市在不同地理、气候等自然条件下的效能差异，有研究通过 Meta 分析的方式对国内外相关实证案例进行了综合对比，结果显示：在地表径流控制方面，海绵城市在中国北部地区的表现最好，其后依次为东南沿海地区、中部地区、南部地区、西南地区、中北部地区。在水质固体悬浮物的净化方面，海绵城市在东部沿海地区表现最好，其后依次为南部地区、西南地区、东部沿海、中部地区和北部地区。①

在自然环境和社会经济发展水平的综合影响下，中国的海绵城市主要布局在东部地区。然而，在地表径流控制这一核心效能方面，东部沿海地区的表现差强人意。这主要是因为沿海地区降水量大，海绵设施的吸附量有限，相当一部分的径流仍然无法得到有效储存与再利用。在固体悬浮物净化方面，海绵城市在东部沿海地区的表现则较优，这主要是因为沿海地区的高度城市化和人口、经济聚集会产生相应的颗粒物，并通过车辆、空气和降水等渠道进入水循环系统，并经由降雨下沉，因而使得地表径流的颗粒物显著增加，从而产生明显的净化效果。② 值得注意的是，海绵设施对地表径流固体悬浮物的净化效果在降雨初期最为显著，初期的雨水效应使得该阶段的污染物截留浓度高于整体径流的平均值，识别降水初期的颗粒物净化效果也是评估海绵城市雨水截留与净化效果的关键。③

除城市内涝和洪水风险防治的功能外，海绵城市的综合生态效益也是学者们关注的重点。杨默远等从城市水系统循环的视角讨论了海绵城市的水文转化机理，分析了海绵城市对地表径流的吸收利用与污染物转化过程，提出海绵城市在地下水回补、河湖水质改善、降低城市面源污

---

① Yingwei Yuan, Qian Zhang, Sheming Chen, Yu Li, "Evaluation of Comprehensive Benefits of Sponge Cities Using Meta-analysis in Different Geographical Environments in China", *Science of The Total Environment*, Vol. 36, 2022.

② Hao Wang, Lixiang Song, "Water Level Prediction of Rainwater Pipe Network Using an SVM-based Machine Learning Method", *International Journal of Pattern Recognition and Artificial Intelligence*, Vol. 34, No. 2, 2020.

③ 张千千、李向全、王效科、万五星、欧阳志云：《城市路面降雨径流污染特征及源解析的研究进展》，《生态环境学报》2014 年第 2 期。

染、缓解城市热岛效应等方面具有显著的生态效益。① 对深圳市洪湖片区的海绵体生态水文过程的实证发现，海绵设施在学校、社区、道路等典型项目的径流污染控制方面发挥了显著作用，地表径流固体悬浮物月均浓度均低于15mg/L。同时，对地表径流污染物的控制也使得该片区河流的自净能力有所提升，改善了水体黑臭问题，提高了受纳水体的水质。②

海绵城市的生态综合效益聚焦于城市水系统，具体而言可细分为水安全、水生态、水环境、水资源、水文化五类子系统。水安全系统强调城市对旱涝灾害的防治与饮用水安全的保障能力；水生态系统关注城市水资源的涵养能力与水修复能力；水资源系统主要考量城市用水效率，如万元GDP用水量与水资源再利用率；水文化则是城市居民水事活动的精神成果与物质成果，如相关物质文化遗产与主题建筑等。对北京、天津、济南、上海、深圳、武汉六个试点海绵城市的实证分析结果显示，南方城市的水系统协调程度优于北方城市，水生态与水安全的协调度最高，水资源与水文化的协调度最差。深圳的海绵城市建设呈现出更好的水系统耦合协调关系，且协调度呈上升的发展趋势，相比之下，北京、济南等北方试点地区的水系统协调度增长率则相对较低，既反映出各地治水重点的差异，如济南强调"供水保泉"，深圳偏向内涝防治与污水治理，又揭示了各地水系统协调关系的建设重点与薄弱环节。③

在全球气候变化和城市化的双重压力下，洪水内涝与水系统保护已成为城市风险治理的重要议题之一。中国在低影响发展（LID）的基础上提出了海绵城市这一概念，并在全国16个城市展开试点，透水铺装、雨水花园、绿色屋顶等海绵设施在各地被广泛应用。透水铺装在截留地表径流方面能够发挥一定的作用，但随着泥沙等固体悬浮物的沉积，其实际效能也会有所下降，因此需要在使用过程中定期维护；雨水花园在防

---

① 杨默远、刘昌明、潘兴瑶、梁康：《基于水循环视角的海绵城市系统及研究要点解析》，《地理学报》2020年第9期。
② 李国婉、夏兵、隋己元、王耀建、杨海军、杨慧琛、王燕华、黎华寿：《海绵城市建设对流域海绵体生态水文过程的改善》，《生态学报》2022年第24期。
③ 万欣、卞文婕、魏然、胡梦柳、宋亮亮：《海绵城市水系统耦合协调发展及动态响应研究》，《水资源保护》2023年第4期。

洪、蓄水、净化与恢复生态等方面的综合效益突出,同时还可以通过发展旅游业来提供相应的建设资本回报与后期维护费用,但目前对其经济效益的实证研究相对缺乏;绿色屋顶在雨水截留与缓解城市热岛效应等方面的环境效应较为显著,但其建设和维护在大多数情况下需要征得居民的同意与支持。如何优化海绵城市的总体布局,如何提升各类海绵设施的综合效益和协调程度,如何实现防汛抗旱、生态恢复、生产生活之间的平衡与可持续发展仍有待进一步探索。

第七节 小结

本章对突发事件风险在时间—空间维度上的风险波动特征进行了分析。研究在分解重构思想的指导下,将风险系统分解为潜在威胁与实际损失两个基本组成部分,以中国南方14个省份2008—2018年的洪水灾害为实证对象展开分析。研究首先将洪水灾害风险系统分解为潜在威胁系统和实际损失系统两个基本组成部分,再分别将其细化为时空维度上有直接数据支撑的基本动态单元。其次,以熵权-TOPSIS为主要方法,对风险的基本动态单元、系统局部动态、系统整体动态进行自下而上的逐层重构。最后,研究根据洪涝灾害风险系统在时间—空间维度上的内部动态对比结果,将中国南方14个地区在2008—2018年的洪水风险波动划分为三类动态情景,并提出了相应的风险动态防控策略建议。本章的主要研究结论及其风险管理启示如下。

(1) 将风险系统整体按照属性特征分解为相互联系的组成部分,能够有效识别整体动态和局部动态的具体表现、作用方式,以及风险系统在其共同影响下的整体波动特征。本章根据风险经典定义与自然灾害风险属性,将洪水风险系统分解为潜在威胁性和实际破坏力两个基本组成部分,并进一步解构了不同部分的风险致因,发现系统不同层级的风险动态在时空维度上表现出波动方向差异和波动幅度差异,且二者共同作用于风险整体的状态变化。

(2) 从局部动态来看,南方地区洪水风险的潜在威胁性在2008—2014年相对较低,从2016年开始呈上升的动态发展趋势;而风险的实际破坏力则在整个时间维度上处于较低的风险水平。从整体动态来看,南方地区在时空维度上的洪水风险动态分为三类风险情景：高威胁—高破坏、低威胁—高破坏、威胁性和破坏性相等。局部和整体的动态特征表明，高风险并不一定意味着高损失，这对风险动态防控与应急管理实践的启发主要体现为以下两点。

（1）以风险潜在威胁性和实际破坏性相对比的方式分析风险动态的具体内涵，有利于为风险防控措施的制定和改善提供更有针对性的指导。时空维度上风险威胁性和破坏性动态方向与幅度的差异表明，只对风险综合等级进行评估无法解释风险系统的内部动态差异。因此，风险防控与应急管理措施需要根据系统具体内容在时空维度上的变化进行动态调整。在空间维度上，风险动态管理主要表现为对地区风险防控优先级确定的动态调整；在时间维度上，风险动态管理主要表现为对具体区域风险防控措施力度、措施作用对象的动态调整。前者调整的依据主要参考空间维度上威胁和损失的波动方向，后者调整的依据主要参考风险局部动态在时间维度上的状态变化。

（2）风险动态在时空维度上的动态情景是对风险状态变化的集中体现，同时也是风险防控实际成效的反映。与直接分析风险与应急管理具体措施不同的是，对风险系统局部与整体动态的对比分析是从风险结果反观防控措施有效性的一种方式，高威胁—低损失代表该时空维度上的风险防控措施是有效的，能够降低潜在威胁的破坏力。因此，该区域的洪水风险动态分析结果可以作为评价应急表现能力的重要依据，并根据时空维度上风险系统具体内容、波动方向、波动幅度的差异识别出风险防控的薄弱环节和优势区域。

第三章

基于时间—群体维度的风险动态演化分析

本章首先描述了时间—群体维度上的突发事件风险动态内涵,将风险动态分为客观和主观两个基本组成部分。客观风险动态以实证研究的方式展开分析,结合我国的现实背景确定以社区矛盾多元化解作为实证分析对象,刻画了社区矛盾的内容结构,并分别对其在时间—群体维度上的演化过程与动态特征进行了分析;研究进一步考察了矛盾纠纷多元化解网络结构和功能变化,同时结合矛盾纠纷的内容特征与各主体的角色特征,分析了多主体合作化解社区矛盾纠纷的网络动态,并对化解模式与具体策略进行了讨论。主观风险动态以风险感知作为分析对象,以风险感知的典型效应为切入,介绍了不同类型风险感知在群体维度和时间维度的动态变化特征。

第一节 问题描述

时间和群体二维交织视角下的风险动态包括客观和主观两大基本组成部分。客观动态是指风险系统的构成要素和要素状态会随着事件生命周期的发展而变化,并作用于群体在风险动态中主被动双重属性的改变;主观动态是指群体对突发事件的风险感知在时间维度上的动态演化过程。前者主要针对风险对群体物理状态的动态影响,如受影响群体数量、群体类别、受影响程度,以及群体风险行为在时间维度上的变化;后者关注风险对群体心理状态的动态影响,侧重于对群体的风险感知程度、感知内容和影响因素等方面的研究。群体的风险物理属性在时间维度上的变化往往会同时受到空间维度上风险致因的共同影响，如空间范围扩展或转移所伴随的风险致因变化、风险外部环境条件改变所带来的风险概率、受灾人口或破坏程度的变化等，因此仅从时间和群体两个维度无法刻画动态的复杂性与多样性，本书将在第五章对其进行详细分析。本章将分别对客观风险动态与主观风险动态进行介绍，客观风险动态以社区矛盾纠纷化解为实证对象，通过矛盾纠纷主题内容分析、矛盾纠纷化解的多主体合作网络演化分析来揭示其在群体—时间维度的动态特征。主观风险动态以风险感知为分析对象，从典型风险感知效应的视角出发，揭示不同类型风险感知随时间和群体变化而演变的过程。

社区矛盾纠纷是指引发邻里冲突、不受欢迎的行为及扰乱社会秩序的问题。[1] 从冲突属性来看，这些纠纷包括利益冲突、权利冲突、文化冲突和结构性冲突等；从纠纷类型来看，则涵盖民事纠纷、邻里纠纷、物业纠纷和拆迁纠纷四大类。社区矛盾纠纷具有多面性与隐蔽性，易引发各种形式的反社会行为，在极端情况下甚至可能导致人员伤亡和重大财产损失，[2] 严重威胁社会公共安全。因此，矛盾纠纷的防范与化解工作是一项系统工程，包括矛盾识别、分析及调解，需要政府、基层群众自治组织、企业、非政府组织以及专家学者等多元主体协同配合。[3] 明确参与社区矛盾纠纷化解的主要行动者及其角色功能，被视为有效解决此类问题的重要前提。社区矛盾纠纷的发展过程展现出典型的群体—时间二维交织动态特征，其中各方当事人拥有不同权益诉求，而群体间诉求的不一致或相互对立将推动矛盾演化升级。同时，矛盾调解也是不同群体之间互动的一种过程，其内容与性质在这一过程中会发生变化。例如，在农村社区中，当基层干部调解因土地资源或宅基地而引发的邻里冲突时，

---

[1] Merry and Sally Engle, *Crowding, Conflict, and Neighborhood Regulation*, Boston: Springer US, 1987, pp. 35 – 68.

[2] Lynda Cheshire and Robin Fitzgerald, "From Private Nuisance to Criminal Behaviour: Neighbour Problems and Neighbourhood Context in an Australian City", *Housing Studies*, Vol. 30, No. 1, 2014, pp. 1 – 23.

[3] David Correiaq, "The sustained yield forest management act and the roots of environmental conflict in Northern New Mexico", *Geoforum*, Vol. 38, No. 5, 2007, pp. 1040 – 1051.

该冲突类型有可能在此过程中转变为干群关系上的紧张。

现有研究为我们深入理解社区矛盾纠纷及其化解提供了丰富的案例洞见和扎实的理论基础，但仍存在亟待进一步探索的研究空白：首先，矛盾纠纷领域的相关研究主要集中于特定冲突案例分析或特定主体在冲突化解过程中的作用，例如专家学者与乡贤在矛盾纠纷化解中所扮演的中介角色及利益调和功能。[①] 然而，鲜有研究超越个案视角提炼各类矛盾纠纷的模式与内容特征，对一般情境下的矛盾化解策略亦缺乏深入探讨。其次，尽管学术界与治理实践均强调多主体协同在矛盾纠纷化解中的有效性与必要性，但对多主体协同机制以及合作网络中行动者属性与关系特征尚缺乏系统性的研究。最后，目前相关研究主要基于案例分析提炼理论观点，而缺乏对这些理论进行实证验证及其可解释范围进一步探索。为填补上述研究空白，我们提出以下研究问题：第一，社区矛盾纠纷的主要议题及各议题具体内容具有什么样的特征？第二，在矛盾纠纷化解过程中，多元主体如何实现协同合作？第三，在多元合作网络中，各主体的位置和作用发挥存在哪些差异？本章并未单纯依赖个案分析或纯粹理论探讨，而是基于75个社区案例的数据集开展实证调查。通过BERTopic模型和社会网络分析分别对矛盾纠纷内容特征及其化解过程中的主体互动关系进行定量分析，以期为现有文献提供如下几点补充。

第一，已有相关个案研究揭示社区矛盾纠纷具有多层次互动特征，包括群体层面、个体层面及二元关系层面。[②] 本章通过对矛盾纠纷主题的建模分析，进一步阐明了在矛盾化解过程中纠纷主题的跨层次动态变化，为经典的矛盾纠纷动态理论提供了新的实证支持，表明在多主体协同化解矛盾纠纷时，纠纷性质会发生变化，并具体表现为矛盾纠纷主体之间的跨层次转换。

第二，通过比较社区矛盾纠纷化解的制度框架与实际操作，探讨设计网络与自组织网络中的多主体协同关系，以及从设计网络向自组织网

[①] Lihua Yang, "The Role of Experts and Scholars in Community Conflict Resolution: A Comparative Analysis of Two Cases in China", *Negotiation and Conflict Management Research*, Vol. 12, No. 1, 2018, pp. 66–88.

[②] Cronin, Matthew A., and K. Bezrukova, "Conflict Management through the Lens of System Dynamics", *The Academy of Management Annals*, Vol. 13, No. 2, 2019, pp. 770–806.

络转变过程中的主体关系适应性调整。设计网络和自组织网络是社会网络研究的重要议题,但现有文献通常将两者分开讨论。[①] 尽管两者间相互作用在公共行政领域受到越来越多关注,但仍处于初步探索阶段[②]。本文通过对比这两种网络的属性特征和动态关系,丰富了社会网络研究领域对于这一新兴视角的探索,也为理解社区争端的动态属性提供了新的视野。

第三,本文将胡德(Hood)"NATO"框架中的信息节点(nodality)应用于评估多元主体在解决矛盾冲突方面的能力,即包括矛盾识别能力(nodal detector)与调解能力(nodal effector)。本研究关于社区矛盾冲突解决中多主体合作网络所获得的实证结论支持了 Peter John 与 Helen Margetts 对节点工具概念的新审视[③]。分析结果显示,在社区冲突解决实践中,无论是政府还是非政府主体,其节点能力均有所提升。而设计与自组织两个类型网络之间比较则表明,在自下而上的自组织合作模式中,非政府主体节点能力显著增长并超过政府主体,而信息节点概念内涵超越传统"NATO"框架所定义之政府工具范畴。在由上级政府部门主导构建的制度框架下的信息合作网中,该概念依然符合经典"NATO"框架定义,即以政府作为中心角色,占据明显优势。

第二节　社区矛盾化解的多主体合作网络理论

一　复杂自适应系统理论

复杂适应系统理论(Complex Adaptive System, CAS)认为,系统内部主体之间以及系统与外部环境之间存在着互动。这种互动使得主体能够从外界环境中学习,并根据行为结果自适应地调整其行为方式,从而形成新的互动策略,促进系统的整体演化[④]。复杂适应系统所体现的局部

[①] N. Kapucu, Q. Hu, "Understanding multiplexity of collaborative emergency management networks", *The American Review of Public Administration*, Vol. 46, No. 4, 2014, pp. 399–417.

[②] Hongtao Yi, Weixing Liu, Liang Ma, "Designed networks and the emergence of self-organizing interlocal learning network: Evidence from Chinese cities", *Public Administration*, Vol. 102, No. 1, 2022, pp. 21–39.

[③] Helen Margetts and Peter John, "How rediscovering nodality can improve democratic governance in a digital world", *Public Administration*, Vol. 102, 2023, pp. 969–983.

[④] J. H. Holland, "Complex adaptive systems", *Daedalus*, Vol. 121, No. 1, 1992, pp. 17–30.

与整体间的互动特征,使其在生态、社会、经济和管理等复杂系统分析中得到广泛应用。在公共管理领域,学者们将 CAS 理论运用于多主体协同关系及跨部门合作的研究,以探讨合作中的主体行为、关系演化,以及主体对环境变化的适应性调整[1]。CAS 理论为研究社区矛盾纠纷化解过程中各参与主体角色和功能的动态变化及其互动关系提供了重要框架。CAS 理论强调七个基本特征(即聚合、标识、非线性、流、多样性、内部模型和构建模块),其中前四个特征与动态适应相关,而后三个特征则涉及主体与外部环境交流时所引发的新进化现象。

聚合是指较为简单的行为主体通过相互作用形成具有复杂行为的更高层次主体,而标识则构成了主体之间选择与互动的基础。社区矛盾冲突的化解依赖于邻里居民、专家学者、非政府组织(NGO)及政府机构等多方协同努力[2]。在这一过程中,各参与方不仅需要明确自身角色和责任,还需建立有效沟通机制,以确保信息流动顺畅,促进理解与信任。

非线性强调系统内各主体之间的非线性演化,这是系统复杂性的内在来源。具体而言,系统内部与外部要素间的非线性互动赋予了系统更强的适应能力,同时也增加了其复杂性,使得预测变得更加困难。这种复杂性体现在多个方面,例如不同利益相关者对问题看法的不一致,以及他们在解决方案上的分歧。此外,影响社区矛盾纠纷发生因素呈现多样性,并且这些因素之间往往存在复杂的互动关系;例如,经济状况、社会文化背景以及历史遗留问题都可能交织在一起,从而加剧矛盾。同时,各方利益平衡以及参与矛盾化解各主体间行为互动亦具备非线性特征,这决定了矛盾纠纷化解过程本质上是一个非线性的过程。

流动指的是物质、能量和信息在主体之间进行交换。在矛盾纠纷化解过程中,诸如矛盾信号识别、主体情感(情绪)互动及信息传播等要素将持续流动。这一流动不仅涉及信息传递速度的问题,也包括如何有效地处理和反馈所接收到的信息,以便及时调整策略并采取行动。

---

[1] D. Caro, "Towards Transformational Leadership: The Nexus of Emergency Management Systems in Canada", *International Journal of Emergency Management*, Vol. 12, No. 2, 2016, pp. 113–135.

[2] Alexander Marc and Stokoe Elizabeth, "Problems in the neighbourhood: Formulating noise complaints across dispute resolution services", *Journal of Community & Applied Social Psychology*, Vol. 29, No. 5, 2019, pp. 355–370.

多样性是在系统自适应过程中产生个体分化的重要表现。在这一过程中，多样性体现在多个方面，例如冲突内容的多元化，不同结构合作网络以及参与主体异质性的体现等。例如，在某些情况下，不同年龄段或文化背景的人群可能会对同一事件有截然不同的反应，这就要求调解者能够灵活运用各种方法来满足不同需求。

内部模型是指系统内各主体基于自身经验和知识来确定对外部环境的适应行为。在矛盾纠纷解决中，由于制度框架和职责差异，合作网络中的各个主体需遵循自身特定行为守则或职责要求以推动冲突解决进程。这意味着每个参与者都必须充分了解其他成员所处的位置及其潜在贡献，从而实现资源共享与优势互补。

构建模块作为复杂系统基本组成单位，其演变使得构建模块发生变化，而构建模块组合上的多样性能为系统在自适应过程中提供丰富策略选择，以应对环境变化。例如，在面对新的挑战时，可以通过重新组合已有资源来创造出新的解决方案。在社区矛盾纠纷解决中，不同阶段权益诉求差异导致相关化解策略与行动方式展现出组合上的多样性，因此，需要根据实际情况不断调整策略，以提高效率。

公共管理领域关于多方合作研究通常将合作视作一种网络，关注各行为主体（即网络节点）之间，以及这些主体现有制度框架下所形成之互动关系[1]。这种视角帮助我们深入理解不同利益相关者如何通过共同努力达成目标。本章沿用此视角构建社区矛盾纠纷解决之多方合作网络，并分析该网络结构及时间—群体维度行为主体动态特征，为后续研究提供理论支持和实践指导。

二　信息节点

信息节点（Nodality）是 Hood 经典 NATO 框架中的四种政府工具之一，包括信息节点、政府权威、公共财富和政府组织。它指的是政府接收与传播信息的能力，强调在社会或信息网络中的中心性与可见性

---

[1] W. L. Shiau, Y. K. Dwivedi, H. S. Yang, "Co-citation and cluster analyses of extant literature on social networks", *International Journal of Information Management*, Vol. 37, No. 5, 2017, pp. 390–399.

(Hood，1983)。这一概念不仅涉及传统的信息传递方式，还涵盖了现代技术对信息流动的影响。在数字时代，新媒体及人工智能技术的发展重塑了信息传播模式，并改变了政府与公民之间的互动方式。新媒体平台如社交网络、博客和在线论坛，使得公民能够更便捷地获取和分享信息。这些平台为公众提供了一个表达意见和参与讨论的空间，从而增强了市民在政策制定过程中的声音。同时，人工智能技术通过数据分析和算法推荐，提高了个体获取相关政策资讯的效率，使得更多人能够及时了解并参与到公共事务中。在此背景下，相关理论研究扩展了传统 NATO 框架中对信息节点的定义，突出了市民信息节点的重要性。研究者们认为，这一概念不再由政府主体独占，而是形成一个包含政府与公民双向反馈的信息回路。这意味着，在这个新的生态系统中，公民不仅仅是被动的信息接受者，更成为积极的信息生产者，他们通过各种渠道反馈自己的需求与看法，从而影响政策走向。公民作为重要的信息节点，其增长有助于提升政府的信息节点能力，从而增强其效能与民主治理水平。例如，当公众能够迅速获得有关政策变化或社会事件的信息时，他们可以更有效地进行舆论引导，同时促使决策机构更加注重透明度和责任感。因此，需要同时关注这两类主体在信息接收和传递过程中的角色，以全面理解其相互作用。

一是节点探测器（nodal detector），通过接收信息以深入了解特定社会问题或治理情境；二是节点影响器（nodal effector），通过对外传播信息来影响相关主体的行为，从而实现治理目标。在社区矛盾纠纷化解的情境中，我们聚焦于政府主体与非政府主体的信息接收与传递行为，分析二者在识别社区矛盾（即发挥信息节点的探测功能）和化解社区矛盾（即发挥信息节点的影响功能）中的具体表现形式及其功能动态演化。在这一过程中，政府主体通常扮演着主导角色，它们利用自身资源优势，通过官方渠道发布权威信息。而非政府主体，如社区组织、志愿者团体等，则往往依靠灵活多样的方法，与居民建立信任关系，以便更好地传递民意并反映基层需求。两者之间相辅相成，共同构建起一个高效的信息流动网络，使得治理过程更加透明、高效。此外，在实际操作中，这两个角色并不是固定不变的，而是随着环境变化不断调整。例如，当某一特定事件引发广泛关注时，原本处于被动状态的非政府主体可能会迅速转变为主动参与方,通过社交媒体等平台积极发声。而与此同时,政府也可能根据舆论反馈及时调整策略,以应对新的挑战。因此,对这两种角色及其互动模式进行深入研究,不仅有助于理解当前治理机制,也能为未来改进提供参考依据。

矛盾纠纷的根源在于认知、情感和利益之间的分歧[1]。社区矛盾纠纷主要集中于邻里间的分歧与冲突,涉及多个方面,如社区环境、宠物管理、噪声及物业等问题[2]。这些问题不仅影响了居民的日常生活,还可能导致更为复杂的人际关系紧张。诉讼、仲裁、调解、谈判以及建立共识被视为有效化解社区矛盾纠纷的措施[3],这些措施共同之处在于通过向双方传递专业知识、法律信息和心理辅导等内容,以调和分歧并缓解冲突,这属于信息影响功能范畴。这些方法各有其适用场景,例如,调解通常适用于较小规模且愿意沟通的争议,而诉讼则多用于无法达成一致或需要法律强制执行时。鉴于社区矛盾纠纷具有叠加与演变升级的特征,在其升级为群体冲突之前进行控制与化解能够显著降低潜在损失。研究表明,早期介入可以有效阻止小规模争端演变为大规模社会动荡,因此及时采取行动至关重要。矛盾冲突通常始于潜在利益冲突及观点对立[4],对相关隐患进行早期探测与识别可以防止其演化升级,并减少相应损失。在这一过程中,信息节点发挥着关键作用,通过收集和分析数据,可以帮助决策者了解当前局势,从而制定出更加合理有效的干预策略。因此,除了发挥信息节点的信息影响功能外,还需充分利用信息节点的探测功能,以探测、接收和识别社区矛盾纠纷中的潜在隐患信息。这种综合性

---

[1] Basu and Soutrik, "Community, Conflict and Land: Exploring the Strategic Partnership Model of South African Land Restitution", *Journal of International Development*, Vol. 28, No. 5, 2016, pp. 733 – 748.

[2] Lynda Cheshire and Robin Fitzgerald, "From Private Nuisance to Criminal Behaviour: Neighbour Problems and Neighbourhood Context in an Australian City", *Housing Studies*, Vol. 30, No. 1, 2014, pp. 1 – 23.

[3] Michael L. Elliott and Sanda Kaufman, "Enhancing environmental quality and sustainability through negotiation and conflict management: Research into systems, dynamics, and practices", *Negotiation and Conflict Management Research*, Vol. 9, No. 3, 2016, pp. 199 – 219.

[4] Yao Zhu, Fang Meng, Shousheng Chai, Yongguang Zou, "Struggling in silence? The formation mechanism of implicit conflict in rural tourism communities", *Tourism Management*, Vol. 106, 2025, 104999.

的处理方式，不仅能提高解决问题效率，也能增强居民之间信任感，为构建和谐社区奠定基础。

本章将信息节点融入多主体合作网络，旨在探讨各主体在化解社区矛盾与纠纷过程中的功能发挥及角色演变。具体而言，我们关注的是不同类型的参与者，包括政府机构、非政府组织、社区居民以及其他社会团体，在这一过程中所展现出的多样性和复杂性。我们将信息节点的双重角色——即信息探测和信息影响视为各主体参与矛盾纠纷解决的两种基本策略模式。在此基础上，分析这些策略如何影响各主体之间的信息流动，以及如何促进或阻碍问题的有效解决。此外，通过对比不同主体在实际操作中的表现，可以揭示出其在处理特定情境下所采取的方法和手段，从而更深入地理解其作用机制。综合比较政府主体与非政府主体在网络中所扮演的角色及其地位变化，有助于识别出各种因素对冲突解决效果的影响。例如，政府可能更多地依赖于法律法规来进行干预，而非政府组织则可能通过调解、宣传等方式来促成共识。这种差异不仅反映了各自资源和能力上的不同，也体现了它们对于社区治理理念的理解与实践。

第三节　数据统计与分析方法

一　案例背景

近年来，伴随着中国经济的迅速发展与城市化进程的不断推进，各类矛盾和纠纷愈发显著。这些矛盾不仅体现在社会生活的各个层面，还涉及不同群体之间、城乡之间以及区域之间的利益冲突。目前关于社会矛盾与纠纷的研究主要集中于环境问题[1]、自然资源争端[2]、能源议题[3]以及邻避现象等领域，而对社区冲突及邻里纠纷的关注相对不足。社区作为我国

---

[1] Jianglong Li, Guanfei Meng, "Pollution exposure and social conflicts: Evidence from China's daily data", *Journal of Environmental Economics and Management*, Vol. 121, 2023, 102870.

[2] Yan Liu, Lynda Cheshire, Siqin Wang, Xuanming Fu, "A socio-spatial analysis of neighbour complaints using large-scale administrative data: The case in Brisbane, Australia", *Cities*, Vol. 90, 2019, pp. 168–180.

[3] Sheng Zhang and Liehui Wang, "The Russia-Ukraine war, energy poverty, and social conflict: An analysis based on global liquified natural gas maritime shipping", *Applied Geography*, Vol. 166, 2024, 103263.

公共管理与服务的重要基础单元,在矛盾冲突化解方面积累了丰富经验。在这一背景下,源自20世纪60年代浙江省诸暨县(现为诸暨市)枫桥镇的"枫桥经验"成为一个重要案例。这一实践强调动员并依靠群众在本地解决矛盾冲突,坚持不将矛盾上交或升级,从根源上降低冲突发生率,同时提升公共安全水平。"枫桥经验"的核心理念是通过建立健全基层治理机制,使居民能够参与到自身事务中来,以增强其归属感和责任感。经过半个多世纪的发展,"枫桥经验"已从地方治理模式演变为中国式现代化基层治理的重要成果,为探索社区内矛盾和纠纷的有效化解提供了宝贵案例。在当前复杂多变的社会环境中,对社区内部各种形式的不满情绪进行有效识别与处理,不仅有助于维护社会稳定,也能推动整个社会向更加和谐、有序的发展方向迈进。因此,加强对社区冲突及邻里纠纷研究,将为未来更好地应对类似挑战提供理论支持和实践指导。

二　数据搜集与统计

本研究的实证分析数据来源于我国西南地区,包括四川省、云南省、贵州省、重庆市和西藏自治区在内的75个社区实践案例。这些案例涵盖了社区矛盾化解的制度规范及其具体实施方法,反映出不同地域在处理社会矛盾方面所采取的多样化策略与措施。通过对这些案例进行深入剖析,可以更好地理解各地在实际操作中遇到的问题以及相应的解决方案。制度设计依据各省人大常委会法制工作委员会发布的《矛盾纠纷多元化解条例》,该条例为地方政府和相关机构提供了法律框架与指导原则,以促进有效、公正地解决社区内部冲突。同时,实践做法则基于各社区在矛盾纠纷化解中的具体实例,这些实例不仅展示了理论如何转化为实践,还揭示了基层治理过程中可能存在的不平衡现象。此外,五个西南地区(直辖市)定期召开由四川省主办的基层矛盾纠纷化解工作交流会议。在这些会议上,各地代表分享识别与解决矛盾纠纷过程中的具体案例及实践经验,通过这种互动机制,不同区域之间能够互通有无,共同探讨最佳实践,从而提升整体治理能力。这种跨区域的信息共享,有助于形成一个更加完善且高效的社会治理网络,为后续政策制定提供参考依据,并推动地方政府间合作。最终,这些交流活动还促成了一系列典型案例集的形成,为本文探讨制度与实践两个层面的多主体合作网络提供了坚实的数据基础。通过系统整理和分析这些丰富的数据资料，本研究旨在揭示当前我国西南地区社区矛盾调处工作的特点，以及未来改进方向，为进一步优化相关政策奠定理论基础。

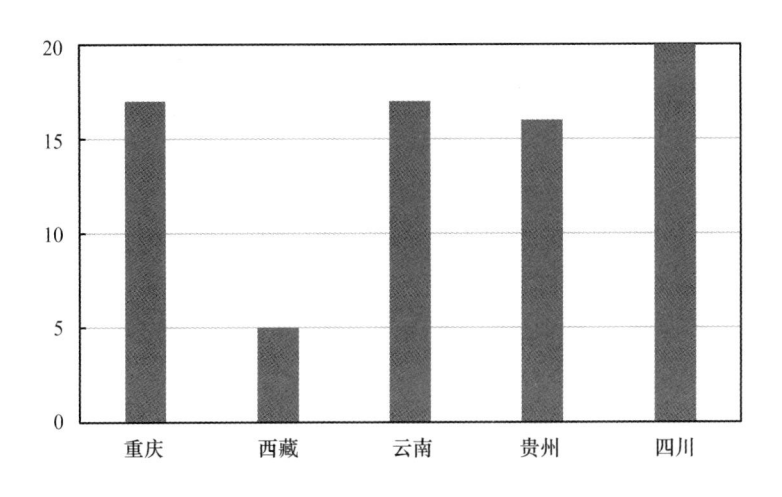

图3-1 案例数量的空间分布示意

三 社区矛盾纠纷的主题聚类

本研究通过对75个社区的案例集进行主题聚类，利用案例描述文本作为文本库，对具有相似语义信息的文本进行聚类分析，从而提取并归纳为同一主题。具体而言，本研究旨在深入探讨不同社区中存在的矛盾纠纷类型及其特征，以便为相关政策制定和社会治理提供数据支持。同时，计算每个主题内部关键词的频率，以揭示矛盾纠纷的主要类别及其具体内容特征。这种方法不仅有助于识别问题，还能为后续干预措施提供依据。研究采用基于深度学习的BERTopic主题建模方法处理案例集中的非结构化文本数据，其具体步骤如下：

步骤1：文档嵌入

模型假设同一主题下的文档具备相似语义特征，因此，通过预训练语言模型Sentence-BERT框架将文本数据转化为高维向量，并保留句子间的语义关系，实现文档嵌入。在这一过程中，Sentence-BERT能够有效捕捉到上下文信息，使得生成的向量更具代表性，为后续分析奠定基础。

步骤2：文档聚类

为了实现高维文档数据的有效聚类，本研究采用UMAP算法对上层输出数据进行降维，以保留文档局部特征与全局结构，从而提高后续聚类准确性。UMAP算法以其优越的数据可视化能力和保持拓扑结构特点，被广泛应用于复杂数据集。在此基础上，通过层次密度空间聚类（HDB-SCAN）识别出语义相似且稳定的文档群体，并将噪声处理为离群点以确定最终主题数量[1]。这种结合了降维与密度估计的方法，有效提升了对大规模非结构化文本数据处理时所需精确性的要求。

步骤3：主题表示

运用词频—逆文档频率（TF-IDF）方法提取每个聚类簇中的关键词，并计算词频以表明这些关键词在该语料库中的重要性，即某一类别矛盾纠纷具体内容的重要性排序。TF-IDF是一种常用的信息检索技术，它能够帮助我们理解哪些词汇在各自领域内是关键性的，同时也反映出它们在整个数据库中的稀缺程度。因此，这一步骤不仅有助于明确各个主题之间的重要差异，也可以进一步指导针对不同类型矛盾纠纷采取更加精准和有效的问题解决策略。

四 矛盾纠纷化解的多主体合作网络构建

自组织网络与设计网络是社会网络的两个重要类别，分别代表了网络形成的两种主要机制[2]。设计网络通常由上级部门或政府为实现特定管理目标而构建的一套多主体协同规范，其中各主体的类别、数量及其间互动关系相对固定且不可随意变更。这种结构化的设计使得参与者在执行任务时能够遵循明确的规则和流程，从而提高工作效率和协调性。相比之下，自组织网络则是由各主体自发产生连接所形成的，参与者可以自由选择加入或退出，并自主决定与其他成员之间的连接关系。这一灵活性使得自组织网络能够迅速适应环境变化，促进创新和信息共享。本

---

[1] Yunfei Xing, Justin Zuopeng Zhang, Guangqing Teng, Xiaotang Zhou, "Voices in the digital storm: Unraveling online polarization with ChatGPT", *Technology in Society*, Vol. 77, 2024, 102534.

[2] R. Berardo and John T. Scholz, "Self-Organizing Policy Networks: Risk, Partner Selection, and Cooperation in Estuaries", *American Journal of Political Science*, Vol. 54, No. 3, 2010, pp. 632–649.

研究以矛盾纠纷多元化解条例及各社区实践案例为基础，构建设计网络和自组织网络，并对矛盾纠纷化解过程中的多主体互动关系进行比较分析。

针对社区矛盾纠纷化解的制度设计，本研究依据各省（直辖市）人大常委会法制工作委员会印发的《矛盾纠纷多元化解条例》，提取其中涉及的化解主体（即网络节点），并根据职责划分确定这些主体之间的工作联系（即网络连边）。该条例明确规定了 18 个参与矛盾化解主体具体职责以及 7 项化解机制，其对应关系可通过以下 2 - 模矩阵表示：取值为 1 表示某一主体与对应机制存在联系，而取值为 0 则表明二者无关。通过这种方式，可以清晰地展示出不同机构在处理矛盾纠纷时所扮演的重要角色，以及它们之间如何相互配合以达到最佳效果。此外，这种系统性的分析方法不仅有助于理解现行政策框架内各方责任，还能为未来相关政策制定提供数据支持和理论依据，从而推动社会治理能力现代化进程。在此背景下，对比分析设计型与自组织型解决方案，将进一步揭示两者在资源配置、决策效率及问题解决能力等方面可能存在的重要差异，为优化社区治理模式提供参考。

表 3 - 1　　　　矛盾纠纷化解制度设计网络的 2 - 模矩阵

	机制设计	资源保障	业务指导	监督	矛盾识别	风险预警	矛盾化解
政府	1	1	1	1	1	1	1
法院	0	0	1	0	0	1	1
检察院	1	0	1	0	0	1	1
职能部门	1	0	0	1	0	0	1
信访部门	1	0	0	0	0	0	1
综治中心	0	0	0	0	1	0	0
司法部门	0	1	0	0	0	0	0
公安部门	1	0	0	0	1	0	1
街道办事处	0	1	0	0	1	1	1
社区两委	0	0	0	0	1	1	0
非政府组织	0	0	0	0	0	0	1

续表

	机制设计	资源保障	业务指导	监督	矛盾识别	风险预警	矛盾化解
能人贤达	0	0	0	0	0	0	1
顾问	0	0	0	0	0	0	1
行业协会	0	1	0	0	0	0	1
人民团体	0	1	0	0	0	1	1
仲裁机构	0	0	0	0	0	0	1
志愿者	0	1	0	0	0	0	1
企事业单位	0	0	0	0	0	1	1

本研究基于 75 个社区的实践案例，构建了一个自组织网络，以有效化解社区矛盾与纠纷。通过文本挖掘和主题模型，我们提取了在矛盾纠纷化解过程中所采取的具体措施及其对应的行为主体。聚类分析结果揭示出 9 种与矛盾纠纷化解相关的措施，详见表 3–2。依据信息节点所承担的双重角色——信息探测者与信息影响者，这 9 类具体措施进一步被划分为矛盾纠纷识别策略和矛盾纠纷化解策略，相应形成的信息自组织网络包括信息探测网络（the detecting network），即多主体在收集隐患信息及潜在纠纷识别过程中的合作关系。这一网络强调各参与方之间的信息共享机制，通过共同努力提高对潜在问题的敏感度，从而实现早期干预。此外，还有信息影响网络（the effecting network），即多主体参与邻里矛盾化解工作时建立的合作关系。在此背景下，各方能够充分发挥自身优势，共同制定切实可行的解决方案，并推动实施。

表 3–2　　　　　矛盾纠纷化解实践的具体措施分类

节点角色	具体措施	措施描述
信息探测（矛盾纠纷识别策略）	入户调查	直接与居民在家中进行面对面交流，以了解并解决潜在的冲突问题
	日常巡逻	在社区内定期巡逻，保持社区秩序，但不进入居民家中干涉
	集体议事	举行全体居民或其代表参加的正式会议，以讨论和解决社区内的公共事务和冲突

续表

节点角色	具体措施	措施描述
信息影响（矛盾纠纷化解策略）	法律服务	为居民提供法律方面的支持，包括法律材料、相关法规解读以及法律咨询服务
	利益调解	调解涉及居民和其他主体之间的利益纠纷，促进冲突的和平解决
	心理咨询	为需要心理支持的居民提供专业的心理辅导，以帮助他们应对个人或家庭问题
	困难帮扶	为弱势群体提供支持，如就业咨询、医疗服务和子女入学帮助，以改善他们的生活条件
	情感调解	通过宣传传统美德来增强社区凝聚力，促进和谐的邻里关系
	文明公约	制定并实施社区行为准则，确保社区成员的文明行为，预防和减少冲突的发生

在完成主体—策略的 2-模邻接矩阵关系提取后，研究基于各主体在具体机制或矛盾化解策略中的共现关系，将 2-模矩阵转化为反映主体共现关系的 1-模矩阵，从而构建多主体合作网络 Graph（N，K）。该网络中的主体被映射为由 K 条加权边连接的 N 个节点。连边权重由主体之间的共现频次决定，权重越大则表示合作越紧密。通过社会网络分析计算多主体合作网络的结构特征与节点属性，并采用 Gephi 进行可视化表达。具体而言，在构建 1-模矩阵时，需要对每一对参与者之间的互动进行详细记录，以确保所生成的数据能够真实反映出其间复杂且动态的发展过程。这种方法不仅有助于识别不同参与者之间潜在的协作模式，还能揭示出某些关键节点的重要性，这些关键节点可能会在整个网络中发挥核心作用。此外，通过分析这些结构特征，可以进一步探讨影响多主体合作效率和效果的一系列因素，如信息流动、资源共享及信任建立等。表 3-3 总结了整体网指标、节点指标和连边指标的定义及其在多主体合作网络中的具体含义。其中，整体网指标主要用于评估整个网络的连通性和稳定性，而节点指标则关注单个参与者在网络中的地位与角色，包括中心度、介数等重要参数。连边指标则提供了关于不同参与者间交互强度的信息，有助于理解哪些联系最为紧密以及如何优化这些联系以提升

整体协作效能。

表3-3　　　　　　　多主体合作网络的分析指标

层次	指标	定义	指标内涵
整体网络	密度	网络中实际连边数量与所有节点的最大可能连边数量的比值	合作网络的密度越高,则表示各主体之间的合作越紧密
	平均路径长度	网络中任意两个节点之间的距离平均值	合作网络的平均路径越长,则表示两个主体之间直连接的数量较少,网络中的主体合作依赖于中介角色建立连接
	结构洞	网络中的非冗余连接	位于网络结构洞位置的主体在合作中发挥关键的桥梁作用,是连接其他主体形成合作关系的关键
节点	度数中心性	与该节点直接相连接的边的数量	主体的度数中心性越高,表示有直接合作关系的其他主体的数量越大,在网络中的位置越重要
	中间中心度	网络中某个节点位于多对节点之间最短路径之间的程度,衡量节点对网络资源的控制程度	主体的中间中心度较高,则表示该主体对其他主体合作关系的控制能力越强
连边	连边中间度	某条连边出现在一条捷径上的次数,衡量连边对网络信息的控制程度	连边中间度较高,表示该条连边两端主体之间的合作对整个网络中其他主体之间合作达成的主导作用较强

第四节　社区矛盾纠纷在时间—群体维度上的动态演化特征

一　群体维度上的社区矛盾纠纷内容演化

社区矛盾纠纷案例的主题聚类结果表明,社区邻里冲突主要可分为四个类型:家庭/邻里纠纷(主题0)、劳动权益纠纷(主题1)、自然资源纠纷（主题2）以及土地资源纠纷（主题3）。为了深入揭示各主题内部的具体纠纷内容，本研究进一步计算了每个主题内关键词的词频，详见表3-4。通过对这些关键词进行分析，可以更好地理解不同类型冲突背后的原因和影响因素，从而为后续的调解与解决方案提供理论支持。此外，这些数据还可以帮助相关部门制定有针对性的政策，以有效预防和处理类似问题，提高社区治理水平。

表3-4　　　　　　　　社区矛盾纠纷的主题聚类结果

主题	主题标签	出现频率最高的前10个关键词（%）
0	家庭/邻里	引发（5.88）+ 婚姻（5.57）+ 家庭争吵（4.96）+ 邻里纷争（4.95）+ 安全隐患（4.67）+ 小区居民（4.01）+ 谋杀（3.66）+ 命案（3.34）+ 频发（3.21）+ 易发（3.10）
1	劳动权益	企业（11.66）+ 劳动争议（11.01）+ 拖欠工资（11.01）+ 调解质量（9.38）+ 基层（7.53）+ 监督（6.85）+ 劳动利益诉求（5.51）+ 裁员（5.02）+ 重点项目（4.25）+ 风险叠加（5.83）
2	自然资源	野生资源（11.67）+ 采挖（7.86）+ 谋生（6.99）+ 补贴（6.85）+ 资助（6.85）+ 帮扶（6.85）+ 干群关系（6.25）+ 关系紧张（6.25）+ 村民（5.51）+ 资源依赖（5.24）
3	土地流转	农村（15.15）+ 法律效力（12.58）+ 合同规范（12.56）+ 风险（9.21）+ 合同履行（7.23）+ 监督（7.20）+ 宅基地（7.23）+ 耕地（7.23）+ 所有权（7.23）+ 权责模糊（7.23）

家庭与邻里纠纷（主题0）主要涵盖"婚姻""家庭争吵""邻里纷争"等内容。通过高频关键词的语料库分析发现，小区居民之间的邻里冲突多由公共安全隐患引发，例如住户在楼道内摆放私人物品和生活垃圾等，导致消防安全风险。这种情况不仅影响了小区整体环境，还可能对其他居民的日常生活造成困扰。此外，随着城市化进程加快，人口密度增加，使得原本就有限的公共空间变得更加紧张，从而加剧了此类矛盾。而"引发""频发""易发"则直接指向因婚姻问题及家庭争吵所致的命案，如自杀和他杀等。研究表明，家庭矛盾尤其是婚姻矛盾容易升

级为刑事案件，这一发现与国外关于社区矛盾冲突研究结论一致，即家庭冲突在社区暴力与居民抑郁之间发挥中介作用[1]。例如，在一些案例中，由于夫妻间长期积累的不满情绪未能得到有效疏导，最终演变为极端行为。因此，对这些潜在危机进行早期干预显得尤为重要。婚姻问题如财产分割、房屋所有权、分居及离婚，与自杀意念及行为密切相关[2]，且在离婚诉讼期间尤为突出[3]。这段时间往往伴随情感上的巨大压力，加之社会支持系统不足，使当事人更容易陷入绝望状态。受中国传统观念"家丑不可外扬"的影响，有关当事人及其家属往往不主动寻求外界帮助，特别是不熟悉的公共服务机构，从而使得相关矛盾纠纷在早期难以显露，加剧了矛盾叠加并演化为社区暴力或命案。在这种情况下，加强心理健康教育和提供专业咨询服务，将有助于缓解这一现象。

劳动权益纠纷（主题1）和自然资源纠纷（主题2）均属于利益冲突。在主题1中，"劳动争议""拖欠工资""调解""裁员"等高频词表明，这些冲突主要发生于劳动者与企业之间，并且由于调解质量不足以及监督机制不完善，使得劳动者的利益诉求未能得到妥善解决，从而增加了相关利益纠纷的风险。例如，一些企业为了降低成本可能会采取拖欠工资或裁员等措施，而缺乏有效监管使这些行为屡禁不止。这不仅损害了员工的合法权益，也对企业形象产生负面影响。

主题2中的利益纠纷主要源于村民间因采挖本地自然资源而产生的冲突，这种情况普遍存在于依赖采挖自然资源谋生的农村社区。"补贴""资助""帮扶""干群关系"等高频词揭示了群体维度上矛盾动态演化，即政府为依靠当地土特产等自然资源维持生计困难村民提供经济支持。因此，村民间除了因资源采挖产生利益冲突外，还涉及获取相关补贴方面的问题。此外，当村民发生矛盾时，一般由当地村干部负责调解，但

---

[1] Rochelle J. Holtzman, Michael C. Roberts, "The Role of Family Conflict in the Relation between Exposure to Community Violence and Depressive Symptoms", *Journal of Community Psychology*, Vol. 40, No. 2, 2012, pp. 264 – 275.

[2] Edwards, A. C., Lannoy, S., Stephenson, M. E., Kendler, K. S., Salvatore, J. E., "Divorce, genetic risk, and suicidal thoughts and behaviors in a sample with recurrent major depressive disorder", *Journal of Affective Disorders*, Vol. 354, 2024, pp. 642 – 648.

[3] Stacy Overstreet, Shawnee Braun B. S., "Exposure to community violence and post – traumatic stress symptoms: mediating factors", *American Journal of Orthopsychiatry*, Vol. 70, No. 2, pp. 263 – 271.

若村民对调解结果不满意，则可能将怨恨转移至村干部身上，引发新的紧张关系。这种情况下，需要建立更透明、公正、高效的信息沟通渠道，以减少误解和信任危机。主题 2 展示出的群体层面动态特征，为社区矛盾冲突系统动力学观点提供了实证支持。从系统动力学视角来看，社区矛盾通常存在三个层面：个体层面、群体层面，以及二者交互层面[①]。当有外部主体介入尝试解决这些冲突时，也可能改变其性质和发生层次。最初，由于资源采挖引起的利益分配问题构成个体层面的农民间矛盾。当村干部介入进行调解时，该类个体间的不满便转变为干群关系上的新型冲突，即从单纯农民之间的新型关系摩擦发展到更复杂的人际网络互动，因此需要关注不同角色在其中扮演的重要性，以促进各方理解与合作。

土地流转所涉及之类社会性问题主要集中在农村地区。"宅基地"和"耕地"等高频词揭示出土地流转过程中易引起争议之土地类型，而通过"法律效力""合同规范""合同履行""所有权"等关键词可进一步推断出造成此类争端原因，包括土地流转合同的不规范以及对合同履行过程缺乏有效监督。这些有关自然资源和土地使用权利的研究显示，行政因素常常是导致此类社会性问题升级的重要原因，而司法措施被证明是缓解该类困境的一项有效手段。因此，自然资源及土地流转所带来的各类社会性问题亟须完善相应司法措施，以确保双方合法权益得到保护。同时，加强公众法律意识，提高农民对于自身权益维护能力，也是防范类似事件再次发生的重要举措。

二 群体—时间维度上的多主体合作的网络结构动态

图 3-2 展示了社区矛盾纠纷化解的多主体合作网络，涵盖制度设计网络（图 3-2a）、自组织网络中的信息探测网络（图 3-2b）以及自组织网络中的信息影响网络（图 3-2c）。在这一复杂的合作网络中，各个参与主体通过节点颜色进行区分，以便于直观地识别不同类型的角色和功能。同时，节点连边的颜色深浅则反映了各主体之间的合作关系强度。

[①] M. A. Cronin, K. Bezrukova, "Conflict Management through the Lens of System Dynamics", *The Academy of Management Annals*, Vol. 13, No. 2, 2019, pp. 770-806.

具体而言，颜色越深表示合作频次越高，这意味着二者之间的协作关系愈加紧密，从而形成了一种动态互动机制，有助于提升矛盾化解工作的效率。

制度设计网络是该体系中规模最大的部分，由17个主体构成，包括7个政府部门、2个基层自治组织、4个非政府组织、1家企业及3名群众。这些参与方代表了在矛盾纠纷多元化解框架下的不同行动主体，各自承担着特定职责与任务。其中，有两个重要主体未出现在自组织网络中，即街道办事处（G2）和检察院（G4）。这两者主要负责制度设计与评估工作，而不直接参与实际矛盾纠纷的化解过程。此外，自组织网络中的网格员（A2）并未包含在制度设计网络内。网格员源于基层网格治理，是由社区或村委会聘任的一线工作人员，他们在缓解基层工作压力及促进治理信息上传下达方面发挥着不可或缺的重要作用。因此，在整个系统中，虽然他们不直接参与制度设计，但其存在对于实施效果具有间接影响。制度设计网络反映了省人大常委会法制工作委员会依据相关法律法规制定出的矛盾化解工作框架。在这一框架内，各主体职责分工与工作机制相对固定，为具体实践提供步骤和方法等方面的机制指导。这一结构不仅有助于明确各方责任，还为后续操作提供了清晰路径，使得各项措施能够更有效地落实到位。

随着实践过程的发展，制度设计网络逐渐演变为信息探测网络（图3-2b）与信息影响网络（图3-2c），这两种自组织形式分别侧重于不同阶段的问题处理。其中，信息探测侧重于早期识别和预警潜在矛盾纠纷，通过及时的信息收集与分析，可以有效防止问题扩大；而信息影响则更关注已显露出来的问题具体化解过程，通过深入剖析问题根源并采取针对性措施，实现有效解决。这样的转变体现出一种灵活应对变化环境能力，使得整体协调更加顺畅。值得注意的是，自组织结构是对既有制度设计框架实施情况的一种具体体现，其节点与连边具有一定程度上的自主空间。在此基础上，各主体可以根据自身特点发挥主观能动性，例如创新矛盾解决方式，因此其结构更加灵活且适应性强。相比之下，自组织结构中的参与主体数量有所减少：例如，在信息探测网中，共包含11个成员，其中6个为非政府单位，而5个为政府单位；而在信息影响网中，则包括13个成员，其中9个为非政府单位，以及4个为政府单位。

这一变化表明，不同层级和性质的机构正在不断调整以适应新的需求，同时也反映出社会力量日益增强的重要趋势。

表3-5　　　　　　　　　多主体合作网络的主体

序号	类型	网络中的节点符号	主体
1	政府部门	G1	派出所/公安机关
2		G2	街道办事处
3		G3	法院
4		G4	检察院
5		G5	信访部门
6		G6	政府职能部门
7		G7	司法所
8		G8	综治中心
9	非政府组织	N1	妇联
10		N2	行业协会
11		N3	仲裁委
12		N4	公益组织
13	个体群众	I1	专家学者
14		I2	能人贤达
15		I3	志愿者
16	基层自治组织	A1	村/社区两委
17		A2	网格员
18	企业	E1	社区物业

除了网络规模，即网络中主体的数量外，制度设计网络、信息探测网络与信息影响网络之间在密度和中心势等结构特征上也存在显著差异，如表3-6所示。具体而言，制度设计网络的密度最低，仅为0.74，但其中心势在三者中最高，这表明少数几个主体在该网络中占据了核心位置，主导多主体合作关系，并具备较强的信息节点能力。在高度中心化的网络环境下，信息和资源的流动依赖于这些关键节点，因此多主体合作关系的达成亦依赖于处于中心地位的节点。这种结构能够在一定程度上确保信息集中处理及决策传达的高效性，但同时可能导致信息单向流动以

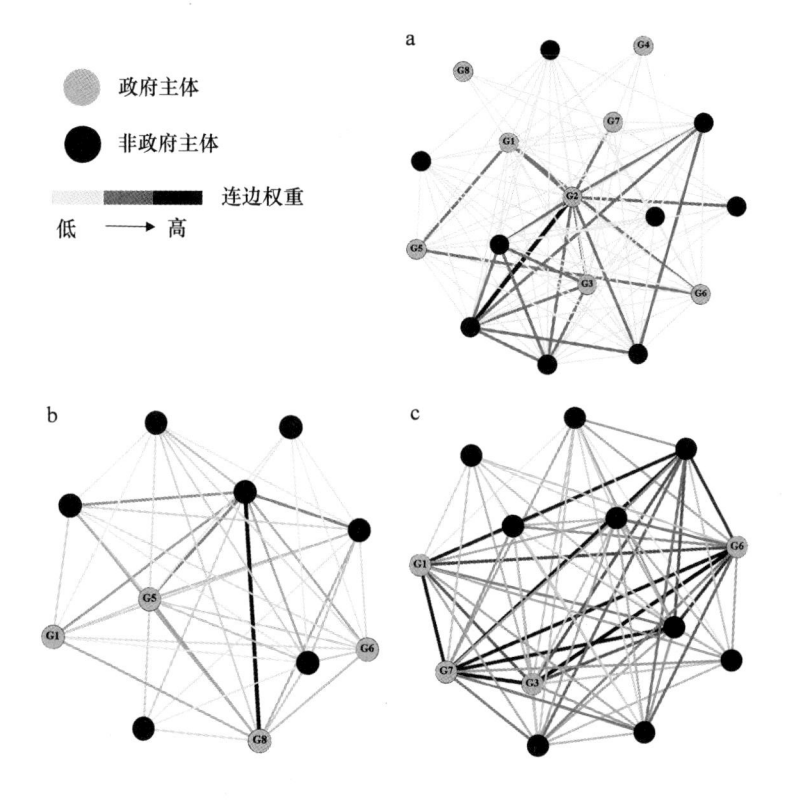

图 3-2　社区矛盾纠纷化解的多主体合作网络

及其他主体参与度降低，从而限制整个合作网络的灵活性与各主体间互动水平。

相比之下，自组织网络中的信息影响网具有最高密度，达到 0.92，而其中心势则最低，仅为 0.09。这一高密度—低中心势结构特征同样适用于信息探测网。此现象表明，在自组织网络内，各主体之间更频繁且平等地进行合作。具体来说，高密度特征反映出各个主体之间紧密协作及频繁的信息共享，而低中心化结构则说明该网络内并不存在明显占据核心位置的重要节点。扁平化的这种结构有助于所有参与者平等地融入和协作，从而增强了整体适应性与弹性，使得每个参与者都能充分发挥自身优势，共同推动目标实现。相比之下，自组织网络中的信息影响网具有最高密度，达到 0.92，而其中心势则最低，仅为 0.09。这一高密度—低中心势结构特征同样适用于信息探测网。此现象表明，在自组织网络内，各主体之间更频繁且平等地进行合作。信息影响网所展现出的高密度特征反映出各个主体之间紧密协作及频繁的信息共享，而低中心化结构则说明该网络内并不存在明显占据核心位置的主体。扁平化的网络结构有助于所有参与者平等地融入和协作，从而增强了整体适应性与弹性。

值得注意的是，在自组织模式下，不同类型机构如政府机构与非政府组织共享节点位置，这一现象在一定程度上改变了由政府主导制度设计网合作模式这一传统观念。这一发现支持学术界对 Hood 框架中新定义的信息节点概念进行重新审视，即数字化和信息化的发展不仅改变了传播方式，还提升了市民的信息收集与传播能力，使得这些重要的信息节点不再是由政府独享优势工具。此外，在矛盾纠纷解决过程中，自组织网中的实践体现出政府与非政府实体平等参与合作，不存在明显主导整体合作关系的重要节点，这进一步强调了不同利益相关方之间相互信任和协作的重要性，有助于形成更加开放、透明且有效的问题解决机制。

表3-6　　　　　　矛盾化解多主体合作网络的结构特征

	制度设计网络	信息探测网络	信息影响网络
节点数量	17	11	13
网络密度	0.74	0.84	0.92
网络中心势	0.30	0.20	0.09
平均路径长度	1.27	1.16	1.01

三　合作网络中各主体角色与功能的动态特征

图3-3对比了三种多主体合作网络中节点的度数中心度与中间中心度，以此反映各主体之间的具体合作关系。对比结果显示，制度设计网络中的节点属性差异显著，尤其在中间中心度方面尤为突出。中间中心度较高的主体位于网络核心位置，在多主体合作关系中发挥桥梁作用，是信息交流与协作的重要枢纽。这些核心节点不仅承担着信息传递的责任，还在资源配置和决策支持上起到关键作用。

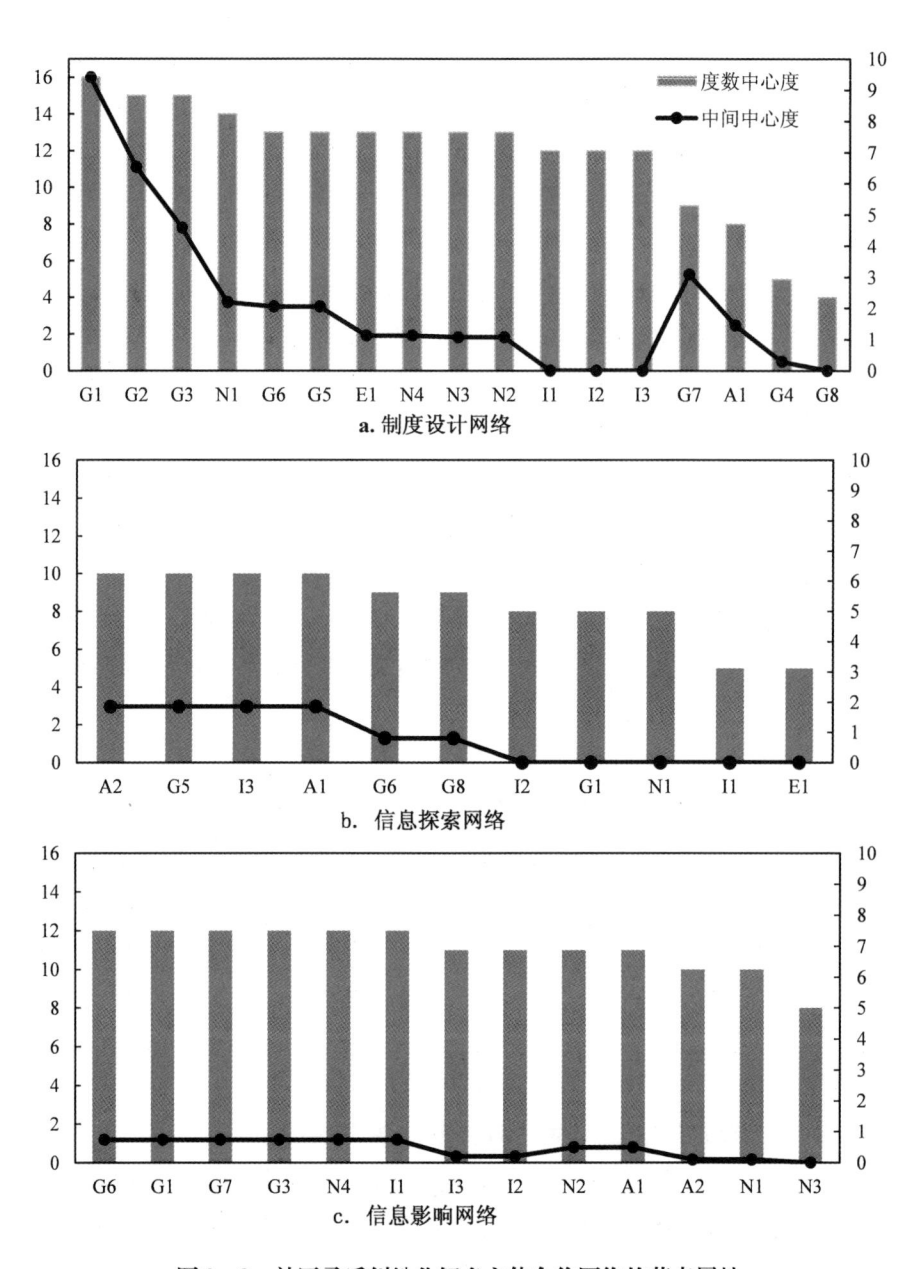

图 3-3　社区矛盾纠纷化解多主体合作网络的节点属性

具体而言，派出所/公安机关（G1）、街道办事处（G2）和法院（G3）是具有最高度数中心度和中间中心度的三个主体，它们与其他主体之间存在频繁的合作关系，并在网络连接及信息交流方面扮演重要的中介角色。公安派出所作为矛盾纠纷调解工作的核心部门，在治安案件调解、和解以及社区、街道衔接联动开展矛盾纠纷排查工作时发挥着重要作用。此外，公安派出所掌握辖区内健全的户籍信息及相关报案数据，因此在社区矛盾冲突的信息探测上具备强大的信息节点能力。这使得其能够及时识别潜在问题并采取相应措施，从而有效预防更大范围内的问题发生。法院则是矛盾纠纷化解工作中的主要司法行政机构，其职责包括引导仲裁机构、法律援助组织，以及组织基层法律服务团队和志愿者，并有责任提供关于调解过程中的法律问题业务指导。因此，在政府职能部门、仲裁机构、志愿者及司法所等多个主体之间起到关键连接作用，使得不同层级之间的信息流通更加顺畅，有助于形成合力解决复杂社会问题。

　　街道办事处作为市辖区、不设区市人民政府派出的机关，负责协调辖区内公安派出所、司法所及村（居）民委员会等单位开展矛盾纠纷化解工作，包括预防、排查和解决辖区内各种矛盾。因此，其在多主体合作网络中承担着主导角色，并负责传达具体工作信息与资源，从而位于该合作网络的核心位置。在这一过程中，街道办事处还需关注居民需求，通过定期召开会议或走访调查来收集反馈，以便调整策略，更好地满足社区成员对于安全感与公正性的期待。尽管村（居）民委员会（A1）和司法所（G7）的制度设计网络中的度数中心度相对较低，但它们却展现出了较高的中间中心度。这表明虽然这两个单位直接联系业务对象数量有限，但它们仍然在关键路径上发挥了连接作用。村（居）民委员会作为基层群众自治组织，在化解居民冲突及社区内部公共事务沟通时起到了至关重要的协调功能。同时，该委员会也积极参与政策宣传，提高居民对于相关法规知识以及权益保障意识，这进一步增强了其影响力。而司法所在街道或社区层面担任最基础级别的司法行政机构，与社区群众直接互动并促进人民调解、行政调解以及行业性专业调解工作的联动，对接政府职能部门、法院及公安派出所以确保有效沟通，为实现公平正义奠定基础。

　　自组织网络各节点之间程度中央性与中介中央性的差异相对较小，各个参与方的位置分布均匀，没有明显占据核心地位。这反映了自组织网络各参与方协作方式上的多样性与灵活性，使得每个参与方能够根据实际需求自主选择是否参与或退出，而不受制于任何一个核心节点。在规模最小的信息探测网络，仅包含 11 个节点，其中村（居）委会（A1）、网格员（A2）、信访部门（G5）以及志愿者（I3）在其程度中央性与媒介中央性的排名靠前，这些单位主要承担着排查和预防阶段的重要职责。他们通过建立常态化的信息共享机制，实现快速响应，有效提升整体治理效率。在这一过程中，各类数据被系统整合，为后续决策提供依据，同时也为公众透明化管理创造条件。

在信息影响网络当中，信访部门（G5）、村（居）委会（A1）和网格员（A2）的程度中央性与媒介中央性均处于较低水平，这说明这些单位的信息收集能力主要体现在搜集隐患资料，即专注于排查并汇总有关社区冲突的信息，从而实现其探测功能。然而尽管该网络中各类政府与非政府单位的节点信息能力较为平衡，但以司法行政类主体如司法所（G7）和法院（G3）在节点指标上却相对靠前，然而这两者未曾出现于信息探测网络中，表明它们在矛盾化解工作中的信息节点能力更加偏重于信息的传递，即提供法律支持与裁决服务。这种情况提示我们，不同类型单位需要明确自身定位，根据任务性质进行合理分工，以提高整体运作效率，两者互补，共同推动社会治理向纵深发展。

四　多主体网络中的主体节点演化

通过文本挖掘与主题模型分析，我们识别出九类具体的矛盾纠纷化解方案，其中三类归属于信息探测方案，六类则涵盖在信息影响方案范畴内。信息探测方案侧重于早期识别矛盾纠纷发生的迹象及潜在风险源的信息搜集，而信息影响方案则着眼于矛盾纠纷的具体化解过程。通过对每个解决方案中合作主体共现情况的深入解析，我们得以揭示多主体合作网络在矛盾纠纷化解中的动态特征，尤其是在特定矛盾内容和环境因素共同作用下，网络中各主体的信息节点如何进行自适应调整。

社区矛盾纠纷化解多主体合作网络中的节点不仅反映了各主体在网络中所承担的角色，还体现了其在信息传递、资源分配及问题解决过程中的关键地位。基于信息节点的双重表现形式，我们综合考虑了合作主体的信息探测作用与信息影响作用，以二者之和来衡量主体的信息节点能力，并对其进行排序。通过对18个主体的信息节点能力进行排名，我们发现，排名靠前的主体往往在网络中扮演核心角色。这些主体不仅在信息传递中发挥枢纽作用，还在矛盾纠纷的信息探测和冲突化解过程中起到重要的主导作用。表3-7中的主体信息节点排序对比显示，自组织网络与制度设计网络之间存在显著差异。在自组织网络中，排名靠前的主体包括基层群众自治组织、政府部门以及个体群众（如A1、G6和I3）。而在制度设计型网络中，信息节点排名前三位的全部集中于政府部门，而基层群众自治组织、群体个体及非政府部门三类主体则相对处于较后位置。

主体信息节点的对比结果揭示了网络结构的深层次差异。在自组织网络中，主导作用的节点涵盖四种不同类型的主体：基层群众自治组织、政府部门、个人及非政府组织。这一发现表明，自组织网络中的主体互动更加平等，各类主体在信息流通与资源共享方面发挥着同等重要的作用。自组织网络中，不同类型主体的信息节点能力差异较小，使得各类主体之间的合作与互动更具弹性，信息流动也愈加自由。这种分散化结构有助于提高冲突解决效率，并在多元参与基础上增强了网络适应性和韧性。相比之下，制度设计下的中心化网络特征限制了非政府主体自主发挥空间，更依赖少数几个政府部门进行决策与资源调配。在此类网络中，主导角色高度集中于政府部门内部，而其他类型主体的信息节点能力相对较低，从而导致资源和权力分配趋向集中，矛盾冲突解决过程亦更多依赖于政府主导。

制度设计网络与自组织网络中主体信息节点的排序差异，深刻反映了社会治理模式的变革。在传统"NATO"框架下，信息节点性作为政府独占优势的政策工具，使得政府部门在信息接收与传播方面拥有主导权。随着社会治理需求日益多样化及治理问题复杂性的加剧，非政府主体参与社会治理的重要性愈发凸显，社会治理工作不再单纯依赖于自上而下的政府主导模式，而是逐步转向共同参与和分散决策的多主体合作方式。在社区矛盾化解的多主体合作实践中，基层群众自治组织及个体居民的信息节点能力显著提升，这一现象体现了多主体合作治理网络从政府主导向多元协同演变过程中的重要变化，也彰显了非政府主体在矛盾冲突解决中的合作潜力，是"发动和依靠群众，坚持矛盾不上交"的"枫桥经验"的具体体现。自组织网络为更多类型的主体提供了参与社会治理的平台，使得治理过程更加灵活且富有多样性，同时增强了各方互动的互惠性。这种从政府主导到多主体合作的转型，不仅提升了治理网络的自适应能力和韧性，更为新型社会治理模式提供了创新思路。

表3-7　　　矛盾纠纷化解多主体合作网络的信息节点排序

主体	自组织网络		制度设计网络	
	信息节点	排序	信息节点	排序
A1	21	1	8	7
G6	21	1	13	4
I3	21	1	12	5
A2	20	2	0	10
G1	20	2	16	1
I2	19	3	12	5
N1	18	4	14	3
I1	17	5	12	5
G3	12	6	15	2
G7	12	6	9	6
N4	12	6	13	4
N2	11	7	13	4
G5	10	8	13	4
G8	9	9	4	9
N3	8	10	13	4
E1	5	11	13	4
G2	0	12	15	2
G4	0	12	5	8

五　政府主体与非政府主体的信息节点演化

在多主体合作网络中，政府部门被归类为政府主体，而其他类型的主体则视为非政府主体。通过比较两类主体在制度设计网络与自组织网络中的信息节点排序差异，可以反映出各主体节点能力的变化；差异越大，表明该主体在矛盾纠纷化解实践中的节点能力提升越显著（见图3-4a）。研究结果显示，共有五个主体的节点能力有所增强，其中四个为非政府主体：网格员（A2）、社区委员会（A1）、志愿者（I3）和能人贤达

（I2）。相较之下，除政府职能部门（G6）外，其余所有政府主体的节点能力均出现下降。这一现象可理解为两类主体的信息节点能力变化，即原本以政府为主导的信息节点，在实践过程中部分转移至非政府主体。这意味着，在社区矛盾纠纷化解实践中，政府给予民众、基层群众自治组织及非政府组织一定程度的自主空间，从而促进了非政府主体信息节点能力的增强以及多元化合作模式的发展。信息节点从政府向非政府实体转移契合了社区矛盾解决的实际需求。已有研究指出，矛盾冲突包含两种基本要素：一种是纯粹情感因素，另一种则与具体任务内容相关[1]。在处理与冲突相关的具体任务时，作为公共权威和资源提供者，政府具有明显的信息优势；而在情感关怀及情绪疏导方面，由于其在人际关系上的优势，非政府实体更易获得双方当事人的信任。在这一背景下，各方信息节点变化不仅提升了社区矛盾化解过程中的自治水平，也反映出治理结构朝着更加多元和包容方向发展的趋势。在社区矛盾纠纷解决过程中，通过平等且灵活的合作方式，政务与非政务参与者共同应对复杂问题，实现资源有效配置及信息互补。这一转变为我们理解并改进社会治理提供了新的视角，并在当前社会变革与挑战日益增多的大环境下具备重要理论及实践意义。

在对矛盾纠纷化解具体方案中的信息节点能力进行分析时，我们识别出两种主要的多主体合作策略（见图3-4b）。第一种策略是非政府主体之间的协作，主要体现在情感调解和心理咨询这两个信息影响策略中，参与这些策略的主体均为非政府组织。在社区矛盾调解过程中，情感调解与心理咨询要求与社区居民进行面对面的互动交流，在信息传递方面更倾向于传统伦理道德、家庭美德及社会公德等内容，并通过情感交流和深入对话等方式消除矛盾双方的心理障碍与对立情绪，从而获得其对介入矛盾化解过程主体的情感认同。在社区环境中，由于熟人氛围较为浓厚，本地能人贤达及社区工作者等非政府主体对于社区内的人际问题有着更深刻的理解，相较于政府机构而言，他们在与居民沟通互动方面具有明显的熟人熟地优势。

---

[1] N. Lehmann-Willenbrock, A. Grohmann, S. Kauffeld, "Task and Relationship Conflict at Work", *Uropean Journal of Psychological Assessment*, Vol. 27, No. 3, 2011, pp. 171-178.

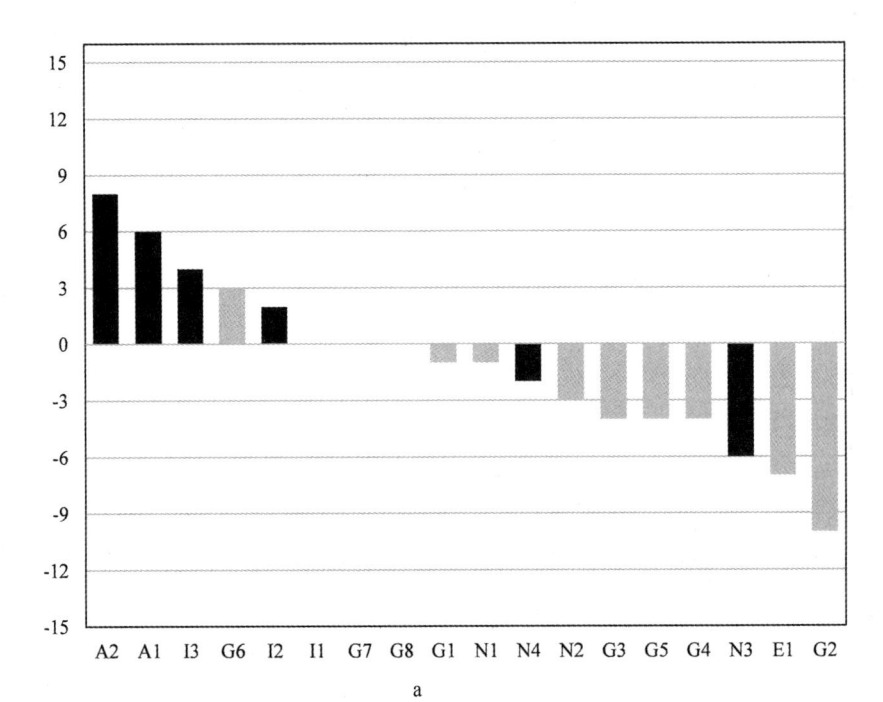

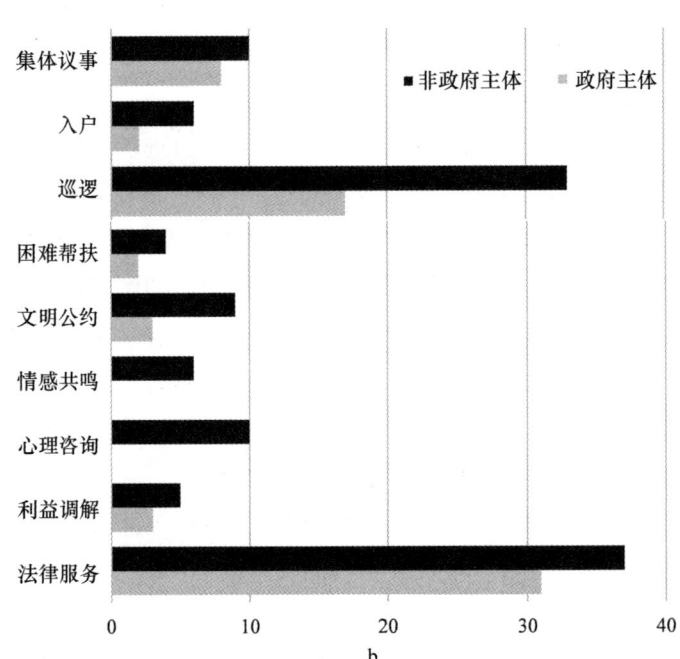

图 3-4　矛盾纠纷化解主体的信息节点排序变化及其在具体策略中的分布

第二种策略是非政府主体与政府之间的跨主体合作，涵盖信息探测与信息影响两类策略，其共性在于非政府主体的信息节点能力高于政府主体。这一策略体现为在政府指导下的多方协作。具体而言，政府在矛盾化解工作中提供必要的资源支持和业务指导，而具体的化解过程则由非政府主体自主进行合作与协调。在此背景下，社区治理的自主性和能动性得以增强，并直接反映为非政府主体信息节点能力的提升。这种跨主体合作不仅限于传统意义上的资源共享，还包括知识、经验及技术等方面的信息交流。通过建立有效的信息沟通机制，各参与方能够及时获取所需的数据，从而提高决策效率。此外，这种合作模式还促进了不同领域专家之间的互动，使得各自专业知识能够相互补充，为问题解决提供更全面的方法论支持。在实际操作中，非政府组织可以发挥其灵活性和创新能力，通过开展各种形式的活动，如研讨会、培训班以及公众咨询等，提高社区成员对相关政策及措施的理解。同时，这些活动也有助于收集基层反馈，将民众声音传递给决策者，从而形成良性的互动循环。

第五节　实证小结与管理启示

本部分探讨了社区矛盾冲突化解中的多主体合作网络。首先，通过 BERTopic 模型对案例集中的矛盾内容、主题及关键词进行了系统分类，共识别出四个主要矛盾主题，强调家庭冲突从情感纠纷升级为自杀或凶杀的演变趋势，以及法律服务不完善在土地资源类矛盾纠纷中所带来的突出隐患。社会网络分析揭示了制度设计与实践过程中的主体角色功能及其间合作关系的转化。尽管基层矛盾纠纷多元化解条例为参与社区矛盾纠纷化解的各主体设立了统一职责定位与多主体合作机制，但在具体工作实践中，各主体的功能发挥和相互之间的合作关系仍具有一定程度的自适应调整能力，以响应社区矛盾纠纷化解日益多样化的需求。从制度设计网络到自适应网络的调整主要体现在三个维度：网络规模、结构与节点属性。在矛盾纠纷多元化解制度设计中，多主体合作网络呈现出以政府部门为主导的中心化结构，而在实际解决过程中，多主体互动关系则更加平等且丰富，政府与非政府主体通过广泛而平等地协作共生，实现去中心化的发展模式。社区矛盾纠纷解决自组织网络去中心化结构体现了政府与非政府主体共享信息节点,这也是对传统"NATO"框架下信息节点概念的重要更新,即,信息节点不再是由政府独占优势政策工具,非政府主体的信息节点能力提升有助于推动社区自治,提高多方合作适应性和灵活性。本研究相关结论在以下几个方面为社区管理者和政策制定者提供理论参考。

(1)多主体合作的去中心化趋势。在社区矛盾纠纷的化解过程中,传统以政府为核心的合作模式正向去中心化的多主体协同发展转变。这一变化不仅反映了社会治理理念的更新,也体现了对基层参与和自治能力提升的重视。基层群众自治组织、地方能人及志愿者等非政府主体在信息探测与影响方面的重要性日益凸显,他们具备了政府所不具备的人际熟悉优势和社会信任资本,这使得他们能够更有效地识别和理解社区内部的问题。此外,政府与非政府主体共享信息节点,有助于促进资源互补,提高矛盾化解效率,从而实现更高效、更灵活的治理模式。

(2)信息节点概念的更新。社区矛盾纠纷解决中的多元合作自组织网络表明,政府与非政府主体在合作中平等地共享网络位置,不存在少数主导节点占据网络中心地位。这种结构促使各方能够充分发挥自身优势,共同应对复杂问题。因此,管理者应重新审视政府在社区矛盾化解中的角色,并适当下放部分节点的信息与资源给非政府主体,以增强整体协作网络的协同效应。同时,通过建立更加开放的信息交流机制,可以进一步提高各方之间的信息透明度,从而减少误解和冲突。

(3)情感因素与任务因素在矛盾纠纷中的分解。社区矛盾纠纷由情感因素和任务因素构成,其中前者涉及个人及家庭私密问题,需要发挥非政府主体特别是社区工作人员、能人贤达以及志愿者等熟人社会网络的信任优势,以消除双方之间的排斥和对立情绪。这些非正式关系往往能够提供更为细腻且富有同理心的方法来处理敏感问题。而后者通常关联利益、法律等公共事务,需要依赖于政府在公共资源及权威方面的核心优势,以促进具体问题得到妥善处理。在此背景下,将两类因素进行有效区分并采取相应策略,对于全面提升矛盾解决效果具有重要意义。

(4)法律服务在冲突解决中的关键作用。法律服务作为社区矛盾冲突化解策略中最重要的信息节点,是解决争端的重要手段,其专业性可以帮助当事人在复杂情况下做出合理决策。此外,法律服务的不健全以及执法过程监督的不完善，也可能成为土地、资源类矛盾升级演变的严重隐患。因此，在预防与化解社区矛盾时，应重视法律服务可及性的提升，包括增加法律咨询渠道、优化办事流程，以及加强相关人员培训，以确保居民能够及时获得必要的法律帮助和咨询。同时，通过普法教育，提高居民对法律知识储备，使其了解自己的合法权益，从而有效预防并减少潜在冲突，为建设更加稳定、有序、安全的社区环境奠定基础。

第六节 群体—时间维度风险动态的典型社会现象：心理台风眼效应与邻避效应

风险感知是人们对客观风险的主观认识和直觉判断，本质是一个动态变化的过程，受到风险事件不同发展阶段和个体属性及状态差异的双重影响，并通过作用于人的行为来影响风险的客观发展过程。风险系统中影响风险感知的因素主要存在于群体和时间维度。时间维度上的动态性主要表现为在客观事件发展的不同阶段，人们对风险内容与程度的感知会有所变化；群体维度上的动态性主要表现为对于同一个风险事件，不同群体或不同利益相关者的风险感知不同，并且群体之间的交流互动会对风险感知产生影响。本节将对风险感知中经典的心理台风眼效应与邻避效应进行介绍，通过具体的案例来深入剖析风险感知的动态特征。此外，对风险主观感知的研究也是对风险客观系统整体动态的重要补充，有利于从主客观两个方面形成对风险动态特征的全面刻画。

一 心理台风眼效应的概念内涵

气象学上的台风眼是指在距离台风中心 10km 以内的区域空气旋转速度慢、风力微弱，而台风眼外围的空气则极速旋转，风力较大。心理台风眼效应把气象学上的这个概念应用到了心理学领域，认为在灾难发生中心区域的个体心理反应比外围的个体更加平静，即距离高风险地点越近，心理恐慌感越低、表现越平静。这一效应揭示了物理距离带来的风险感知、心理忧虑以及行动策略等方面的差异，并且在自然灾害、安全突发性事件以及邻避型事件等问题的解释和处理中都得到了证实和应用。现有研究主要发现了三类心理台风眼效应，分别是地理距离心理台风效应、关系距离心理台风眼效应和参与程度心理台风眼效应。

地理距离的心理台风眼效应是由中国科学院心理研究所研究员李紓等人最早发现并命名的，他们以2008年中国汶川地震中的灾区居民、非灾区居民为研究对象，分析地震发生一个月后，人们对安全和健康的担忧状况。研究发现，灾民对自身健康和安全状况的担忧程度和与遭受到的破坏程度负相关。居住地破坏最严重区域的居民在暴发流行病的可能性、需要的安全措施和心理工作者的需求三方面的估计最低。这一结果说明靠近地震中心的灾民具有更强的灾后心理恢复能力，地震中心区域的居民对灾后健康和安全的担忧是最少的[1]。灾害发生后，不仅仅影响受灾地区的居民，那些远离灾害中心的人也会产生有关灾难的心理压力[2]。地震对于当地居民而言是一件不幸的事，但是灾民的心理反应却与心理学上通常所认为的不幸事件引发的心理涟漪效应（ripples effect）相反。这种由地理距离差异带来的看似矛盾的心理现象在核电站、核反应堆[3]等设施的建设中同样存在，居民对核威胁的担忧程度与距离负相关，越靠近的居民心理担忧程度越低。这些现象表现出了同样的规律：自然暴露在危险刺激环境下的居民，他们的心理免疫能力更强。

参与程度的心理台风眼效应是由中国科学院心理研究所郑蕊研究员等人在矿区村民对采矿风险的感知调查中发现的，该研究发现开矿活动参与度较高的村民（例如矿主、矿工）对开矿的风险感知最低，那些参与度较低的人（例如有家人从事开矿工作、一般村民）对采矿的风险感知度较高[4]。

关系距离心理台风眼效应是在验证心理台风眼效应的稳健性的时候发现的。李紓研究员及其团队成员在地震发生一年后针对地震灾民和非

---

[1] Li Shu and Rao Li‐Lin, "Psychological Typhoon Eye in the 2008 Wenchuan Earthquake", *PLOS ONE*, Vol. 4, No. 3, 2009, e4964.

[2] Schuster M. A., Stein B. D., Jaycox L., "A national survey of stress reactions after the September 11, 2001, terrorist attacks", *New England Journal of Medicine*, Vol. 345, No. 20, 2001, pp. 1507–1512.

[3] Maderthaner R., Guttmann G., Swaton E., et al., "Effect of distance upon risk perception", *Journal of Applied Psychology*, Vol. 68, No. 3, 1978, pp. 380–382.

[4] Rui Zheng, "The more involved in lead‐zinc mining risk the less frightened: A psychological typhoon eye perspective", *Journal of Environmental Psychology*, Vol. 44, 2015, pp. 126–134.

灾区居民进行了一项跟踪调查,发现调查对象与在地震中遭受了损失的灾民关系越近,他们对地震造成安全和健康问题担忧程度越低[1]。除了这类灾难性的事件,在欧洲一项关于海产品的消费者食品安全感调查中,也发现了类似的心理台风眼效应:那些居住地距离海岸线20km以内的居民对海鲜和海洋环境的风险感知更低[2]。

但是也有一些与心理台风眼效应完全相反的风险情景。一项关于渡船事故对船员心理状态的伤害的研究结果与关系距离心理台风眼效应相反,研究发现没有直接受到灾难影响的人也会产生与灾难相关的心理压力,当他与受害者的关系比较近时(例如亲属、同事),这种影响更加显著。这可能是因为他们受到了人际关系压力的影响[3]。在关于公众对空气污染的风险感知研究中,发现这类事件在地理距离、参与程度和关系距离三个版本的心理台风眼效应均相反。在空间维度上,暴露于空气污染的人具有较高的风险感知;在参与维度上,遭受过空气污染的人具有较高的风险感知[4][5];在时间维度上,处于空气污染严重期内的人具有较高的风险感知[6]。这些现象不符合心理台风眼效应"越靠近,越平静"的规律。此外,对自然灾害、恐怖袭击、突发事故、污染设施等类型的风险事件的研究发现,与灾难中心的物理距离、与直接受害者的关系距离以及在风险事件中的参与程度等方面的差异都会产生心理台风眼效应。

---

[1] Li Shu, Rao L. L., Bai X. W., "Progression of the Psychological Typhoon Eye and variations since the Wenchuan earthquake", *Plos One*, Vol. 5, No. 3, 2010, e9727.

[2] Silke Jacobs, "Consumers' health risk – benefit perception of seafood and attitude toward the marine environment: Insights from five European countries", *Environmental Research*, Vol. 143, 2015, pp. 11–19.

[3] Penny Dixon, "Peripheral victims of the Herald of Free Enterprise disaster", *British Journal of Medical Psychology*, Vol. 66, 1993, pp. 193–202.

[4] Ban J., Zhou L., Zhang Y., "The health policy implications of individual adaptive behavior responses to smog pollution in urban China", *Environment International*, Vol. 106, 2017, pp. 144–152.

[5] Xiaojun Liu, "Public's Health Risk Awareness on Urban Air Pollution in Chinese Megacities: The Cases of Shanghai, Wuhan and Nanchang", *International Journal of Environmental Research & Public Health*, Vol. 13, No. 9, 2016, p. 845.

[6] Wang S., Paul M. J., Dredze M., "Social Media as a Sensor of Air Quality and Public Response in China", *Journal of Medical Internet Research*, Vol. 17, No. 2, 2015, e22.

二 心理台风眼效应的机理分析

目前对台风眼形成机理的分析主要是心理学领域的研究，试图从认知失调理论、心理免疫理论等角度对这种效应的产生、作用机理进行解释，发现它们的共同点在于通过直接影响人们的风险感知，进而间接影响人们的决策行为。人们的风险感知受到风险事件本身的特征、个人认知能力、情绪水平、风险信息的传播方式与信息结构等多种因素的影响，认知失调理论和心理免疫理论能够在一定程度上解释风险感知的差异，但是当风险感知与不同类型的心理台风眼效应相结合时，这些理论在适用性和解释度方面却表现出了无效性。

心理免疫理论和认知失调理论可以为这种与我们常识相悖的心理台风眼效应提供一些解释。心理免疫理论认为人们通过与不良影响的事件反复接触，可以提高对它的抵抗力[1]；认知失调理论则是指当人们面对的外部环境与自己内在认识不相符合（不协调）时，由于无法改变外部环境，而会通过改变自己的内在认知来消除这种不协调，即无法改变世界，就改变自己。距离灾害中心近的这些居民，他们是自然暴露在危险的刺激下，地震灾民、核反应堆附近的居民都无法在短期内对环境本身作出改变，并且自身由于地理位置的限制长期处于危险的刺激下，他们会增强对风险的心理免疫力；同时，内心对安全的追求和外部环境危险的刺激带来的不协调，也会促使他们调整对风险的认知、降低风险估计来缓解这种不平衡。但是，这两个心理学的理论仅仅适用于地理距离台风眼效应，无法解释其他类型的心理台风眼效应。例如，心理免疫理论在无法解释职业风险感知中的心理台风眼效应，对于已经遭受过灾难的船员不会因为反复暴露在危险刺激中而减轻恐惧情绪，那些幸存的船员继续从事三年同样的工作以后，他们的心理状态甚至还恶化了[2]。认知失调理论无法对参与版本的心理台风眼效应提供解释，因为具有不同风险感知

---

[1] Henderson A. S., Montgomery I. M., Williams C. L., "Psychological immunisation, A proposal for preventive psychiatry", *Lancet*, Vol. 299, 1972, pp. 1111–1113.

[2] Leopold R. L., Dillon H., "Psycho–anatomy of a disaster: A long–term study of post–traumatic neuroses in survivors of a marine explosion", *American Journal of Psychiatry*, Vol. 119, No. 10, 1963, pp. 913–921.

的对象之间的认知失调水平是一样的：采矿会产生污染、村民只能继续居住在附近。因此，认知失调理论、心理免疫理论对心理台风眼效应的解释还需要进一步研究，心理台风眼的形成与作用机理也需要进一步探索。

此外，从风险信息获取与传播的角度出发，还可以为心理台风眼效应提供另外两种解释。一是以个体经验为核心的"风险源中心缓冲效应"[1]，即不同风险等级区域中的民众对灾害事件具有不同程度的知识经验，轻度风险地区及非灾区的民众主要通过媒体获取相关信息，重灾区的民众则主要通过对灾难事件的直接经历获取相关信息，后者形成的风险认知更加客观，并且能够在一定程度上矫正因信息模糊造成的心理恐慌；而是以信息传播为核心的风险放大效应，即风险事件经过各类途径传播后至轻度风险地区及非灾区后会产生"放大"效应，而重灾区的民众则能够自动对放大后的风险信息进行矫正[2]。

三 邻避效应的概念内涵

邻避效应是针对邻避设施（Not In My Backyard）而言的一种公众风险感知和行动策略，指当地民众因为担心设施的潜在风险会对自身的利益产生负面影响而产生的厌恶情绪和反对态度，主要表现为抵制设施建设在自家周边和要求相应的赔偿。

"邻避"设施是指人民生活和社会发展必不可少、能够带来整体性的社会福利，同时又会对当地的生活环境、居民生命健康与经济财产等方面带来负外部效应的公共设施和工业设施，主要包括环保型邻避设施、风险集聚型邻避设施和心理不悦型邻避设施三类。环保型是指设施本身具有一定的环境污染特性，或在运营过程中会不可避免地造成生态破坏和环境污染，例如垃圾填埋场、焚烧发电站等；风险聚集型是指设施的建设、运营和维护需要专业知识保障，且设施本身的技术、安全和风险均具有高度的不确定性，例如核电站、化工厂等；心理不悦型是指设施

---

[1] 谢晓非：《SARS 中的心理恐慌现象分析》，《北京大学学报》（自然科学版）2005 年第 4 期。

[2] 谢晓非：《心理台风眼效应研究综述》，《中国应急管理》2012 年第 5 期。

本身不会造成直接的经济与环境损失，但会触犯文化禁忌或不符合价值认同，例如殡仪馆、火葬场、精神病院等。负外部性和成本效益不均衡性是邻避设施的显著特点。前者是指设施本身的修建和运营会对当地的资源环境、居民健康、经济发展和文化认同等造成不利影响，后者是指邻避设施所在地的民众承担了绝大部分的负外部性效应，而设施产生的利益却由社会大众共享，由此造成的相对剥夺感将使当地民众产生维护自身利益的动机，并将随着"维权"动机的增强而演变为群体性抗争。

四 邻避效应的特征与成因

邻避设施通常在建立之初就会遭到当地居民的抵制，或在建设和运行过程中因暴露出问题而引发更强烈的群体性抗争，这种由当地民众发起的抵触、抗拒、破坏等行为被称为"邻避冲突"。发起抵触运动的人一般处于一个共同的地域范围内，容易基于一定的地缘关系形成相对稳定的社会网络，从而引发群体性的抗争行动，这类行动中的成员具有较大的社会压力，因为不参与行动而坐享行动成果的人会被认为是搭便车者，并且也会担心由于不参与行动而错过某些好处或补偿。

邻避冲突是公众对政府不信任的外在表现形式。在决策科学化的要求下，政府对邻避设施的相关决策一般建立在专家论证和第三方评估的基础上，但专家和公众的风险判断存在较大的差异。在判断角度方面，专家倾向于从客观测量的角度，以统计和测量为判断的基础，民众倾向于从主观感受的角度，以个人和社会利益的潜在损失作为判断的主要标准；在判断方法方面，专家强调利用科学方法进行推理和实验，并遵循相关理论和作用机理的指导，民众则强调通过对政治文化的审视、对执法过程和民主过程的监督来调整主观认知；在判断依据方面，专家对风险进行判断的主要依据是相关的知识和理论，或依据科学方法的推理和论证，公众的风险判断则更多是基于自身的人格特质、心理图示和外来经验。公众和专家在风险感知方面存在诸多差异，当二者的认知不一致时，邻避设施当地的民众会认为专家是在为政府决策的科学性作辩护，并且把政府、开发商和专家看作是利益共同体，自己则是相对的利益受损方。风险感知的差异性和利益方向的不一致会导致公众将政府、专家和开发商置于对立面，对专家和政府的解释不信任，对开发商的方案不认可，进而表现为维护自身利益的抗争和冲突。

利益诉求、风险感知和风俗传统是造成邻避冲突的主要因素，包括单个因素的主导作用和多个因素的交互作用。利益诉求是存在于各类邻避冲突中的重要影响因素，一方面是因为设施的负外部性和成本效益不均衡性会损害当地民众的切身利益，另一方面是因为民众希望通过这种"讨价还价"过程为自己争取更多的实质性补偿；风险感知会影响公众对邻避设施的认知和态度，公众对邻避设施的抵制反映出了公众对其潜在风险的担忧，高不确定性、高危害性的风险最容易引发公众的恐慌和抵制，其中最典型的邻避设施是核电站与PX项目。此外，由于缺乏相应的知识来评价现实风险，公众对邻避设施的风险存在非理性的认知，且容易受到情绪的左右和舆论、谣言的误导而夸大风险、加剧恐慌；风俗传统这一影响因素主要存在于心理不悦类邻避设施中，当地民众会因为污名、耻辱等影响而抵制设施的建设，此外，这种因不符合传统风俗而建立的邻避设施会间接影响当地的房价等切实利益。

新型邻避效应方兴未艾，超出传统邻避设施的范畴。传统的邻避效应主要存在于有形的项目建设中，强调当地民众反对有负外部性的设施建在自家周围，不愿意为公共的社会福利而无偿牺牲自身的利益。随着社会信息化水平的提高和通信网络的发展，邻避效应也适用于某项政策或社会提案的试行。2019年我国开始在试点城市推行的垃圾分类政策，上海市是我国首个通过人大立法强制推行垃圾分类的城市，上海市民对垃圾分类政策的舆论表达，是一种以新媒体为媒介的新型邻避效应。从2019年6月开始宣传政策到7月正式推行垃圾分类，上海市的垃圾分类政策与实施情况吸引了全国人民的"强势围观"和讨论，"你是什么垃圾""垃圾分类逼疯上海人""史上最严分类措施""垃圾分类满月考"等一度成为微博、微信等网络社交平台的热议话题，这其中既有上海市民的自嘲和抱怨，也有其他省市民众的担忧甚至反对。垃圾分类所带来的好处将造福全社会，但由此带来的成本却全部由上海市民承担，这个成本一方面是垃圾分类所消耗的时间和精力，另一方面是违反规定所导致的罚款，这种由当地人承担负外部性，全社会分享利益的特点与邻避设施十分相似。与传统邻避效应不同的是，上海市民不是群体性地抵制政策的实施或发生邻避冲突，而是产生了成本效益不均衡所带来的相对剥夺感的类似心理，并通过网络和新媒体等渠道进行表达。另一类新型的邻避效应被称为社区邻避效应，表示城市市民对外来农民工的接纳程度，一项关于南京市民对农民工接受度的调查显示，当某小区的农民工居住比例超过 13.33% 时，则会有 5.04% 的市民表示不能接受，0.54% 的居民想要搬走，仅 16.55% 的居民不介意小区中农民工居住的比例。本地市民对农民工的态度倾向于愿意接纳他们来工作和生活，但与农民工相距最近的同一个社区的居民却不愿意和他们长期居住在同一个社区或近距离接触（如做邻居、朋友等），市民主要存在"影响孩子成长""缺乏安全感""不太好相处"等方面的担忧。社区邻避效应既没有强烈的抵制和对抗冲突，也没有明显的抱怨情绪，而是身份认同与社交融合方面的排斥。农民工进城所带来的经济、社会等方面的利益由农民工群体和社会共享，而相应的成本却由当地社区居民承担，例如生活环境的宁静状态被打破、心理舒适度降低等。

邻避效应突破空间限制，形成连锁反应。传统对邻避效应的关注只局限于以邻避设施为中心，一定半径内的范围，如今随着社会信息化水平的提高和信息传播速度的加快，某项邻避设施及其安全事件的影响已经突破了地域的限制，并形成了一系列的连锁反应。2007 年，福建省厦门市居民率先对海沧半岛计划兴建的对二甲苯（PX）项目进行抗议，大连（2011 年）、宁波（2012 年）、茂名（2013 年）等地随即发生了抵制 PX 项目的群体性事件。2019 年 3 月江苏盐城响水化天嘉宜公司的重大爆炸事故造成了严重的人员伤亡和经济损失，并引起了当地民众极大的恐慌情绪，消息公开后，迅速在全国范围内掀起了一阵舆论热潮，不少民众开始担心自家居住地附近化工厂、核电站等邻避设施的安全问题，引发了不同程度的紧张和焦虑。响水化工厂爆炸事件发生后一个月，一项关于不同地区化工厂中心区域民众对该企业风险感知的调研数据显示，因化工厂存在而产生严重心理紧张（1—7 分，1 表示无所谓，7 表示非常紧张，5—7 分被视为严重紧张）的人群比例高达 66.48%，并且不支持工厂的建设或运营。此外，民众在某一邻避设施抗争中的胜利会影响其他地区民众对邻避设施的接受度，其主要表现为取消设施立项意愿的增强和对预期利益期待值的增加。民众对邻避设施抵制的背后是利益的博弈和对风险不确定性的担忧，风险感知会对个体或群体的行为选择产生直接的影响，风险感知程度越高，越有可能采取自我保护行动，其中最直接的表现就是出于维护自身利益而产生抵制情绪和邻避冲突。一项关于浙江省某地居民对核电站接受程度的调研发现，当地民众抵制核电站建设的一项重要原因是政府给予的补偿没有达到他们的预期，而他们的预期是否来自对其他邻避设施中群众利益所得的参考和博弈经验的借鉴，则是有待研究的问题。

五　邻避效应与心理台风眼效应的区别与联系

邻避效应和心理台风眼效应是有关公众风险感知的两种截然相反的现象。二者的区别主要在于处于风险中心区域的人对风险的接受或抗拒程度，邻避效应主要表现为中心区域恐慌、抵制风险设施，心理台风眼效应则主要表现为中心区的民众面对风险时比外围民众更加平静。两个效应的表现形式虽然相反，但并不是完全对立或不可共存的，在一些邻避项目中，会同时出现邻避效应和心理台风眼效应，并且随着项目的推进会出现两种效应之间的转换现象。

邻避效应与心理台风眼效应会共同存在于某一风险事件中。2013年4月，广东省江门市计划与中核集团合作打造"一站式"的核燃料加工产业链，集中建设铀纯化转化、铀浓缩、核燃料元件制造等设施，并确定选址于鹤山市址山镇大营工业园区。为了推进项目的建设，当地已经进行了农民土地征用、社会风险评估等前期工作，7月4日，《中核集团龙湾工业园项目社会稳定风险评估公示》发布，反对声音开始出现，7月13日政府被迫宣布项目不予申请立项。调研发现，民众的反对主要来自对辐射诱发癌症的担忧，但是核电人却指出，天然铀自身的辐射水平很低，工业园的工作人员一年受到的辐射剂量仅相当于照一次X光。此外，反对意见最强烈的并非当地的民众，反而是来自周边城市（如佛山、中山、广州、深圳等地）的民众，他们表现出强烈的恐慌情绪。这个案例中民众的风险感知包含了邻避效应和心理台风眼效应，当地民众曾组织了一次持续一周的游行抗议活动，这是典型的由邻避效应引发的邻避冲突，而民众与工作人员对核辐射的风险感知差异，以及周边城市比中心区域反对更强烈的现象则是心理台风眼效应的表征。

邻避效应与心理台风眼效应会随风险事件的发展而转换。环保型邻避设施中的民众风险感知在时间维度上存在较为明显的变化，1988年美国北卡诺那州计划修建一个垃圾填埋厂，在修建之初，距离填埋厂4800米范围内的居民都强烈反对该设施的修建，表现出典型的邻避效应，但设施建成以后，当地居民的担忧程度反而降低了。一项关于葡萄牙波尔图居民对垃圾焚烧厂风险感知的调查发现，在焚烧炉厂修建之前，在居住地靠近选址区域的居民中出现了明显的邻避效应，而在设施修建完成后，这些中心区域居民的风险感知水平明显降低、风险感知逐渐稳定，并且比距焚烧厂较远的外围居民的心理状态更稳定，中心区域和外围区域的民众风险感知呈现出了心理台风眼效应。对于距焚烧厂较远的外围居民而言，当焚烧厂投入使用之后，他们的风险感知是一种主观预测，与中心区域的居民在设施修建前的担忧类似；对于距焚烧厂距离更近的居民而言，时间和距离对他们风险感知的影响都更为明显，且中心区域的居民表现出明显的"习惯效应"，类似于心理台风眼效应中的心理免疫与认知失调。

第七节　风险感知的心理效应与社会治理

一　邻避和心理台风眼效应的治理困境

政府对邻避设施的治理存在信任困境、参与困境、发展困境和认知困境。信任困境表现为民众对政府的不信任，民众、政府、开发商等利益相关方的信任鸿沟以及开发商对民众的不信任；参与困境表现为民众在邻避设施建设全过程的参与缺失，特别是在建设选址和环保评估环节的参与缺失，这是民众质疑政府决策、造成信任困境的重要因素，但由于民众认知水平、知识储备等方面的局限，如何保证参与的质量和方式是一个尚待回答的问题；发展困境表现为在短期内无法实现各方的效益最大化，即一方的发展不可避免地会损害另一方的既得利益，这种困境集中体现在经济发展和环境保护二者的矛盾中；认知困境表现为民众、政府、专家、厂商等各方对邻避设施的风险认知存在较大差异，通常表现为民众由于缺乏相关知识和受舆论、谣言影响等原因而夸大对风险的感知，对邻避设施的认知与政府、专家和开发商均不一致，从而降低对设施的接受度。

政府对风险事件的治理容易忽略心理台风眼效应。现实案例和理论研究均表明，心理台风眼效应和邻避效应可能会同时存在于某类邻避设施或风险事件中，但是政府对这类问题的处理往往只关注邻避效应，影响了治理的有效性。2006年，山东石岛拟修建核电站，消息公布后引发了群众的强烈反对，最终导致了该项目重新选址并搬迁，造成了较大的经济损失和社会损失。事件发生以后，调研团队发现当时反对最强烈的并不是核电站原址的居民，而是来自在当地购房的北京居民，他们担心核电站会给房价带来负面影响。然而，政府在当时却没有意识到这个问题，将工作重心更多地放在了处于"台风眼"的当地居民身上而忽略了外围群众的这一重要影响因素。2013年广东省江门市核燃料项目因群众反对而被迫下马，在冲突中还造成了群众和执法人员的肢体摩擦，对社会秩序产生了极大的破坏，后来调研发现，反对声音主要来自距离江门50km以外的中山、广州、佛山等地而非江门本地，而这却是政府在应对初期所忽略的因素。随着社会信息化程度的提高，民众在面对邻避设施等风险事件时通常会通过微信群、QQ群等渠道进行信息的交流和共享，网络社交平台极大地突破了地理距离和地缘关系的限制，且容易造成舆论的发酵和恐慌情绪的升级。2014年，杭州九峰垃圾焚烧发电项目选址信息公开后曾引发了大规模的群众反对和邻避冲突，九峰周边一些楼盘业主和"环保"人士首先通过微信群、QQ群等社交网络平台交流信息、商量对策，这些所谓的"维权群"数量高达几百个，吸引了大量的民众，有的成员高达2000人，大量具有煽动性的言论迅速左右了民间舆论场，给项目的进行造成了巨大阻碍。事后发现群内的意见领袖和"环保"人士发挥了主导作用，并散布了大量引起民众恐慌的信息。而这些意见领袖和维权人士是否以九峰本地人为主，抑或是由九峰外围的民众构成，则是需要进一步研究和验证的问题。

二 推动邻避效应向心理台风眼效应转换的意义

促进邻避效应向心理台风眼效应转换是经济发展现实需求。习近平总书记提出，社会经济发展和民生保障改善所急需、选址科学、手续完备、补偿发展到位、风险总体可控的项目要"该干的就干，该早干的就不要拖下去"。邻避效应若没有得到妥善处理，则会引发邻避冲突，而所有的邻避冲突都会扰乱社会秩序，造成巨大的损失，阻碍经济的发展。2013年，中核集团在广东江门市鹤山龙湾工业园投资建设核燃料厂的项目的流产，导致当地每年损失税收30亿元，工业产值损失近400亿元。宁波PX项目的终止导致约558.73亿元的损失。此外，一些国际合作项目也因为民众的反对而下马，不仅造成经济损失，还给国际关系带来了一定的影响。2009年，中缅两国政府签署《关于合作开发缅甸水电资源的框架协议》，其中包括了由中国电力投资集团在缅甸投资建设的密松水电站项目，但当地政府迫于民众压力于2011年宣布暂停该项目，2013年该项目的停工，导致中国电力投资集团损失73亿元，而且后续损失还在逐年增加。政府对群众反对无原则的让步和妥协，不仅不利于冲突的妥善解决，还会造成巨大的经济损失，制约社会的发展和进步。因此，科学合理地降低核心区域民众的抵制情绪，是发展经济的现实需求。

促进邻避效应向心理台风眼效应转换有利于改善民生保障。习近平总书记的两山论告诉我们绿水青山就是金山银山，金山银山的发展不能以绿水青山为代价，这既是对经济发展理念、方式的要求，也是对保障民生、维护人民利益的要求。邻避效应和邻避冲突反映了民众对自我权益的保护和争取，邻避设施不可避免地会在当地产生负外部性效应，邻避设施对人民的切身利益造成的损失很大程度上属于技术问题，近年来随着技术的进步和标准的提高，已得到了大幅度的改善，一些环保型邻避设施如垃圾焚烧发电厂等，在建设和运营的同时会投入资金打造生态环境，还开通了透明化参观等渠道来增进民众了解、降低民众风险感知。然而，由邻避冲突造成的人民权益损失，在很大程度上是由于对冲突的不当处理、不及时处理以及无效处理所造成的，属于政府治理能力的问题。邻避冲突一定程度上是由利益博弈而引发的情绪化表达，而群体性情绪背后主要的心理效应是邻避效应和心理台风眼效应，后者有助于缓解当地民众的厌恶和抵制情绪，减少社会冲突。

促进邻避效应向心理台风眼效应转换有利于破解政府的邻避困境。邻避设施能够产生巨大的社会效益，但我国目前对其的治理基本按照"立项—公示—反对—调节—下马（搬迁）"的路径进行，陷入了"一上就闹，一闹就停"的困境，给社会发展造成了巨大的损失。国家发展和改革委在2012年出台了《国家发展改革委重大固定资产投资项目社会稳定风险评估暂行办法》，国家环境保护总局在 2015 年正式公布并施行《环境保护公众参与办法》。这两项办法均明确要求，项目单位在组织开展项目前期工作时，需要对社会稳定风险进行分析评估，征询相关群众意见，以推进和规范环境影响评价活动中的公众参与。然而，尽管邻避设施在修建过程中开展了社会风险评估、群众意见征询和公众参与等工作，仍然无法避免陷入治理困境，反而很多项目在向群众公示以后就会引发强烈的反对意见，民众对专家和风险评估及相关问题的解释也表现出不信任、不接受的态度，给项目的开展制造了巨大阻力。从群众对邻避设施的风险感知角度出发，以群众面对邻避设施的心理效应为突破口，分析邻避效应和心理台风眼效应两种主要效应的发生发展和互动机理，以科学的方式促进二者的转换，在不同阶段、对不同对象采取有针对性的措施，有利于缓解冲突情绪、突破治理困境、提高治理效率。

三 推动邻避效应向心理台风眼效应转换的可行性

相关研究已发现邻避设施中存在两种效应的转换，且转换方向表现为邻避效应向心理台风眼效应的单向发展。在时间维度上，当地的民众逐渐习惯居住地周围有邻避设施的存在，并且逐渐适应这种生活状态，降低心理焦虑和风险感知。我国很多高污染的重工业老国企的职工家属们虽然明知住在工厂附近污染非常严重，会影响身体健康，但还是为了生活方便选择居住在工厂附近，而不是选择离工厂远一点的地方。在这些老国企聚居区，工厂旁边的商品房买卖也照样活跃繁荣。因为这些老国企的职工家属大多是全家几代人都生活在这样的区域内，几十年的生活已经让他们的心理上和情感上与工厂形成了共同体和强烈的连带感，污染的危害性在很大程度上被人们忽略，在情绪上这些危害不会让他们形成恐慌和不安。类似的转换在垃圾焚烧站等环保类邻避设施中也有发现，这说明在邻避设施甚至其他非邻避风险项目与灾害事件中，群众的风险感知由邻避效应向心理台风眼效应转换是可能的。

已有实践经验表明处理邻避效应的某些措施能够加速中心区域心理台风眼效应的形成。民众对邻避设施的厌恶和抵制主要是由对潜在风险不确定性和危害性的担忧引发，增强项目透明度、保障公众知情权和提高公众认知水平能够显著降低他们的风险感知水平和焦虑情绪，促进中心区域"台风眼"的形成。杭州九峰垃圾焚烧发电项目曾引发了高达5000多人的大规模集体游行抗议并发生激烈冲突，造成20多名干警、十多名群众被打伤，34辆警车和社会车辆被砸毁，而在采取风险知识科普、实地考察和群众参与等措施后，原来强烈反对的群众纷纷转变态度，其中支持和有条件支持的比例达到了26.43%和72.38%，共计98.81%，中心区域的"台风眼"基本形成，整个过程只用了4个月的时间，与葡萄牙波尔图垃圾焚烧厂在自然状态下依靠群众自身习惯形成的"台风眼"耗时5年相比，大大缩短了邻避效应向心理台风眼效应转换的时间。

四 邻避效应向心理台风眼效应转换路径研究的建议

邻避效应和心理台风眼效应是两个有关群众风险感知的客观存在的完全相反的效应，但是两个效应不仅不会互相排斥，还会共同存在于某一邻避设施的风险效应中，而且在时间维度上存在两个效应的转换。

开展邻避效应和心理台风眼效应的产生条件研究。目前关于两个效应的研究停留在表层现象的描述和发现，而对效应产生原因的解释却相对缺乏，关于心理台风眼产生原因的解释停留在心理学层面，其适用范围和解释力度都受到了很大的限制；关于邻避效应产生原因的解释相对较多，主要有信任、利益、信息等多个维度，但对各影响因素之间的相互作用和作用结果研究还不够深入。分析两个效应的产生原因和必备条件，是开展后续机理分析、转换路径等研究的基础性工作，也是对效应本身认识的进一步深入，对邻避效应、冲突和相应风险、灾难事件的治理具有指导意义。

开展邻避效应和心理台风眼效应的内在机理研究。目前关于邻避效应的关注局限在邻避冲突的范围内讨论产生原因和对策，对其发生、发展、转换和消亡的内在机理分析分析尚未进行深入的探讨；对心理台风眼效应的研究也仅局限在某一发展阶段的性质分析，缺乏对其从产生到消亡的全过程研究。开展两个效应的机理研究，通过对原则性机理、原理性机理和流程性机理的分析来指导实践对操作性机理的应用。此外，关于心理台风眼效应的机理解释是一个亟待开辟的领域，现有相关研究已证实时间、空间、利益、认知等维度对心理台风眼效应发展和变化的影响，需要对其影响路径和方式开展进一步的研究。在厘清二者各自的发生、发展、演变等机理后，还需要开展二者交互作用和双向转换机理方面的研究，从而弥补现有研究的不足，满足实践管理的现实需求。

开展邻避和心理台风眼效应的转换机制与转换条件研究。理论研究需要为实践应用服务，邻避效应和心理台风眼效应主要存在于风险和灾难事件中，对防范社会风险、维护社会稳定具有重要影响。应对邻避效应、化解邻避冲突、促进邻避效应向心理台风眼效应转换需要首先分析二者的转换机制和必要条件，这既是研究转换路径的起点，也是开展相应实践工作的抓手。现有相关研究关于开展邻避设施管理、化解邻避冲突基础条件的讨论较多，其中社会许可、群众信任、科普宣传等被认为是先决条件，但是这些因素之间的作用机制还没有形成清晰的解释。分析两个效应的转换机制和转换条件，能够为促进邻避效应向心理台风眼效应转换提供有针对性的指导意见，也是制定相应工作机制、决策模式和应急管理措施的基础和前提。

第四章

基于空间—群体维度的突发事件风险动态平衡分析

本章首先分析了以空间—群体为突发事件风险动态衡量标尺的适用性条件，并结合各类突发事件的基本属性，确定了以公共安全事件中的景区超载风险为实证研究对象；其次，研究分别分析了空间和群体维度上的风险环境条件和风险致因，并量化了二者的动态制约方式与影响程度；最后，研究对空间—群体共同约束下的超载风险动态阈值、动态机理进行了分析，并提出了超载风险的动态平衡管理策略。

第一节 问题描述

空间和群体二维交织视角下的突发事件风险动态是指风险系统受到空间—群体维度上风险致因的共同约束而发生状态改变，包括空间维度上风险环境的变化，以及由此带来的对空间内群体影响方式和影响程度的改变。此外，群体具有主动和被动的双重属性，既作为突发事件的直接威胁对象，被动地承载风险带来的各类影响；又作为突发事件外部环境的作用主体，能够在与风险互动的过程中主动改变环境条件，对不同维度上的风险致因产生影响并改变风险的状态特征或发展路径。以群体和空间为基本标尺来衡量风险动态的具体内涵，既要刻画出风险在群体维度上的双重动态属性，即风险状态变化对群体的动态制约，以及群体自身的动态性对风险外部环境的改变；又要刻画出空间—群体两个维度上风险致因的耦合对风险系统要素、要素互动关系的影响机理，进而揭示风险动态的内涵及具体表现形式。因此，以空间和群体为基本标尺衡量突发事件的风险动态，需要满足以下条件。

第一，风险事件持续的时间跨度较短且有较为确切的期限。在此期间，风险在空间维度上的外部环境条件和群体维度上的直接威胁对象不会发生明显改变，即空间—群体维度上的动态分析可以弱化时间因素对风险形成过程和状态变化的影响，空间和群体两个标尺足以衡量风险的动态属性。第二，风险事件的发生和发展具有显著的空间—群体二维交织属性。风险系统中的风险致因、标志性事件、风险载体和风险后果等基本构成要素均同时存在于空间和群体两个维度。第三，风险动态性直接来源于群体状态或空间属性的变化。群体的状态变化能够直接改变风险的空间属性，空间属性的改变也能够直接作用于群体在风险事件中的受影响程度和被影响方式。

突发事件中的公共安全事件是指在特定社会领域中，风险系统在人为因素和环境因素共同作用下从稳定状态逐渐向不稳定状态发展，最终发生突变并产生社会危害的事件[1]，具有较为明显的空间—群体二维交织特征。近年来，中国旅游业的蓬勃发展和后疫情时代游客承载量动态调整的新要求给景区游客超载风险管理带来了新的挑战。"黄金周"景区游客拥堵、过载等带来的资源破坏、安全事故是全国5A级景区的普遍性问题，成为广受关注的一类社会安全事件。本章以中国麦积山石窟的游客超载风险为具体实证研究对象来分析空间—群体二维制约条件下的突发事件风险动态，主要基于以下几点考虑。

第一，超载风险的生命周期具有明显的短期特征。中国各类景区均有典型的淡季和旺季之分，通常游客超载、景区拥堵只发生在旺季的特殊时间段（某几天），在时间维度上没有明显长期的延续性，且景区的空间物理条件和已经进入景区的游客在此期间相对确定，不会出现明显的变化。

第二，到访游客数量超过景区核定承载量是造成超载风险的直接原因，群体—空间交织特征明显。景区超载风险直接表现为群体维度的游

---

[1] 朱正威、胡永涛、郭雪松：《基于尖点突变模型的社会安全事件发生机理分析》，《西安交通大学学报》（社会科学版）2011年第3期。

客数量和空间维度的核定容量之间的冲突，标志性事件是特定空间范围内的人群密度超标，出现游客拥堵、滞留、踩踏，超载风险的载体是游客和景区生态、物理环境；风险后果则包括群体维度上的游客安全、空间维度上的基础设施及生态环境破坏等。

第三，游客在超载风险的形成和发展过程中具有被动和主动的双重属性。被动性体现为当超载风险已经形成时，游客只能被动地接受由拥堵造成的安全威胁和体验感下降；主动性体现为游客在特定空间内的涌入、停留是超载风险形成和发展的直接原因，且风险会随游客数量、停留时间的增加而恶化。

第四，麦积山石窟属于文化遗产类景区，在空间—群体维度上的风险脆弱度更高。文化遗产类景区实行保护性开发的经营策略，即在不损害景区文化遗产的前提下进行旅游业开发，其中保护是第一位。与普通自然、人文类景区不同的是，文化遗产对空间光照、湿度、温度等物理条件更为敏感，且没有自我修复能力，一旦受损就是不可逆的。因此，分析游客与空间的互动关系和风险动态特征，对于文化遗产类景区的可持续发展具有十分重要的现实意义。

景区超载风险是中国旅游业发展中普遍且长期存在的问题，主要表现为景区实际到访游客数量超过空间容量而导致的游客滞留、踩踏事故、景观破坏和游客满意度下降等。为了缓解资源保护和旅游开放之间的矛盾，业界和学界对游客承载量的评估和管理进行了一系列尝试，不同阶段对游客承载量的研究可以分为三种类型：物理承载量（physical carrying capacity，PCC）、真实承载量（real carrying capacity，RCC）、有效承载量（effective carrying capacity，ECC）三者的数量关系表示为：PCC ≥ RCC ≥ ECC。物理承载量是指能容纳的最大游客数量，主要受到空间维度上景区面积、基础设施、环境条件等空间物理属性的制约[1]，但仅仅参照这些指

---

[1] Simone Marsiglio, "On the Carrying Capacity and the Optimal Number of Visitors in Tourism Destinations", *Tourism Economics*, Vol. 23, No. 3, 2017; Albert Postma, Dirk Schmuecker, "Understanding and Overcoming Negative Impacts of Tourism in City Destinations: Conceptual Model and Strategic Framework", *Journal of Tourism Futures*, Vol. 3, 2017; Wanfu Wang, Xu Ma, Yantian Ma, Lin Mao, Fasi Wu, Xiaojun Ma, Lizhe An, Huyuan Feng, "Seasonal Dynamics of Airborne Fungi in Different Caves of the Mogao Grottoes, Dunhuang, China", *International Biodeterioration & Biodegradation*, Vol. 64, No. 6, 2010.

标计算出的数值无法代表承载量的真实情况，因为相关统计指标在现实中会受到游客数量和活动的影响而变化，而合理的空间容量则应该根据这种变化进行动态调整。[1] 真实承载量则在物理承载量的基础上进一步考虑了研究区域内生态因素、环境条件等方面对游客数量的敏感度而进行修正后的游客容量。[2] 有效承载量是在真实承载量的基础上，进一步考虑了景区管理及服务水平可以接纳的最大可容纳人数。

可见，游客承载量不是一个确切的、固定不变的数值，而是受空间物理条件和群体活动条件影响而变化的动态区间，以及服务于游客超载风险防控的动态管理工具。[3] 理想的游客承载量管理是寻找景区环境条件和游客群体需求之间的动态平衡，将承载量维持在一个合理的变化区间，这就需要对景区在空间维度上的环境条件动态属性和群体维度上的游客活动动态属性进行刻画，分析二者交互影响下的景区超载风险动态机理。然而，目前关于景区超载风险的研究仍然局限于对静态指标的分析，没有触及风险及承载量的动态本质，具体表现在以下两个方面。

第一，在空间维度上忽略了景区内部资源条件、承载能力的空间差异。现有研究主要根据景区的资源环境条件的限制性因素构建评价指标体系，并据此计算整个景区的最大游客承载量的统一数值。实际上，任何景区的内部空间都有明显的差异性，特别是对于文化遗产类景区而言，游客往往高度聚集在遗产陈列的重点参观区域，而景区内步道、广场等

---

[1] Heros Augusto SantosLobo, Eleonora Trajano, Maurício de Alcântara Marinho, Maria Elina Bichuettee, José Antonio Basso Scaleante, Oscarlina Aparecida Furquim Scaleant, Bárbara Nazaré Roch, Francisco Villela Laterza, "Projection of Tourist Scenarios Onto Fragility Maps: Framework for Determination of Provisional Tourist Carrying Capacity in a Brazilian Show Cave", *Tourism Management*, Vol. 35, 2013.

[2] Enrique Navarro Jurado, Ionela Mihaela Damian, Antonio Fernández-Morales, "Carrying Capacity Model Applied in Coastal Destinations", *Annals of Tourism Research*, Vol. 43, 2013; Steven R. Lawson, Robert E. Manning, William A. Valliere, Benjamin Wang, "Proactive Monitoring and Adaptive Management of Social Carrying Capacity in Arches National Park: an Application of Computer Simulation Modeling", *Journal of Environmental Management*, Vol. 68, 2003.

[3] Franco Salerno, Gaetano Viviano, Emanuela C. Manfredi, Paolo Caroli, Sudeep Thakuri, GianniTartari, "Multiple Carrying Capacities from a Management-oriented Perspective to Operationalize Sustainable Tourism in Protected Areas", *Journal of Environmental Management*, Vol. 128, 2013.

空阔地带的游客密度则相对较低①,因此,以景区所有可达面积与资源条件为依据计算出的承载量难以有效应对景区内各景点游客承载能力与超载风险水平之间的不匹配、不均衡问题。

第二,在群体维度上忽略了游客自身的动态属性。游客的活动方式和活跃程度能够对空间承载量产生显著影响②,但相关研究主要是从体验项目、娱乐设施方面测量活动水平,其本质仍属于空间维度的物理条件对游客数量的制约。实际上,游客即使不参加任何附加的体验活动,仍然需要保持一定的流动性,往来于各个景点之间。

有鉴于此,本章将分别对空间维度上物理承载能力和群体维度上游客运动状态的动态属性进行分析,刻画超载风险在空间条件和群体条件共同约束下的动态表现形式。首先,研究以实地调研的方式获取了麦积山石窟的超载风险数据,并在可承载改变极限的理论框架下刻画了群体—空间维度下的风险动态情景;其次,为了解决游客运动状态的数据获取问题,研究根据实地调研结果和风险情景分析设计了麦积山石窟的游客动态仿真实验,通过 pathfinder 模拟实现对游客运动状态与空间承载能力之间制约关系的量化;最后,对超载风险在空间—群体维度上的动态机理与表现形式进行了分析,对比了静态视角和动态视角下两种超载风险的差异及后者的优势,并据此提出了游客超载风险的动态防控策略与管理建议。

第二节 空间—群体维度上的景区风险环境特征

一 空间维度的景区内部承载条件

麦积山石窟位于中国甘肃省天水市麦积区,是世界文化遗产和国家5A级风景区,石窟、雕塑和壁画是景区内的主要文物,且大部分具有1000年以上的历史。大量的石窟群分布在距离地面20—80米,宽200米

---

① 张岩:《博物馆景区最大承载量核定与实施之尴尬——以秦始皇帝陵博物院为例》,《文博》2017 年第 6 期。

② 李陇堂、石磊、杨莲莲、张冠乐、王艳茹:《沙漠型旅游区体验项目承载力研究——以宁夏沙坡头景区为例》,《中国沙漠》2017 年第 5 期;Papatheodorou A., "Why People Travel to Different Places", *Annals of Tourism Research*, Vol. 28, No. 1, 2001.

的垂直悬崖上，狭窄的石板栈道是游客参观的唯一路径（图4-1）。从空间格局来看，麦积山石窟景区一共包含六个功能区域（图4-2）：办公区（A）、广场区（B）、绿化带（C）、瑞应寺（D）、宿舍区（E）、石窟区（F）。六个区域的开放时间、环境特点、游客接待能力等各有不同，其中办公区和宿舍区不对游客开放，绿化带不属于游客可以自由出入的区域。因此，景区内实际具有游客承载功能的区域只有石窟区、瑞应寺和广场区。广场首先是占地面积最大的区域，为2240平方米，其次是瑞应寺1648平方米和石窟区776.57平方米。

图4-1 麦积山风景区的石窟栈道

二 群体维度的游客运动状态分析

由于文物保护的要求和地理条件的限制，步行是旅行观光的唯一方式，景区内除了观赏自然景观和文化遗产外，没有其他类型的体验活动。悬崖峭壁上的石窟区是重点观光地区，同时也是主要的文物分布区域，为了缓解高峰期的游客拥堵现象和区域游客过载，景区采取了分流措施

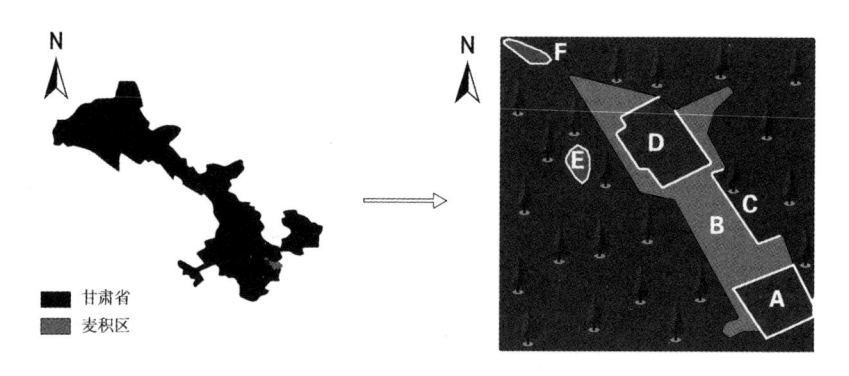

图 4-2　麦积山风景区的空间分布

以缓解石窟栈道的承载压力（图 4-3）。在石窟区域仅设置一个入口和一个出口，游客进入该区域后则随机选择其中一条游览路线。游客一旦进入，则必须沿箭头方向一直走到出口，中途不可折返，也不可更改至另一条路线。在旅游旺季，游客数量一般在每日上午十点至下午一点达到峰值[①]，景区超载风险也集中体现在这一时段。

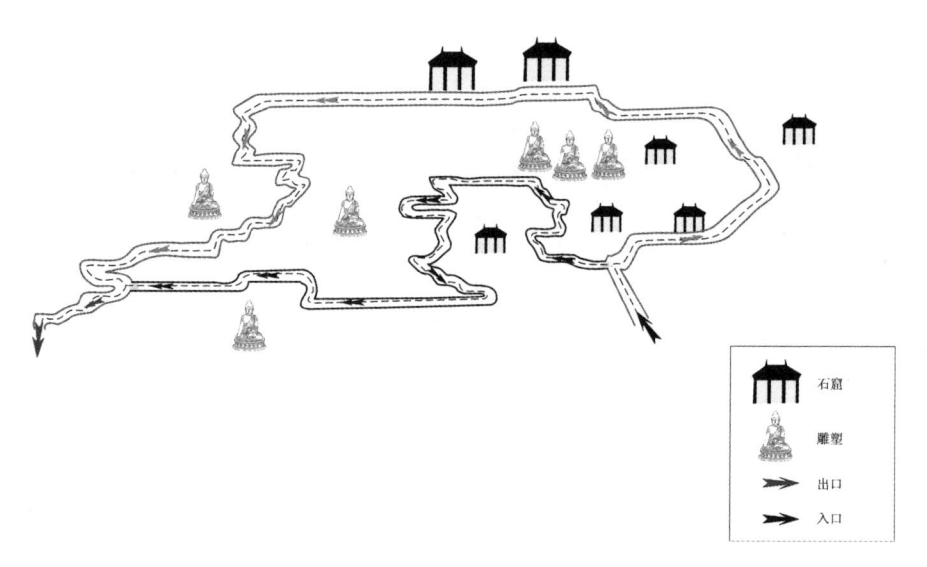

图 4-3　麦积山风景区石窟区域的游客游览路线

---

① 李天铭、祁姿妤、陈孟轩：《麦积山石窟游客承载量问题的探索》，《自然与文化遗产研究》2021 年第 6 期。

三 空间—群体环境条件的制约关系

空间维度上各区域的环境条件、空间物理属性和游客集聚程度具有明显的差异。群体维度上麦积山石窟景区的游客活动状态较为明确且单一，步行是各区域游客唯一可行的游览方式，但不同空间对游客步行状态约束力以及空间对游客运动状态的敏感性有所不同。

环境条件差异主要表现为文化遗产分布不均：石窟区的窟内小气候对游客密度的敏感性更高，游客密度会对窟内空气湿度、二氧化碳浓度、文物表面菌落产生显著影响，从而造成壁画脱落、雕塑损毁等问题；空间物理属性差异主要表现为各区域空间结构的差异：广场区和石窟区属于室外空间，其中广场区为广阔的平地空间，适用于面积法核算承载量，石窟区为狭窄栈道空间，适用于路线法核算承载量；瑞应寺属于室内空间，对游客超载和空间承载能力的测量与室外空间分别适用于不同的标准。

在对游客运动的约束力和敏感性方面，首先是石窟区对游客行动的约束力最大，且对游客数量、活跃程度的敏感性最高；其次是瑞应寺，室内空间对游客活跃程度的约束力较大，但由于区域内没有文物分布，因此对群体活动的敏感性较低；广场区在约束力和敏感性两方面均处于较低水平，该区域虽然面积最大、承载能力最强，但广场上没有景点分布，属于瑞应寺和石窟区两个景点之间的过渡地带和应急避难场所，因此对游客的吸引力最低。

空间维度和群体维度上的差异性说明，麦积山石窟的游客超载风险和承载量在空间维度上的约束条件有明显的差异，景区整体的游客容量无法代表各区域的承载状态。因此，研究将分区域分析游客动态和空间动态的制约关系，并在此基础上刻画空间—群体维度上的超载风险动态特征。

第三节 空间—群体维度上的景区超载风险动态分析方法

本章以可承载改变极限为方法论指导，以实地调研和仿真模拟相结合的方式对麦积山风景区的游客超载风险动态进行分析。在实地调研中,研究重点对游客拥堵状态、各区域游客承载条件和管理需求进行了分析,并获取了空间维度上的环境和物理信息;仿真模拟是针对景区内游客运动状态的分析,通过对特定空间内游客步行状态的模拟,分析游客步行速度对空间物理承载量的影响。最后研究根据景区内空间—群体的互动与制约关系,从承载量的角度对超载风险动态进行了刻画。

一 可承载改变极限

可承载改变极限(The Limit of Acceptable Change, LAC)产生和发展于西方对露营者的游憩地管理实践,表示一个地区在不破坏生态环境和不降低游客满意度的前提下,所能够承受的游客带来的最大影响。[1] 可承载改变极限理论认为,旅游开发的目的是让游客在环境和活动等方面得到满意的体验,但任何形式的开发和游客体验都必然会对当地的资源和环境条件带来外部压力,而游憩地管理不是直接作用于游客的数量控制,而是要明确环境、游客和资源在旅游发展中所能够承受的极限压力,从而实现游客体验、环境保护和社会需求之间的平衡。可承载改变极限是一套关于旅游管理的方法论,包括九个步骤:

(1) 确定景区的公共问题和管理问题;
(2) 描述景区的旅游机会或机会种类;
(3) 选择监测的环境指标、社会指标和资源指标;
(4) 调查景区的资源及环境现状;
(5) 确定监测指标的评价标准;
(6) 确定旅游机会的替代方案;
(7) 设计替代方案的具体行动计划;
(8) 评估和选择最优方案;
(9) 方案实施与指标动态监测。

可承载改变极限在景区旅游管理的应用中,倾向于将承载量看作一个可供参照的浮动范围标准而非具体数值,并以此来监测景区内的旅游

---

[1] Stankey George H., Fredningsstyrelsen, "The Limits of Acceptable Change (LAC) System for Wilderness Planning", *General Technical Report INT (USA)*, Vol. 176, 1985.

活动，并将活动所产生的影响控制在可接受的范围内。①

二 风险情景的动态模拟

为了量化游客运动状态与空间容量之间的制约关系，研究根据麦积山景区的空间物理属性和游客运动特征为依据，重点分析游客步行速度对空间内物理容量的影响。由于人们的步行速度存在较大差异性与动态性，且难以控制通过实地调研或监测等方式获取数据所产生的误差，研究设计了仿真实验，并通过 Pathfinder 软件来模拟群体动态与空间动态之间的制约关系。

Pathfinder 是一款基于智能体的个体运动模拟软件，广泛应用于地铁、商场、车站、学校等大型场所的应急疏散研究与管理实践。Pathfinder 能够对真实物理场景进行精细化抽象表达，对空间中的出入口、障碍物、行动路线等物理属性进行设置，并且能够依据场景中不同类型或情境中的个体差异为每个人员设置对应的运动模式，从而使情景模拟无限逼近真实情况。②

本章采用了 Pathfinder 中的 Steering 模式对游客步行状态与空间容量的制约关系进行分析，并根据麦积山景区石窟区、广场区、瑞应寺三个游客可达区域的空间物理属性差异，设置了四个游客运动情景来模拟不同空间和拥堵状态下的承载力差异。

情景一：行动者同时朝着同一方向前进，并逐渐接近一个相对狭窄通道，且通道无法满足多人同时通过。这一情景是针对石窟栈道区域的游客运动状态的模拟，即游客选择其中一条游览路线以后，只能保持前行直至到达出口。

情景二：行动者在相对宽阔的空间朝着不同方向行走。这一情景是针对广场区域游客运动状态的模拟，该区域地势平坦广阔且没有文物分

---

① Diedrich, Amy, Pablo Balaguer Huguet, Joaquín Tintoré Subirana, "Methodology for Applying the Limits of Acceptable Change Process to the Management of Recreational Boating in the Balearic Islands, Spain (Western Mediterranean)", *Ocean & Coastal Management*, Vol. 54, 2011.

② 杜长宝、朱国庆、李俊毅:《疏散模拟软件 STEPS 与 Pathfinder 对比研究》,《消防科学与技术》2015 年第 4 期；王莉:《基于 PATHFINDER 的公共场所人员疏散行为规律及仿真模拟》,《西安科技大学学报》2017 年第 3 期。

布，对游客的运动方向没有限制。

情景三：行动者在一个狭小的密闭空间内行动，并且以不同角度的方向移动朝着出口前进。这一情景是针对瑞应寺游客运动状态的模拟，该区域为室内区域，游客进入以后自由参观，并最终通过同一出口离开。

情景四：行动者在狭长区域内，朝着相反的方向运动，且通道无法满足多人同时通过。这一情景是针对瑞应寺、广场和石窟区之间的过渡连接区域游客进出状态的模拟。

在 Steering 模式下，行动者在运动过程中能够自动规避人员碰撞、墙壁等障碍物。在每个情境中，行动者都会匹配一个初始前进方向 V，当前进方向遇到障碍时，Steering 模式会引导行动者寻找其他的前进曲线 SC，直至最终抵达目的地。在这个过程中，每个行动者都可以在 180°的范围内调整自己的前进方向 V，从而保证各个情境中的游客不会从入口向出口方向运动，即不会在运动过程中往回走，更加符合麦积山景区真实的游览状态。行动者寻求替代路线的行为取决于方向和曲线切线之间的夹角：

$$C_{seek} = \frac{\theta_t}{2\pi} \quad (4-1)$$

在本章的情景模拟中，空间面积设定为 100 平方米，空间内的游客数量为因变量，游客步行速度为自变量。步行速度的变化范围为 0 米/秒至 2 米/秒，以此表示游客在空间内由静止状态向运动状态转变。

三 风险阈值的分区量化

依据中华人民共和国文物保护行业标准中关于文保单位游客承载量评估规范（WW/T 0083 – 2017）对开放空间承载限值、人均占地面积阈值等方面的规定和计算方法，以及麦积山景区石窟区、广场区和瑞应寺空间物理属性和游客承载条件的差异，研究采取空间分区的方法分别计算各个空间的游客承载量，而不是以景区的整体承载水平覆盖内部区域之间的承载能力差异。

广场区和瑞应寺均为地势平坦的区域，采用面积法计算物理承载量（PCC）：

$$C_k = \text{int}(\min(\frac{S_i}{A_i} \cdot \frac{T_i}{t_i}) \cdot \alpha) \quad (4-2)$$

其中，C_k 是该区域的物理承载量，S_i 是该区域可供游客使用的空间面积，A_i 是空间内人均最少使用面积，T_i 代表区域最长营业时间，t_i 是该区域游客的人均游览时长，a 是仿真模拟计算出的游客步行状态对空间容量的影响参数。

石窟区由陡峭悬崖和狭窄栈道构成，采用路线法计算该区域的物理承载量（PCC）：

$$C_y = \text{int}\left[\min\left(\frac{Ly_i}{My_i} \cdot \frac{T_i}{t_i}\right) \cdot \alpha\right] \tag{4-3}$$

其中，C_y 是该区域的物理承载量，Ly_i 是游览路线总长度，My_i 是游客在该区域游览时人均最少占用长度，T_i 代表区域最长营业时间，t_i 是该区域游客的人均游览时长，a 是仿真模拟计算出的游客步行状态对空间容量的影响参数。

在各区域物理承载量的基础上，研究以各区域的生态环境条件为校正系数对真实承载量（RCC）进行了计算：

$$CF_i = 1 - \frac{Lm_i}{Tm_i} \tag{4-4}$$

$$RCC = PCC \cdot CF_1 \cdot CF_2 \cdot \ldots \cdot CF_i \tag{4-5}$$

其中，CF_i 是校正系数，Lm_i 是第 i 个生态环境因素对游客容量的限制系数，Tm_i 是研究区域内所有生态环境相关校正系数，RCC 是指考虑了区域生态环境条件后的真实承载量。

有效容量（ECC）是指在真实容量的基础上，进一步考虑景区内旅游管理水平、工作人员等方面能够同时对多少游客提供管理或服务：

$$ECC = RCC \cdot MC \tag{4-6}$$

其中，MC 是对景区游客服务水平的综合衡量值，包括可供使用的基础设施、游客服务、管理人员、资源保护力量、安全维护力量等方面。

第四节 游客运动状态对空间容量的动态影响

一 游客动态对空间容量的制约方式

对游客运动状态的仿真模拟将速度变化区间设置为 0 – 2m/s，空间物理面积设置为 100m²，分析了游客从静止状态向运动状态转变给空间容量带来的影响。结果显示，空间的物理承载量与游客运动状态之间具有负相关关系，步行速度的增加会造成空间容量的降低。当游客全部以静止状态分布于空间中时，空间容量处于最大值，而当在模拟试验中逐渐增加游客的活跃程度时（增加步行速度），空间内的游客总数出现了明显的下降趋势，并逐渐趋于稳定（图4-4）。此外，对影响系数变化的拟合曲线也表现出了同样的变化趋势（图4-5）。因此，可以认为游客在游览过程中的步行速度会对空间的物理承载量产生负向影响，且影响程度稳定在一定的水平上。

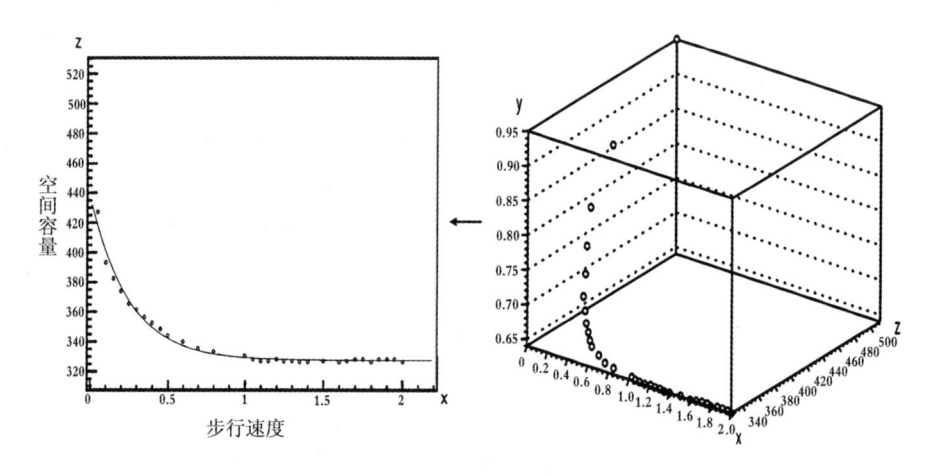

图4-4 游客运动状态与空间容量的仿真模拟结果

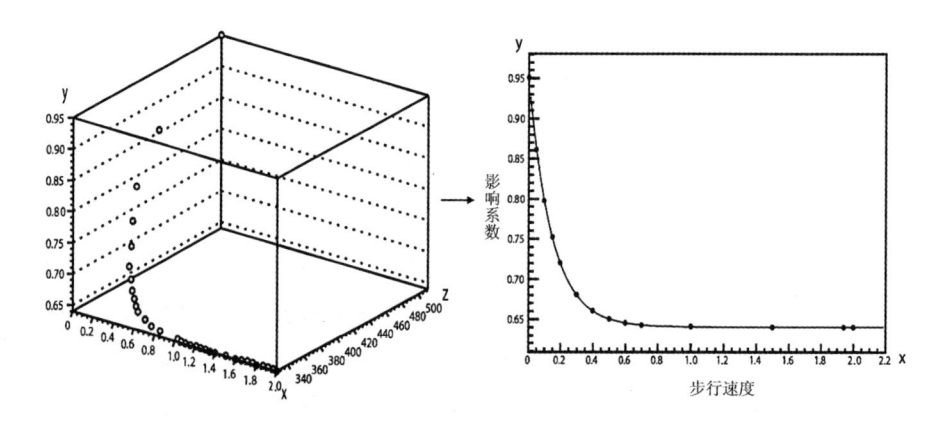

图4-5 游客运动状态对空间容量的动态影响系数

二 游客动态对空间容量的影响程度

游客无法在整个在游览期间始终保持相同的步行速度,因此实验将成年人正常步行速度的最大值(2m/s)设定为速度变化上限,每增加0.05个单位的速度值计算一次空间容量。在0-2m/s 的正常步行速度区间内,一共划分了35个模拟状态(表4-1)。结果显示,空间内的游客数量在静止状态时达到最大值512人,随着游客活跃程度的增加(步行速度加快),空间内所能容纳的最大人数从512人下降到326人。

表4-1　　　　　　　　速度—容量—系数对照

场景	步行速度（m/s）	空间总人数（人）	影响因素
1	0	512	—
2	0.05	427	0.853531097
3	0.10	393	0.761985098
4	0.15	382	0.748178482
5	0.20	374	0.716998233
6	0.25	365	0.694805057
7	0.30	361	0.679008613
8	0.35	356	0.667765173
9	0.40	352	0.659762426
10	0.45	348	0.654066309
11	0.50	344	0.650011981
12	0.60	340	0.64507224
13	0.70	335	0.642569683
14	0.80	333	0.641301845
15	1.00	330	0.640334133
16	1.05	329	0.640237826
17	1.10	328	0.640169277
18	1.15	327	0.640120487
19	1.20	327	0.640085759
20	1.25	328	0.640061041
21	1.30	327	0.640043447

续表

场景	步行速度（m/s）	空间总人数（人）	影响因素
22	1.35	327	0.640030924
23	1.40	326	0.640022011
24	1.45	326	0.640015667
25	1.50	327	0.640011151
26	1.55	326	0.640007937
27	1.60	326	0.640005649
28	1.65	327	0.640004021
29	1.70	328	0.640002862
30	1.75	325	0.640002037
31	1.80	326	0.64000145
32	1.85	328	0.640001032
33	1.90	328	0.640000735
34	1.95	328	0.640000523
35	2.00	326	0.640000523

影响系数随着步行速度的增加而逐渐下降，从0.85下降到0.64。其中，当速度逐渐增加并达到1m/s时，系数的下降幅度显著减小，随着步行速度从1m/s继续增加值峰值2m/s，系数以极小的变化幅度（0.00001）下降，且始终稳定在0.64左右。因此，可以认为游客的运动状态与景区的物理容量之间具有负相关关系，且在正常游览状态下，步行速度对空间容量的影响系数 α 为0.64。

第五节 空间—群体共同约束下的超载风险动态分析

一 景区超载风险的动态阈值

景区超载是指到访游客数量超过空间内可容纳的最大人数，景区的最大游客承载量是衡量是否会爆发超载风险的阈值。由于石窟区、广场区和瑞应寺在资源环境、游客吸引力、承载条件等方面存在较大差异，本节将分别计算各区域超载风险在空间—群体共同约束下的动态阈值。因此，当其中一个区域出现游客超载时，即可认为麦积山景区发生了游客超载风险事件。

研究分别计算了在游客动态和静止两种情景下的物理承载量,石窟区、广场区和瑞应寺三个区域的日承载量和瞬时承载量,用以服务景区游客的动态管理。从真实承载量来看,植物和石窟是麦积山景区对游客数量最敏感的两类指标。本章参考相关研究在游客数量对植物生态平衡扰动性的实证结果（Corbau et al.,2019）,选取0.95作为植物对承载量的校正系数（CF1）;在石窟分布方面,麦积山石窟共有221座石窟,平均来看常年维持5个左右的修复量,且修复期间不对外开放。因此,石窟对游客承载量的校正系数为0.98（CF2）。从有效承载量来看,研究主要考察了景区管理人员、基础设施对游客承载量的约束（MC）,并以0.75作为景区管理能力对游客承载量作用的校正系数（表4-2）。

表4-2 麦积山景区的游客管理校正系数

管理能力	指标	参考标准	最大分值	实况	得分
工作人员	安保人员	1人/区	1	满足	1
	导游	可获得性	1	满足	1
	环卫工人	1人/区	1	满足	1
基础设施	应急标志	每区至少1个	1	满足	1
	医疗站	每区至少1个	1	不满足	0
	通信设备	每区至少1个	1	两区域共享1个	0.5
总和			6		4.5
MC			1		0.75

结果表明,景区的超载风险阈值在考虑游客运动属性的条件下会降低（表4-3）。传统对游客承载量的评估虽然充分考虑了空间维度上的资源、环境、基础设施、路线设置等多方面的因素,以及游客偏好、心理满意度、团队类型等对承载量的影响,但本质上都是以统计指标为依据计算出的相对静态的承载能力,没有考虑到统计指标本身在游客活动影响下的实时变动。实际上,麦积山景区的游客必须通过边走边看的方式开展观光活动,且各区域的资源条件、空间属性和文化遗产保护要求均不允许游客在某一空间做较长时间的停留。因此,若在评估游客超载风

险时忽略了游客本身的动态属性，则会高估景区承载量，从而增加区域超载风险。

表4-3　　　　　　　麦积山景区的游客超载风险阈值

内部区域	游客承载量	校正系数			日最大承载量（人）		瞬时最大承载量（人）	
		CF_1	CF_2	MC	考虑 α	忽略 α	考虑 α	忽略 α
石窟区	PCC				3106	4653	703	970
	RCC	0.95	0.98		2892	4331	654	903
	ECC			0.75	2169	3248	491	677
广场区	PCC				1717	2683	429	670
	RCC	0.95	0.98		1599	2498	399	624
	ECC			0.75	800	1874	299	468
瑞应寺	PCC				5273	8240	621	1098
	RCC	0.95	0.98		4909	7671	578	1022
	ECC			0.75	3681	5753	434	767

二　空间—群体约束下的超载风险动态机理

群体维度上的游客运动状态能够明显改变空间维度上的物理容量，这主要是因为游客在步行状态下的摆臂、转体等肢体动作会占据更多的空间面积（图4-6）。景区中的游客需要保持一定的流动性以满足自身游览不同景点的旅行需求和缓解景区内部的拥堵程度。游客在景区内的流动一般遵循从入口到出口，或从一个景点到另一个景点的空间移动规律，具有一定的方向性特征。因此，当游客在拥堵空间内的前行方向上遇到障碍时，如反方向走动的游客、拥堵人群时，他们会通过侧身、抬臂、转体等方式来调整自己的前进角度，从而避免发生碰撞、停滞等问题。游客在静止状态下一般没有明显的肢体运动且能够紧密、整齐地排列在一起。因此，静止状态下的游客可以避免因肢体接触或群体碰撞而产生的空间浪费，从而使空间面积得到最大化利用。

与静止状态相比，运动状态下的人需要占据更大面积的空间以保证必要的流动性和运动过程中的肢体活动。在步行条件下，游客的速度控制在0-2m/s浮动，当由静止状态变为走动状态时，空间内可用面积会因为个体肢体活动幅度的突然增加而降低；而当群体已经全部处于走动状态时，摆臂、侧肩等肢体活动幅度不会因为速度的变化而发生显著变化，因此产生的空间占用或浪费则会保持在一个相对稳定的水平，并表现为较为稳定的影响系数。

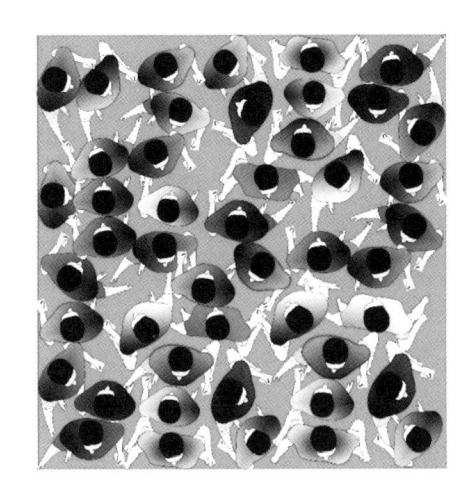

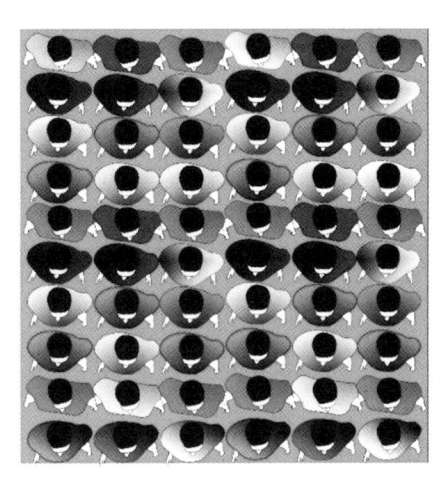

图4-6 游客运动（左）和静止（右）条件下的空间承载状态

三 空间—群体约束下的超载风险动态平衡策略

麦积山景区内的游客超载风险在空间维度上有较大的差异性。石窟区通常是游客聚集程度最高的区域，也是景区内的重点观光区域；瑞应寺对游客的吸引力则相对较低，且游客数量较少；广场区属于过渡地带，没有景点分布，因此对游客的吸引力最低，且游客在此区域的停留时间较短，在游客聚集高峰期无法有效疏解其他两个区域的超载风险。然而，广场区和瑞应寺都属于宽阔平坦地带且空间面积较大，具备良好的游客承载条件，且两个区域的空间属性和生态环境属性对游客干扰的敏感性最低。这表明，麦积山景区的游客超载风险在一定程度上来源于游客分布不均衡导致的局部地区过载。此外，游客运动状态对空间物理承载量的影响，也源自对空间面积利用效率的差异。因此，空间—群体共同约束下的景区超载风险可以通过对游客在空间维度上再分配的方式，维持景区内各部分游览空间游客承载量的动态平衡。

一是合理延长游客从广场区到石窟区的间隔时间。石窟区的栈道条件和文物保护要求对游客的步行速度有较大的限制：既无法停留，又不能速度过快。由于该区域只有一个出入口，可以通过分批进入的形式设置从其他区域到石窟区参观的游客数量，从而实现在一定的时间间隔期间石窟区的群体只出不进，将原本全部涌入石窟区的游客分流至其他两个区域，降低石窟区的超载压力。此外，需要对各批次的游客人数和时间间隔长度做进一步研究，确定合理有效的阈值。

二是保持各区域游客步行的顺畅状态。保持游客流动的顺畅能够避免步行状态中的个体因侧肩、抬臂、侧身等肢体动作和人群拥挤产生的空间浪费，从而提高空间的承载量。减少游客高峰期石窟区特定路线的石窟开放数量、增设各区域的导流的工作人员等措施，都能够在一定程度上促进游客流动性的提高。

三是增加瑞应寺和广场区的游客吸引力。作为麦积山景区游客物理承载量条件最好的两个区域，应该充分发挥高峰时期对石窟区超载风险的疏解功能。麦积山风景区对游客的主要吸引力在于分布在石窟区的洞窟、壁画和泥塑，可以使用 VR、AR 等数字技术，将石窟区的文物景观以数字化的形式实现空间转移，让游客在广场和瑞应寺也能够观赏到同样的景点，从而增加区域的游客吸引力。此外，数字化沉浸体验的方式允许游客以静止的状态游览，这在一定程度上可以减少因步行和其他运动带来的空间浪费，增加空间的游客容量、提高游客超载风险阈值。

第六节　旅游风险的动态识别与评估案例

一　旅游公司的风险动态识别

旅游业是一个风险敏感的行业，对因受气候、突发事件、经济环境、游客行为、国际关系和国家政策等多种因素引发的非系统性外生性风险的脆弱性较高。旅游业也是经济社会发展的重要驱动力，在促进地区经济发展、提高就业、改善民生等方面发挥着积极作用。旅游活动和旅游业发展通常与休闲、娱乐等概念相关联，风险则较多是被视为一种偶发的、潜在的，且需要被避免的威胁。实际上，风险和信息不确定性是旅游所固有的核心内涵，旅游业发展与风险之间存在复杂的内在互动机理。

从游客的角度来看，旅游通常是前往一个相对陌生和新奇的地方（外地），从游客的个人角度而言意味着从一个较熟悉的、拥有较多隐性知识的地方（本地）迁移到一个缺乏当地隐性知识的地方。由此带来的对个人休闲决策的不确定性往往高于其在本地的决策，从而使游客自身成为风险承载体。[1]

从旅游产品的角度来看，旅游作为一类服务产品，具有无形性和异质性等特征，需要游客在预期不确定情况下亲身体验。例如，游客在购买机票或者预订住宿时，他们购买的是无形的服务和体验，需要在付钱以后才能体验到，且取消或更改门票/机票会给游客带来一定的经济损失和时间损失，因此购买旅游产品本身就是一种风险活动。

从旅游业公司经营的角度来看，旅游业经营具有显著的淡旺季之分，且在淡季没有其他行业类似的"存货"概念，公司需要在有限的时间内尽可能多地出售门票、住宿和交通等产品，这在有季节性限制的旅游产品中尤为突出。[2]

从旅游业整体发展的角度来看，旅游业与交通、住宿、饮食等行业存在密切的动态关联关系，这使得旅游业具有高度的风险敏感性，任何一个环节出现问题都会影响旅游业的整体发展。

现有关于旅游风险的研究较多以游客、景区为主体，如以游客为主体的旅游风险感知研究[3]，以景区资源为主体的旅游开发、管理及生态环境风险评估[4]，以及以游客和景区旅游资源为主体的游客承载量研究[5]等。

---

[1] Williams, A. M., & Baláž, "Tourism Risk and Uncertainty: Theoretical Reflections", *Journal of Travel Research*, Vol. 54, No. 3, 2015.

[2] Cuccia, T., Rizzo, I., "Tourism Seasonality in Cultural Destinations: Empirical Evidence from Sicily", *Tourism Management*, Vol. 32, No. 3, 2011.

[3] 李静、Philip L. PEARCE、吴必虎、Alastair M. Morrison：《雾霾对来京旅游者风险感知及旅游体验的影响——基于结构方程模型的中外旅游者对比研究》，《旅游学刊》2015年第10期。

[4] Jimei Li, Yangyang Chen, Xiaohui Yao, An Chen, "Risk Management Priority Assessment of Heritage Sites in China Based on Entropy Weight and TOPSIS", *Journal of Cultural Heritage*, Vol. 49, 2021；钟林生、李萍：《甘肃省阿万仓湿地旅游开发生态风险评价及管理对策》，《地理科学进展》2014年第11期。

[5] Yangyang Chen, An Chen, Di Mu, "Impact of Walking Speed on Tourist Carrying Capacity: The Case of Maiji Mountain Grottoes, China", *Tourism Management*, Vol. 84, 2021.

以旅游公司为主体的研究较多关注业务战略、发展模式、盈利能力等方面的研究，对旅游风险研究较少且主要集中在管理与财务风险方面，缺乏整体性的理论框架。实际上，旅游公司是旅游资源开发与游客管理活动的重要参与者之一，有效识别旅游公司的风险既能够帮助企业调整业务战略，又能够为游客在购买相关产品及服务时提供信息支撑，从而帮助他们制定合理的风险对冲策略。然而，数据获取等方面的困难使得相关研究进展缓慢，直到近年来才有学者对旅游公司的风险相关数据源及其获取方式进行了探索和应用。其中，公司的年度报告中的文本披露数据被证明是识别企业风险的有效数据。Penela 和 Seerasqueiro 借助昆士兰大学安德鲁·史密斯博士开发的 Leximancer 软件对 2008 年和 2016 年美国某旅游公司披露的年度报告进行了文本内容分析，发现 2008 年公司的风险主题重点集中在经济状况带来的风险，到 2016 年，风险重点则转向了业绩和信息安全风险。[①] 这项工作开创了旅游公司风险识别研究的先河，但在旅游公司样本选择、数据时间跨度、实证方法等方面仍有待完善。

2019 年，中国科学院李建平教授团队以 255 家上市旅游公司的财务报表为数据源对旅游公司的风险披露度进行了系统性的识别与分析。[②] 财务报表不仅包括定量的财务数据，还包括定性的文本分析数据，国家机构和公司内部的双重监管使得相关数据的真实性具有可靠保证。美国证券交易委员会（SEC）自 2015 年以来要求所有上市公司在年度报表中填写 10‑K 表格，用以披露"使发行具有投机性和风险的最显著的影响因素"。每一条披露都有结构化的表达形式，由标题和阐释两部分构成，例如：

风险标题：酒店行业的经营业绩和财务状况可能因为季节性和周期性的影响而出现波动。

具体阐释：季节性是酒店行业的内在属性的，酒店是否获得较高的经营效益取决于地理位置、所服务的顾客类型，等等。

[①] Penela, D., Serrasqueiro, R. M., "Identification of Risk Factors in the Hospitality Industry: Evidence from Risk Factor Disclosure", *Tourism Management Perspectives*, Vol. 32, 2019.

[②] Jianping Li, Yuyao Feng, Guowen Li, Xiaolei Sun, "Tourism Companies' Risk Exposures on Text Disclosure", *Annals of Tourism Research*, Vol. 84, 2020.

该团队从美国证券交易委员的网站上获取了 2006—2019 年 255 家上市旅游公司的财务报表数据，从中提取了 51008 个风险标题，采用隐含狄利克雷分（Sentence Latent Dirichlet Allocation，Sent-LDA）模型来识别旅游企业的风险披露度。研究将风险披露度定义为特定公司的"风险感知"，即公司基于对真实风险的主观判断，认为可能严重影响未来经营的风险环境。考虑到旅游业和酒店业具有相似的结构特征，已有研究将二者统称为 HT 行业（Hospitality industry and Tourism industry）[1]，且在行业分类体系中没有单独的旅游业和酒店业，因此该研究将旅游企业定义为以旅游为主要业务之一且可以为游客提供服务的 HT 公司，并在样本收集过程中按照全球行业分类标准（GICS）进行筛选。研究发现了 125 个风险标签，并将其分为了 30 个风险类别（表 4-4）。其中，占比较高的几类风险如业务扩张风险、成本风险、合作风险、需求波动风险等是对旅游行业特殊性的反映。以合作伙伴风险和需求波动风险为例：旅游是一种特殊的无形产品，涉及的服务种类较多，相关产品的销售和服务提供依赖于与第三方平台合作以及特许经营的支持；从需求端来看，旅游不属于日常生活必需品，其需求对国际政治、经济和气候条件极为敏感，加之消费者偏好固有的波动性，使得旅游业具有显著的季节/周期需求波动。

表 4-4　　　　　　　　旅游公司的风险披露度

序号	风险类别	占比（%）
1	监管变化	11.53
2	业务扩张风险	10.73
3	股票市场风险	9.79
4	市场风险	6.27
5	成本风险	4.79
6	债务风险	4.50
7	信息技术风险	3.89

---

[1] Singal, M., "How Is the Hospitality and Tourism Industry Different? An Empirical Test of Some Structural Characteristics", *International Journal of Hospitality Management*, Vol. 47, 2015.

续表

序号	风险类别	占比（%）
8	合作风险	3.72
9	人力资源风险	3.62
10	竞争风险	3.51
11	融资风险	3.27
12	潜在/进行中的法律诉讼	3.22
13	供应风险	2.41
14	需求波动风险	2.38
15	投资风险	2.34
16	利益相关者的风险	2.18
17	保险风险	1.98
18	知识产权风险	1.79
19	信用风险	1.77
20	内部控制风险	1.69
21	资产贬值风险	1.64
22	灾难	1.51
23	税务风险	1.44
24	季节性风险	1.24
25	声誉风险	1.22
26	租赁风险	1.05
27	国际风险	0.92
28	食品安全风险	0.79
29	传染病风险	0.58
30	经营中断风险	0.43
31	其他	3.82

在识别到的30类风险中，该研究又进一步梳理了9个在以往的研究中没有被识别到的新兴风险。

（1）合作风险。在与合作伙伴的业务合作过程中遇到的一系列风险，如对第三方平台的依赖和特许经营的不可控性等。例如，报表中所披露的"通过合作伙伴或合资企业进行投资会降低我们对风险的管控能力"。

（2）保险风险。公司获得的保险金额不能覆盖所有损失，或损失不在保险范围内，从而降低了预期利润。例如，"我们目前的保险范围可能不够，我们的保险费可能会增加，我们可能无法以可接受的费率获得保险，或者可能根本无法获得保险"。

（3）内部控制风险。公司缺乏内部控制或管理存在缺陷。例如，"如果我们不能维持一个有效的内部控制系统，我们可能无法准确地报告我们的财务业绩"。

（4）资产贬值风险。资产价值突然降低，包括固定资产和无形资产。例如，"资产或商业信誉的减值可能会增加我们对债务的违约风险"。

（5）季节性风险。因季节或周期性波动带来的业绩波动。例如，"我们的业务具有较强的季节敏感性，不利的天气条件会对我们的业务产生负面影响"。

（6）声誉风险。因公司在日常运营中的业务疏漏（例如客户信息泄露）而导致公司负面评价增加的风险。例如，"员工的不当行为可能会损害我们的声誉并对我们的业务运营产生不利影响"。

（7）租赁风险。与租赁有关的财务和合同问题。例如，"我们可能被锁定在我们想要取消的长期租约，以及不可取消的租约中，并且可能无法在租约到期时续签我们想要延长的租约"。

（8）食品安全风险。与食品安全有关的不良影响。例如，"对食品安全和食源性疾病的担忧可能会对我们的业务产生不利影响"。

（9）传染病风险。由突发的传染性疾病引发的对正常营业活动的干扰。例如，"一场区域性或全球性的流行性疾病可能严重影响我们的业务开展"。

在对财务报表所披露的风险信息进行识别和分类的基础上，该研究进一步将旅游业划分为四个子行业：博彩、酒店、度假/游轮公司、休闲设施/餐馆，并且计算了每个子行业排名前十的风险披露度。博彩业在债务、融资、信用方面的风险较高，且对其的监管也更加严格，反映了其在旅游业中特殊的经济属性；休闲设施风险特征与博彩业有一定的相似之处，即债务风险、融资风险比其他两个子行业更突出，此外，由于户外旅游活动较多，灾害风险所占比重也较其他子行业更高；餐饮行业风险主要集中在业务扩张风险、食品安全、供应风险和法律诉讼方面，旅游业中餐厅经营成功与否在一定程度上取决于其是否有能力拓展新的餐厅和获取相关特许经营，这就导致了较高的业务扩张风险。餐饮业对原材料供应的依赖性很强，因此供应风险、成本风险相对较大。此外，食品安全引发的诉讼风险也是餐厅面临的一类重要风险；酒店、度假村和邮轮公司的合作风险非常突出，因为这类服务的销售通常需要依赖第三方旅游网站预订渠道。[①]

从时间维度上的波动特征来看，旅游公司占比较高的风险披露类别多年来相对稳定。平均波动率超过 5% 的风险包括税务风险（5.98%）、传染病风险（5.86%）、资产贬值风险（5.25%）、信息技术风险（4.98%）、食品安全风险（4.36%）和季节性风险（-4.47%）。信息技术风险的增长趋势反映了数字时代和网上交易对旅游业发展的影响，提示了网络安全对旅游业务发展的重要性；传染病风险与食品安全风险的占比较低，但波动性较大，这提示经营者要注意与健康相关的各类突发事件。

李建平教授团队对旅游公司的风险识别与分类研究能够帮助游客、投资者更全面、系统地了解旅游业的风险状况，为行业内部制定相应的风险预防与对冲策略提供有针对性的参考。

二　游客的风险动态感知识别

旅游业作为风险敏感型产业，除了受到各类客观风险因素的影响外，游客的主观风险感知也是影响其发展的重要因素。游客的风险感知是一个动态过程，游客在旅行的不同阶段对目的地的风险感知目的、感知内容和特征各不相同。与目的地相关的风险事件、媒体报道、游客评价等外部信息会影响游客在旅行之前对目的地的风险感知，这种感知通常与旅行之后经由个人直接体验形成的风险感知之间存在显著差异，主要表现为风险放大效应和对目的地风险乐观程度的降低。[②] 风险感知对风险行

---

① Law, R., "Internet and Tourism—Part XXI: Trip Advisor", *Journal of Travel & Tourism Marketing*, Vol. 20, 2006.

② Kapuściński G., Richards B., "News Framing Effects on Destination Risk Perception", *Tourism Management*, Vol. 57, 2006.

为与决策的影响机制已经在突发事件①、金融/经济②等领域中有了较为成熟的研究，发现较高的风险感知促使人们采取风险预防行为，或减少风险行为。在旅游管理领域也存在类似的相关关系，游客对目的地过高的风险感知是降低他们的出行意愿的关键因素，从而对旅游业的发展产生负面影响③，游客对目的地的风险感知程度过低，或者盲目乐观又有可能会对游客安全和满意度造成负面影响。④

然而，目前有关游客风险感知的研究大都基于问卷调查展开，受制于数据获取时效性的局限，相关分析结果只适用于解读静态视角下的风险感知现象，无法触及对风险感知的动态属性。这种以问卷调查为主的研究在游客风险感知的动态性识别方面存在两方面的困难：一是对旅游前后的风险感知测量需要单独开展两次调查，数据搜集的时间成本较高；二是问卷设计需要预设风险感知测量维度，容易受到研究者主观偏差的影响。

为了克服上述问题，中国科学院李建平教授团队开发了一套基于"在线问答＋游记"的数据分析方法，并以西藏地区的旅游风险感知为研究对象进行了实证研究。研究团队通过某旅游网站爬取了游客旅行前发布的 2627 个问答和旅行后发布的 17523 个旅游笔记，分别用以测量游客旅行前后的风险感知，并借助人工标注、词典法、情感分析等文本挖掘技术风险感知的内容、特征、情绪和动态变化进行了分析。⑤ 研究发现：

---

① 周凌一、刘铁枫：《信息视角下新冠肺炎疫情的公众风险感知与预防行为》，《复旦公共行政评论》2021 年第 1 期。

② 高海霞：《消费者的感知风险及减少风险行为研究——基于手机市场的研究》，博士学位论文，浙江大学，2003 年。

③ Jie Wang, Bingjie Liu, Lastres, Brent W. Ritchie, ZiPan Dong, "Risk Reduction and Adventure Tourism Safety: An Extension of the Risk Perception Attitude Framework", *Tourism Management*, Vol. 74, 2019.

④ Chaowu Xie, Qian Huang, Zhibin Lin, Yanying Chen, "Destination Risk Perception, Image and Satisfaction: The Moderating Effects of Public Opinion Climate of Risk", *Journal of Hospitality and Tourism Management*, Vol. 44, 2020.

⑤ Yuyao Feng, Guowen Li, Xiaolei Sun, Jianping Li, "Identification of Tourists' Dynamic Risk Perception—The Situation in Tibet", *Humanities and Social Sciences Communications*, Vol. 912, No. 9, 2022.

游客在旅行前对目的地的风险感知主要包括游览路线选择、交通费用、季节风险、出行设备、可达性风险等内容，而对通信信号、传统习俗冲突、餐饮安全质量、景点开放情况、旅行社选择等方面的风险感知程度较低。

旅行后的风险感知综合衡量了感知内容和相应的负面情绪，发现风险感知显著增强的内容包含健康风险、住宿风险、时间风险、安全风险、餐饮购物风险和基础设施风险。进一步分析游记文本发现，游客对上述内容的描述通常是消极的，如"雨季的路况较差且难以预测，路基常被大雨破坏甚至冲垮，这对旅程造成了严重的负面影响"。"这里的路况非常糟糕，我在这里遇到了三场严重的车祸，让我感受到了生命的脆弱，这是我从未体会过的。"

旅行后风险感知降低的内容包括路线选择风险、设备风险、季节风险和可达性风险。具体而言，路线选择包括交通工具的换乘和景点之间的取舍，季节风险主要是指不同季节的风景特征和风景质量差异，可达性风险是指能否顺利进入具体景点。游客在旅行过程中对风景的切身体验会在一定程度上削弱其对上述内容的风险感知，如"不同季节的风景各有特点""在一个景点也可以看到多种不同的风景""现在租车自驾很方便"。

旅行后风险感知没有发生明显变化的内容包括传统习俗风险、与当地人的沟通风险、开放风险、旅行社选择风险和流行病相关政策的管控风险。需要说明的是，旅行前后对流行病相关政策管控的风险感知变化较低，在一定程度上是因为数据采集的时间跨度限制。

上述研究在方法层面克服了传统问卷调查主观偏差、样本量小、成本高等缺陷，实现了从海量文本数据中自动识别风险感知类型和情绪倾向的目的；在内容层面揭示了游客风险感知的动态变化过程，即在旅行前游客通常会低估与安全、健康和时间相关的风险，而高估与交通、路线选择和季节相关的风险；在实践层面为旅游风险管理与风险沟通提供了相应的理论依据与对策建议。

在旅行后显著增强的风险感知反映了目的地相关信息在传播过程中的风险放大效应，以及游客在出行前的乐观偏见。因此，旅游公司、景区管理者需要与游客进行风险双向沟通，引导游客形成更加全面和客观的风险感知，避免因为出行前的乐观偏见而导致对目的地满意度降低，同时也要加强对风险感知相关内容的质量管理，包括餐饮/购物质量、酒店、基础设施等。旅行后显著减弱的风险感知内容在一定程度上反映了游客出行前的焦虑情绪，信息不对称和信息传播过程中的风险放大框架对此发挥了关键作用，因此有必要优化相关信息的传播方式，减少游客出行前的焦虑情绪，从而吸引更多游客前往目的地旅游。已有研究发现与数值型的风险信息相比，海报、图标和公告等形式的信息发布能够更加有效、准确地向游客传达风险信息，从而引导增强他们对相关内容的风险感知。因此，需要采取多样化的风险沟通策略。此外，该研究所采取的在线游记和问答等数据均来自对目的地有旅行意愿或旅游经历的社会公众，这提示管理者要将公众作为风险沟通与景区宣传的重要媒介。对于旅行前后相对一致的风险感知，要优化相关服务质量与管理方式，包括规范营商环境和收费标准、加强对当地天气的科普等，虽然相关因素不会对游客旅行决策产生显著影响，但可能是提高游客满意度的有效选择。

第七节 小结

本章研究了突发事件风险在群体—空间维度上的动态制约与平衡关系。研究以群体在风险系统中的主、被动双重属性为切入，分析风险在群体动态与空间动态共同约束下的动态表现形式与机理。本书选择了公共安全事件中的景区超载风险为实证研究对象，以实地调查和仿真实验相结合的方式量化了空间承载条件和群体运动状态之间的制约关系与制约力度，从游客动态对空间容量的影响方式、空间超载风险阈值的动态变化、空间—群体条件约束下的超载风险动态机理三个方面分析了风险系统的变化过程，并提出了不同情景下的风险动态平衡策略。本章的主要研究结论如下。

（1）对空间承载量的科学评估是避免发生超载风险的前提和基础，本章重新定义了游客承载量这一概念，认为它不是用以限定整个景区所能容纳的最大游客总量的统一确切数字，而是一个动态管理工具，需要根据景区内部各区域的空间条件和游客运动属性对每个区域可接受的游客人数变化区间进行估计。

（2）游客的运动状态能够对空间承载量产生负向影响，影响系数为0.64。与静止状态相比，运动中的游客需要更大的人均面积来满足自身的活动需求，从而降低了空间的物理承载量和超载风险阈值。步行是游客在生态公园、博物馆、文化遗址等有特殊保护要求景区的主要游览方式和运动状态，保持游客在景区内的流动性既是游客的实际旅行需求，也是景区避免空间拥堵、保证区域过载的风险防控要求。因此，游客自身的动态性是超载风险分析必须考虑的因素。

（3）景区超载风险是以游客动态为直接诱因的空间问题，在空间维度上具有可调节性。游客在景区各区域的分布具有不均匀的特征，重点游览景点往往是游客聚集程度最高的区域，如石窟区；而吸引力较低的区域或没有景点分布的空旷地带往往空间面积大，但游客聚集程度低，如广场区和瑞应寺。因此，景区整体的超载风险阈值无法表示内部区域的风险差异，即部分区域游客严重超载，而部分区域则尚未达到标准承载量。通过对各区域超载风险阈值的独立评估，能够在游客超载的情境下，通过对游客在各区域再分配的方式实现风险在空间维度上的转移和分摊，从而使景区整体的超载风险保持动态平衡状态。

本章对麦积山景区游客超载风险动态的分析不仅适用于景区游客管理，也对其他空间—群体维度上的突发事件风险动态管理实践有一定的参考价值。

一是空间超载风险和人员安全管理的参考价值。特定空间的风险与安全管理需要在充分考虑空间环境条件、生态条件、物理条件的基础上，进一步分析空间内群体类型及活动状态对空间指标的影响和改变，游客在静止和运动两种状态下对人均空间面积的需求有较大差异，且肢体活动幅度的大小也会对空间可用面积有不同程度的影响。这种由个体运动状态带来的空间影响同样适用于空间面积有限且对群体流动性有一定要求领域的超载风险管理，如车站旅客管理、布展陈列、公众聚集性活动等公共场所的密集人群管理，避免踩踏、拥堵等安全事故的发生。

二是对后疫情时代常态化风险防控与社会有序运转的参考价值。保持安全社交距离成为后疫情时代公共场所，特别是人群密集场所普遍采用的一项管理措施，本章研究成果中关于游客步行速度对空间容量的影响系数（0.64）可以作为公共场所评估合理容量、保证安全社交距离等方面的参考，提高措施的精细化水平。

第五章

基于时间—空间—群体维度的突发事件风险动态传播网络分析

突发事件主要分为自然灾害、公共安全、公共卫生及事故灾难四大类。第三章至第五章对突发事件在时间—空间、时间—群体和空间—群体三种二维交织情境下的风险动态进行了深入研究，并分别针对自然灾害与公共安全事件进行了实证分析。本章将进一步综合考察时间—空间—群体三维视角下的风险动态传播过程，选取事故灾难事件进行实证分析，同时结合突发事件的属性特征，对公共卫生事件进行案例研究。在实证分析部分，本章以煤矿安全生产事故为研究对象，构建了事故风险传播网络与风险链条之间的关联规则，以此描绘安全生产事故中的风险点、风险链及其拓扑结构的动态表现。

第一节　问题描述

从时间—空间—群体三维交织网络的视角来看，突发事件风险动态指的是风险系统状态在三个维度上均有显著体现，任何一个维度上的风险致因与动态表现都无法被忽视。各类风险因子的跨维度互动会对风险的动态机制产生影响，并最终反映为风险点、风险链和风险网络的演化。在时间、空间及群体这三个维度交织下进行的风险动态分析，不应仅以某一单独维度或两两组合为标准来衡量，而是将三个维度中的风险致因及其动态表现形式视作相互作用与制约的整体，从而深入分析多维因素耦合下的动态机制，描绘出形成过程、结构特征以及网络间复杂互动关系。煤矿安全生产是由"人—机—环—管"四大基本要素构成的综合系统。其中,煤矿工人的不安全行为(人)、机械设备的不安全状态(物)、作业环境与自然环境的不稳定因素(环)以及安全管理缺陷或不足(管)四类主要危险要素之间的耦合,是引发安全生产事故的重要原因。这表明,仅凭单一类型的隐患并不能直接导致事故发生,而不同类型危险要素共同作用才会促成事故。因此,可以看出,煤矿安全生产事故具有明显的多维交织属性。例如,在群体层面上,煤矿工人的不安全行为与机械设备操作密切相关,如违规使用通风机进行多头供风可能导致瓦斯积聚,从而诱发窒息事故。此外,瓦斯爆炸通常也与机械设备故障或工人违规操作有关,即机械设备产生摩擦火花或电火花,与井内积聚瓦斯相结合,引发爆炸。因此,在造成安全生产事故方面,群体层面的不安全行为、空间层面的机械设备不安状态,以及二者在时间层面上的累积或耦合,是主要原因。

在煤矿安全生产的"人—机—环—管"系统中,煤矿企业的安全管理与作业工人的不安全行为对整个系统的影响尤为显著[1]。一项基于大样本煤矿安全生产事故的研究发现,煤矿企业的组织文化及其对安全监管的不足是导致事故发生的主要管理因素[2]。关于煤矿安全事故的个案研究表明,煤矿工人的不安全行为以及缺乏机械设备操作前检查是引发安全生产事故的重要直接原因[3]。有研究通过比较分析不同煤矿事故原因,以识别对重大安全生产事故起决定性作用的关键因素,并发现煤矿工人的不安全行为是最直接且重要的影响因素[4]。在作业过程中,煤矿工人的安全操作水平及企业对其进行的安全培训,对整体生产系统稳定性具有显

---

[1] Cheng, Lianhua, "Evolutionary model of coal mine safety system based on multi-agent modelling", *Process Safety and Environmental Protection*, Vol. 147, 2021, pp. 1193-1200.

[2] Michael G. Lenne, "A systems approach to accident causation in mining: An application of the HFACS method", *Accident Analysis & Prevention*, Vol. 48, 2012, pp. 111-117.

[3] Meng Zhang, "Investigation of haul truck-related fatal accidents in surface mining using fault tree analysis", *Safety Science*, 65, 2014, pp. 106-117.

[4] J. M. Patterson, S. A. Shappell, "Operator error and system deficiencies: Analysis of 508 mining incidents and accidents from Queensland", *Accident Analysis and Prevention*, Vol. 42, No. 4, pp. 1379-1385.

著影响，而工人的不安全行为则被视为事故发生的重要根源①。然而，也有研究提出了不同观点。一项基于86份调查报告的数据分析显示，尽管煤矿工人的不安全行为存在，但并非导致事故发生的决定性因素；相反，由于未能执行监督管理部门整改要求与停产指令等管理失误才是造成事故的根本原因②。从采掘作业流程来看，不当作业等违规行为确实直接引发了诸多意外，但更深层次的问题在于企业内部安保制度的不完善、政府监管力度不足，以及检查部门与企业之间沟通障碍等管理问题所致③。此外，有关研究还强调了企业文化在保障工作环境中的重要性，并指出缺乏有效、安全文化将直接表现为工作环境的不安定、增加员工的不当操作以及内部沟通效率低下，这些均构成了事故频发之根本原因④。

现有研究成果为识别煤矿安全风险因素及探索事故致因机理奠定了方法与理论基础，但在风险动态特征的刻画方面仍存在以下两个待进一步探讨的领域。首先，尽管已有研究基于利益相关者（如矿工、监管部门和煤矿企业）对煤矿风险进行了分类，但这些研究未能明确阐述各利益相关者对事故发生的具体影响，也未解答不同利益相关者之间的风险模糊性问题，即不同利益相关者的风险驱动力是否相互关联或制约。这种模糊性在一定程度上妨碍了对风险的精准识别以及事故灾难事前预防。例如，矿工可能由于缺乏足够的信息而低估某些潜在危险，而监管部门则可能因为资源限制而无法全面覆盖所有隐患，这就导致了信息的不对称，从而加剧了整体安全管理中的不确定性。因此，有必要深入分析各类利益相关者如何通过其行为和决策影响整体安全环境，并建立一个更

---

① Yan Zhang, Si‐Xia Wang, Jian‐Ting Yao, Rui‐Peng Tong, "The impact of behavior safety management system on coal mine work safety: A system dynamics model of quadripartite evolutionary game", *Resources Policy*, Vol. 82, 2023, 103497.

② Wang Yuxin, "Accident case‐driven study on the causal modeling and prevention strategies of coal‐mine gas‐explosion accidents: A systematic analysis of coal‐mine accidents in China", *Resources Policy*, Vol. 88, 2024, 104425.

③ Wanguan Qiao, "STAMP‐based Causal Analysis of the Coal Mine Major Accident: From the Perspective of Safety Process", *Energy Reports*, Vol. 7, 2021, pp. 116‐124.

④ Zhang, Jiangshi, "Root causes of coal mine accidents: Characteristics of safety culture deficiencies based on accident statistics", *Process Safety and Environmental Protection*, Vol. 136, 2020, pp. 78‐91.

为系统化的方法来评估这些关系。其次,虽然部分研究将事故隐患区分为本质因素(root hazard)与状态因素(state hazard)两大类[1],但具体风险因素在事故链中的作用尚需进一步厘清,这些因素对事故发生所产生的直接和间接影响仍待深入探讨。在实际操作中,不同类型的隐患往往交织在一起,相互作用形成复杂网络,因此需要采用多维度、多层次的方法进行综合分析。此外,对每个环节中潜在危害源及其引发机制进行详细剖析,将有助于构建更加科学合理的预警体系,以便及时发现并消除隐患。此外,尽管这些研究强调加强监管机构与煤矿企业安全监督的重要性,但应认识到改善此类监督和管理要素是一项复杂系统工程。虽然其对于提升煤矿安全生产具有系统性和根本性的影响,但并非直接诱发事故之导火索,其短期内提高煤矿生产安全效果并不显著,因此无法满足实践中对于及时进行风险识别与事故预防之迫切需求[2]。因此,本研究旨在通过区分煤矿安全生产事故的直接原因与间接原因,深入探讨安全生产事故中的风险动态耦合过程,并以关键节点及其传导链为依据识别主要风险点,为制定有效的事故预防方案及优先级提供参考。

第二节 风险要素提取与分析方法

一 煤矿安全生产事故的数据集

中国煤矿生产具有高劳动强度、高职业风险和高事故率的特征。这些特征不仅对煤矿工人的身体健康与安全产生了影响,也对整个行业的可持续发展构成了严峻挑战。确保煤矿企业的安全一直是备受关注的问题,也是国内外亟待解决的复杂难题[3]。尽管在煤矿开采技术和安全协议

---

[1] Quanlong Liu, Yumeng Peng, Zhiyang Li, Pan Zhao, Zunxiang Qiu, "Hazard identification methodology for underground coal mine risk management – Root – State Hazard Identification", *Resources Policy*, Vol. 72, 2021, 102052.

[2] Ziwei Fa, Xinchun Li, "From aggregate to part: Study on the change of coal mine safety records in China under the intervention of risk pre – control management system", *Resources Policy*, Vol. 73, 2021, 102159.

[3] Priscilla Grace George, V. R. Renjith, "Evolution of Safety and Security Risk Assessment Methodologies towards the Use of Bayesian Networks in Process Industries", *Process Safety and Environmental Protection*, Vol. 49, 2021, pp. 758 – 775.

方面取得了显著进展，但重大及严重事故仍时有发生[①]。根据2023年矿山安全监督管理部门的专项调查，共查处2269个重大安全隐患，同比显著增长51.3%（国家矿山安全监察局，2023年）。这一数据反映出当前煤矿行业在隐患排查与治理方面依然存在不足之处。重大事故的持续发生凸显了进一步加强预控战略、有效缓解煤矿事故的重要性。依据国务院于2024年1月发布的《煤矿安全生产条例》，煤矿企业必须进行自查，以识别潜在危险。同时，监管部门需强化监管体系，以确保煤矿企业能够及时发现并消除隐患。因此，促进风险识别与增强风险分析对于提升煤矿事故预警控制措施的相关性与指导性，是当前两大迫切关注和现实需求。这一过程不仅涉及技术手段，还包括人员培训、应急演练以及信息共享机制等多个方面。为了更好地理解这些问题，我们需要深入探讨各类因素如何相互作用。例如，在人员培训方面，不仅要提高工人的专业技能，还需增强其对潜在危险信号的敏感度。此外，应急演练可以帮助员工熟悉紧急情况下应采取的行动，从而减少因慌乱导致的不必要伤害。而信息共享机制则能使不同地区或单位之间形成良好的沟通渠道，有助于快速传递最新的信息和经验教训，从而提升整体防范能力。

事故调查报告在分析我国煤炭行业中的安全隐患方面发挥着重要作用，包括对事故描述、原因分析、人员伤亡及经济损失等多维度的信息。然而，中国基于这些报告开展研究面临一个共同问题，即缺乏统一标准化格式[②]。以往研究的数据来源多样，包括来自国家煤炭安全调查局及各区域安全监管机构的报告。这些报告在调查重点、内容结构及格式上存在差异，从而导致文本挖掘结果的不确定性较大，这也使得后续有针对性的改进措施难以落实。自2018年应急部成立以来，为了解决上述问题，事故调查报告已采用标准化调查框架，对调查流程、内容结构、报告格

[①] Bing Wu, Jingxin Wang, Baolin Qu, Pengyuan Qi, Yu Meng, "Development, effectiveness, and deficiency of China's Coal Mine Safety Supervision System", *Resources Policy*, Vol. 82, 2023, 103524.

[②] Tan Tingjiang, Wang Enyuan, Zhao Ke, Guo Changfang, "Research on assisting coal mine hazard investigation for accident prevention through text mining and deep learning", *Resources Policy*, Vol. 85, 2023, 103802.

式及调查组组成进行了规范。这一标准化措施保障了数据质量，使得不同地区、不同时期的数据可以更为有效地进行比较和分析。本研究以2018年至2023年间的重大煤矿安全生产事故为研究对象，包括瓦斯爆炸、顶板事故、煤与瓦斯突出、透水四类事故类型。对来自中国13个煤炭主产区的78份事故调查报告进行了分析，涵盖了山西、陕西和内蒙古等主要煤矿生产区（图5-1）。

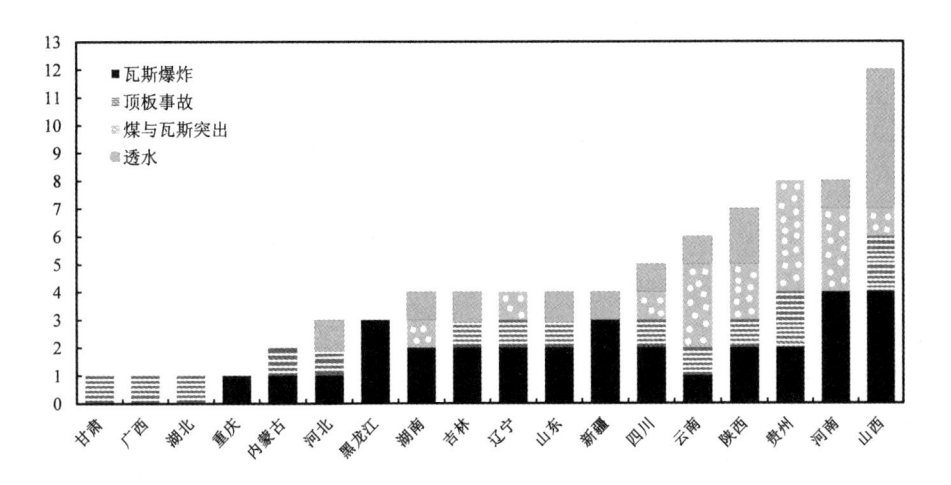

图5-1　2018—2023年我国重大煤矿安全生产事故的空间分布

事故成因分析是调查报告的核心内容，该部分包含两个关键组成要素：直接原因与间接原因（图5-2）。直接原因通常是指直接诱发事故发生的导火索，例如由在瓦斯积聚的情况下，矿井出现明火即可诱发爆炸事故。事故调查报告中的间接原因则以要点形式列出，每个原因均附有相应的标题与解释说明。间接原因往往涉及更广泛背景，如管理制度的不完善、安全监管不到位、矿井地质条件不稳定等。

二　煤矿安全生产事故风险分析框架

事故调查报告集中揭示了潜在的危险信息，对识别引发事故的风险具有重要价值。大多数研究聚焦于这些报告所衍生出的风险识别技术与模型，以及事故成因机制。例如，Miao等人运用自然语言处理和双向长短期记忆（Bi-LSTM）模型，更有效地对煤矿文本进行隐患分类及语义

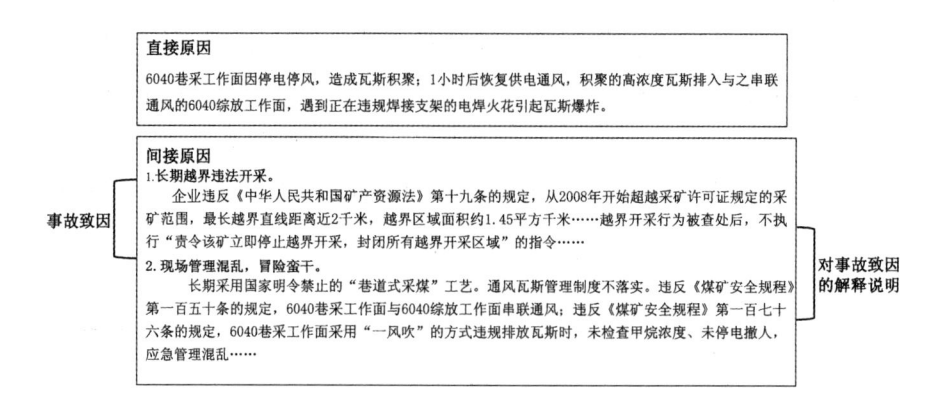

```
                    ┌─────────────────────────────────────────────────────────────┐
                    │ 直接原因                                                      │
                    │ 6040巷采工作面因停电停风,造成瓦斯积聚;1小时后恢复供电通风,积聚的高浓度瓦斯排入与之串联      │
                    │ 通风的6040综放工作面,遇到正在违规焊接支架的电焊火花引起瓦斯爆炸。                    │
                    ├─────────────────────────────────────────────────────────────┤
        事故致因 ────┤ 间接原因                                                      ├──── 对事故致因
                    │ 1.长期越界违法开采。                                            │     的解释说明
                    │    企业违反《中华人民共和国矿产资源法》第十九条的规定,从2008年开始超越采矿许可证规定的采 │
                    │ 矿范围,最长越界直线距离近2千米,越界区域面积约1.45平方千米……越界开采行为被查处后,不执 │
                    │ 行"责令该矿立即停止越界开采,封闭所有越界开采区域"的指令……                         │
                    │ 2.现场管理混乱,冒险蛮干。                                        │
                    │    长期采用国家明令禁止的"巷道式采煤"工艺。通风瓦斯管理制度不落实。违反《煤矿安全规程》  │
                    │ 第一百五十条的规定,6040巷采工作面与6040综放工作面串联通风;违反《煤矿安全规程》第一百七十 │
                    │ 六条的规定,6040巷采工作面采用"一风吹"的方式违规排放瓦斯时,未检查甲烷浓度、未停电撤人,   │
                    │ 应急管理混乱……                                               │
                    └─────────────────────────────────────────────────────────────┘
```

图5-2　煤矿安全生产事故调查报告中的原因分析结构示意

主题提取。该方法通过先进的计算技术显著提升了危害识别的效率与准确性[1]。动态贝叶斯网络及因果建模的应用,有助于快速识别安全隐患信息和关键风险因素,并为煤矿事故预防措施提供优先级排序[2]。文本挖掘与关联规则挖掘则提供了一种数据驱动的方法,以有效从煤矿事故文本中提取原因及其相互作用机制[3]。社会网络分析能够可视化事故成因及内部因果关系,通过节点属性和网络结构分析来识别关键因素。为了系统性地识别煤矿安全事故的成因及其核心风险因素,本章基于传统的人—机—环境—管理理论(MMEM)构建了煤矿安全生产事故原因分析框架。该框架针对煤矿安全生产中的四大管理主体:企业管理、现场管理、煤矿工人以及政府监管(见表5-2)进行了分类识别。在当前复杂多变的煤矿行业背景下,各类安全事故频发,导致人员伤亡和经济损失,因此对事故成因进行深入剖析显得尤为重要。首先,将煤矿事故原因数据分

---

① Dejun Miao, Yueying Lv, Kai Yu, Lu Liu, Jiachen Jiang, "Research on coal mine hidden danger analysis and risk early warning technology based on data mining in China", *Process Safety and Environmental Protection*, Vol. 171, 2023, pp. 1-17.

② Wang Yuxin, Fu Gui, Lyu Qian, Wu Jingru, Wu Yali, Han Meng, Lu Yuxuan, Xie Xuecai, "Accident case-driven study on the causal modeling and prevention strategies of coal-mine gas-explosion accidents: A systematic analysis of coal-mine accidents in China", *Resources Policy*, Vol. 88, 2024, 104425.

③ Gabriel Raviv, Barak Fishbain, Aviad Shapira, "Analyzing risk factors in crane-related near-miss and accident reports", *Safety Science*, Vol. 91, 2016, pp. 192-205.

为直接原因和间接原因两类，并在统一的分析框架下进行深入研究。这一分类方法有助于明确不同层面上影响安全生产的因素，从而制定更有针对性的预防措施。直接原因通常包括设备故障、人为错误等，而间接原因则可能涉及制度缺陷、安全文化不足等深层次问题。通过这种方式，可以全面了解各类因素之间的相互关系，为后续改进提供科学依据。研究具体分为以下几个步骤。

步骤1：识别事故原因

通过对78份煤矿安全事故调查报告的综合分析，提取出事故原因。这些报告涵盖了不同时间段和地区的煤矿安全事件，提供了丰富的数据来源。基于MMEM理论，我们对这些原因进行了系统分类，以便更好地理解其内在逻辑和相互关系。在此过程中，我们采用定性与定量相结合的方法，通过数据挖掘技术，对大量文本信息进行处理与分析。最终，我们共探索了11994个原因标题，从中确定了35种不同的根本原因，并构建了一个详细框架，以深入理解事故成因。这一框架不仅有助于学术研究，也为实际操作提供指导。

步骤2：识别关键原因及其关联

为了进一步开展网络分析，我们建立了一套综合性的事故原因矩阵，该矩阵能够有效整合各类因素之间的关系。此外，从整体结构、节点属性和边缘特征等方面对二模因果网络进行了深入分析，这一过程涉及图论中的相关算法，使得我们可以清晰地描绘出各因素间的联系。通过节点分析，我们成功识别出了核心因素，同时通过边缘检查，各因素之间的关系也得以明确。这一详尽的网络分析使我们能够识别核心因素并映射它们之间的相互关系，从而更深刻地理解导致煤矿事故的潜在因素及其相互作用，为后续预防措施制定奠定基础。

步骤3：分析关联规则原因

在确定核心原因之后，本研究进一步调查无向二模因果网络中的关联规则。使用增强型Apriori算法来发现这些原因为何会产生有向关联规则，这种方法具有较高的数据处理效率，可以从海量数据中快速提取出频繁项集。同时，通过设置适当阈值，确保所发现规则具备一定的重要性和实用价值。本阶段旨在揭示不同根本原因之间可能存在的一系列隐含联系，为后续风险评估提供依据。

步骤 4：确定关键原因的风险标签

尽管根据 MMEM 理论对事故原因进行了分类，但每种理由背后的内涵仍然很广泛且模糊。因此，本研究采用潜在狄利克雷分配（Sent - LDA）主题模型来识别与每个事故缘由详细解释中的风险因素相关联的潜在主题。在我们的调查中，报告中的事故缘由遵循图 3 所示结构，每个理由都包含一个标题句以及一个详细解释，其中嵌入着潜在风险因素的信息。这一步骤不仅帮助厘清各种复杂概念，还为制定有针对性的干预措施提供支持。

步骤 5：对比分析直接与间接原因

完成前四个分析步骤后，本研究将以直接造成煤矿安全事故发生的直接原因为主线，与那些虽然不直接引发但却起到重要影响作用或促进条件作用的不良环境或管理缺陷，即间接原因进行比较。以阐明它们各自独有特征及其交互作用机制。这一比较不仅能加深对于煤矿安全问题复杂性的认识，还有助于形成更加全面有效的问题解决方案，提高未来工作中的安全保障水平。

三　煤矿安全生产事故的风险隐患识别

文本挖掘技术是一种强大的工具，能够自动从海量的文本数据中提取出有价值的信息，从而显著减少对人工分析的依赖。这项技术在各个领域得到了广泛应用，包括商业智能、社交媒体分析、学术研究等。本研究特别利用了主题模型这一重要的文本挖掘技术，以识别事故成因中的核心主题及其具体要素。通过将事故成因分为多个簇，并手动为每个簇赋予相应的主题标签，我们可以更清晰地揭示不同主题下事故成因的构成和影响权重。为了有效预防煤矿事故，协助隐患调查，以及深入挖掘已有的文本记录，本研究选择了 Sent - LDA（句子潜在狄利克雷分配）模型作为主要方法。该模型由 Yang 和 Anindya 于 2014 年提出，是一种专门用于处理大量文本数据的词袋模型，在许多研究领域被广泛采用以识别潜在主题。与传统 LDA（Latent Dirichlet Allocation）模型相比，Sent - LDA 更加注重句子的边界特征，这使得它能更好地适应某些特定场景。例如，在煤矿事故报告中，一句话往往只对应一个明确的主题，因此传统 LDA 模型所采用的一词一主题的方法并不适用。

Sent – LDA 模型通过将文档中的单个句子视作一个整体，使得该句子内所有单词都仅由一个共同生成的主题来解释。这种设计不仅提高了对复杂语义结构的理解能力，还增强了对信息提取过程中的准确性。在实际操作中，Sent – LDA 首先会对输入的数据进行预处理，包括去除停用词、标点符号以及进行必要的数据清洗，然后再根据设定好的参数进行训练，以便最终生成具有代表性的主题。由于矿业事故记录中的语言风格和术语与普通文本数据存在显著差异，我们设计了一个异常转移机制，以确保记录删除的效果，优化分词步骤并消除无效词。此外，我们调整了变分贝叶斯方法用于 Sent – LDA 模型的训练，以更好地估计文档—主题和主题—词汇之间的关系分布。在此基础上，我们将所有相关的事故记录汇集成文档集，并输入 Sent – LDA 模型进行分析。根据关键结果，手动标注每个类别的注释。最后得到每个主题下的元素分布以及不同主题在文档中的占比，即主题类别。

表 5 – 1 根据 MMEM 理论将 36 个原因分为五组利益相关者：煤矿企业、煤矿现场、煤矿工人、监管机构和环境与设备。这一分类方法的核心在于识别不同利益相关者在煤炭生产过程中所扮演的角色及其对整体安全和效率的影响。通过这种细致的划分，可以更清晰地了解各方在整个生产链条中的相互关系以及他们所面临的挑战。文本挖掘获得了一套全面的数据，共计 11994 个原因标题。这些标题反映了各类问题与挑战，为后续改进提供了重要依据。分析结果显示，在所有层面中，煤矿企业层面的原因最为常见，总共出现 5719 次，这可能是由于企业在制定政策和实施措施时，对安全性与效率的关注度更高。其次是监管机构（G），出现 2388 次，其作用主要体现在法规遵循及行业标准执行，以保障公共安全与环境保护。紧随其后的是现场管理（M），出现 1987 次，这表明实际操作中的问题同样不可忽视。此外，环境与设备（E）的原因出现 1600 次，强调了技术设施的重要性，以及如何有效利用资源以减少对环境的不良影响。而关于煤矿工人本身（S）的原因仅出现 840 次，反映出个人行为或心理因素相较于其他系统性问题而言，更难以量化，但同样值得重视。

表5-1　　　　　　　　煤矿安全生产事故的原因分类

利益相关者	事故原因	出现频次	小计
煤矿企业	C1 安全管理	1065	5719
	C2 技术管理	968	
	C3 劳动组织	537	
	C4 违法开采	968	
	C5 逃避监管	1010	
	C6 隐患排查	110	
	C7 拒不执行指令	189	
	C8 火工品管理	232	
现场管理	M1 顶板管理	598	1987
	M2 带班下井	104	
	M3 冒险指挥	284	
	M4 忽视危险信号	112	
	M5 瓦斯治理	26	
	M6 应急管理	299	
	M7 防突措施	133	
煤矿工人	S1 无证作业	44	840
	S2 违规操作	130	
	S3 安全防护	156	
	S4 风险认知	527	
安全监管部门	G1 规程失察	361	2388
	G2 执法不严	154	
	G3 违法打击	551	
	G4 现场检查	154	
	G5 隐患整改	140	
	G6 审核审批	215	
	G7 复产验收	303	
	G8 专项检查	165	
	G9 驻矿安监	344	

续表

利益相关者	事故原因	出现频次	小计
设备与环境	E1 地质构造	230	1600
	E2 监控系统	417	
	E3 通风系统	184	
	E4 局部通风机	344	
	E5 安全出口	162	
	E6 机电设备	481	
	E7 防火设备	56	
	E8 消尘洒水设备	414	

煤矿企业作为生产过程中的主要决策者，负责制定战略规划和资源配置，需要考虑市场需求、技术创新以及成本控制等多方面因素，以确保企业的可持续发展。同时，企业还需关注员工培训、安全管理体系建设等问题，从而提升整体运营效率。煤矿现场是实际操作的重要场所，各种设备与人员密切配合。在这一环节中，不同岗位之间的信息传递至关重要。有效沟通能够减少误解，提高工作效率。此外，现场管理人员需实时监控作业情况，并及时处理突发事件，以保障作业安全。煤矿工人是执行具体任务的一线力量，他们直接参与到采掘过程之中。因此，对工人的技能培训、安全意识培养显得尤为重要。只有当工人具备必要的专业知识和应急处理能力时，才能最大限度地降低事故发生率，提高生产效益。监管机构则承担着监督与指导职责，其作用不可忽视。他们不仅要确保各项法律法规得到遵守，还需定期进行检查评估，为行业提供规范性建议。这些措施有助于维护行业秩序，同时促进技术进步与安全文化的发展。环境与设备也是一个不可或缺的重要组成部分。在采掘过程中，机械设备的安全与稳定性、矿井地质条件等因素对于安全生产具有不可忽视的作用。

四　煤矿安全生产的事故致因网络构建

自无标度网络的概念及模型于《科学》(*Science*)上发表以来[①]，该理论在事故分析领域得到了广泛应用，涵盖城市建设项目[②]、地下工程[③]以及煤矿事故分析[④]。研究表明，与传统定量方法相比，网络分析在识别核心风险因素、揭示风险扩散路径及解析事故发展机制方面具有显著优势[⑤]。通过对复杂系统中各个节点之间的关系进行深入探讨，该方法能够有效捕捉到潜在的隐患和相互影响，从而为决策提供科学依据。整体结构、节点度分析、路径长度和中介中心性是评估事故原因网络拓扑特征的重要指标，这些指标不仅反映了系统内部元素之间的连接强度，还揭示了不同因素在整个网络中的重要性与作用力。例如，在煤矿安全管理中，通过构建煤矿事故原因的二模邻接矩阵，可以清晰地展示出导致事故发生的各种因素及其相互关系。这种可视化的方法使得相关人员能够更直观地理解复杂问题，并制定有针对性的预防措施。此外，通过计算相关的网络度量、节点度量与边度量，可以进一步深化对事件发展的理解。例如，某一特定节点如果具备较高的中心性，则可能意味着该因素在引发连锁反应时发挥关键作用。这样的信息对于优化资源配置和提升应急响应能力至关重要。因此，这些指标及其在成因网络中的意义详见表5-2。

[①] Barabasi, Albert-Laszlo, Alber, "Emergence of scaling in random networks", *Science*, Vol. 286, 1999, pp. 509-512.

[②] Sharaf AlKheder, Aya Alzarari, Hanaa AlSaleh, "Urban construction-based social risks assessment in hot arid countries with social network analysis", *Habitat International*, Vol. 131, 2023, 102730.

[③] Wenqiang Chen, Jiaojiao Deng, Lianchao Niu, "Identification of core risk factors and risk diffusion effect of urban underground engineering in China: A social network analysis", *Safety Science*, Vol. 147, 2022, 105591.

[④] Dejun Miao, Yueying Lv, Kai Yu, Lu Liu, Jiachen Jiang, "Coal mine roof accident causation modeling and system reliability research based on directed weighted network", *Process Safety and Environmental Protection*, Vol. 183, 2024, pp. 653-664.

[⑤] Zunxiang Qiu, Quanlong Liu, Xinchun Li, Jinjia Zhang, Yueqian Zhang, "Construction and analysis of a coal mine accident causation network based on text mining", *Process Safety and Environmental Protection*, Vol. 153, 2021, pp. 320-328.

表 5-2 社会网络度量指标及其含义

指标	定义	含义
密度	网络中实际存在的链接数量与所有节点在完全连接状态下可能形成的最大链接数量之比	较高的密度表明节点之间具有更紧密的相互联系
平均路径长度	任意两个节点之间通过最短路径所需边数的平均值	反映了整个网络中节点间的分离程度
节点度数	直接连接到某一节点的链接总数，表示该节点对其他节点影响力的大小	原因节点的度越高，其对其他节点产生影响的能力也越强
节点中间中心度	衡量一个节点位于其他两个节点之间的程度，从而增强网络中的连通性	度数较高的节点通常意味着许多原因之间的重要连接通过其实现
边度	描述的是两个节点间链接发生频率，体现了它们之间连接强度	边缘连接强度越大，引发相互作用的潜力也随之增强

五 煤矿安全生产的风险路径关联规则

除了 Sent-LDA 模型，本研究还采用了关联规则分析，以揭示事故记录中的潜在关联信息。在该分析系统中，多个因素之间可能存在直接或间接的影响，并且可能面临风险。为更有效地支持贫困地区的调查并降低矿产风险，本研究运用经典的 Apriori 算法来挖掘多种风险因素之间的关联关系。具体步骤如下。

步骤1：以数据集 X 作为输入，分析 X 中包含的事故原因项集。这一过程涉及对数据进行预处理，包括去除噪声和缺失值，以确保后续分析结果的准确性。

步骤2：进行第一次迭代，统计每一项指标。在 Apriori 算法中使用 Zhangs_ metric 来表示规则的兴趣度，从而消除传统"支持度—置信度"标准下可能出现的误导性规则。此时，通过计算各个指标与事故发生频率之间的关系，可以识别出具有显著相关性的因素。

步骤3：根据最小支持度、提升度和置信度筛选出候选项集。通过设定合理阈值，这一步骤能够有效过滤掉不具备实际意义的数据组合，为后续深入分析奠定基础。

步骤4：保持最小支持度不变，重复第三步，直至无法再对候选项集进行合并，并输出最终结果。在这一过程中，将不断更新和优化候选项集，使得最终得到的信息更加全面且具有实用价值。

第三节 风险传播网络的结构特征

以事故原因作为节点，原因之间的共现关系为连边，构建了煤矿安全生产事故的风险致因网络，间接原因网络由36个节点和1110条边组成，直接原因网络则包含11个节点和96条边。事故致因网络可视化有利于更清晰地识别不同因素之间的相互作用及影响力。这种方法不仅有助于揭示各个因素在事故发生中的重要性，还能帮助理解它们如何共同作用，从而形成复杂的因果链条。直接和间接原因的整体网络密度均超过0.8（图5-3），风险致因之间的联系较为紧密，原因之间的相互影响水平较高。网络密度高意味着在煤矿安全风险处置工作中，对某一单一因素进行干预时，需要考虑对其他相关因素产生的连锁反应。

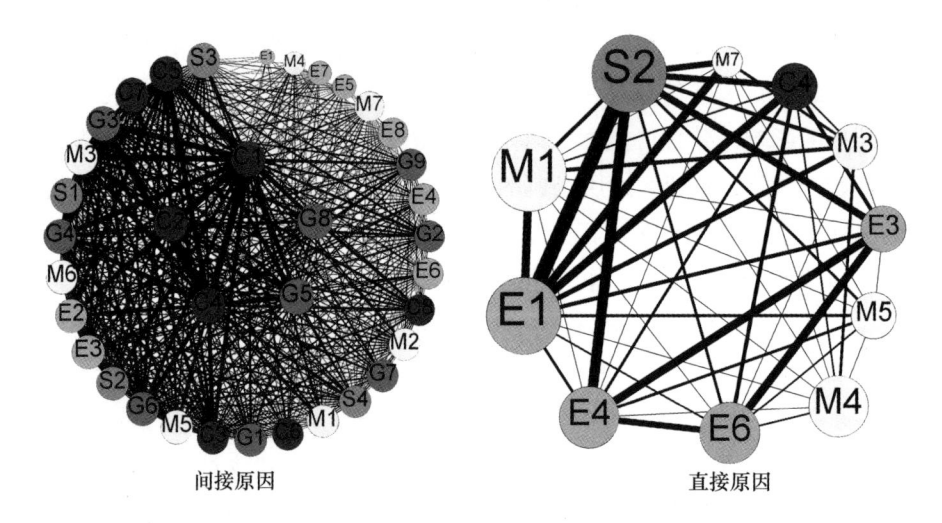

间接原因　　　　　　直接原因

图5-3　煤矿安全生产的事故致因网络

直接原因与间接原因两个网络的密度差异主要体现在不同类型的子群内部。例如，直接原因主要包含现场管理（M）和环境与设备（E）两个子群。这两个领域是煤矿安全管理的重要组成部分,其中现场管理涉及日常操作、人员培训及应急响应等,而环境与设备则涵盖地质条件、矿井通风、机械维护等。然而,在现场管理和环境设备这两类子群内部的密度则分别为 0.40、0.47,说明内部风险致因网络稀疏,同类风险要素之间的关联程度较低。相比之下,间接原因网络内部的子群密度较高,在企业(C)、现场管理(M)和矿工(S)三个子群的内部密度均达到了 1,这意味着各类原因子群内部的风险要素高度相关,每个风险要素都至少与另一个要素相关联。

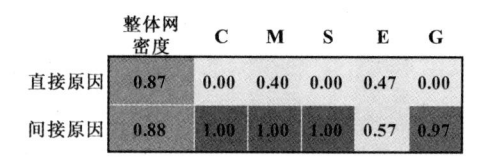

	整体网密度	C	M	S	E	G
直接原因	0.87	0.00	0.40	0.00	0.47	0.00
间接原因	0.88	1.00	1.00	1.00	0.57	0.97

图 5-4 事故致因网络的密度

两个网络子群之间的密度差异揭示了直接原因与间接原因在关联性上的显著不同。直接原因通常表现为更简单、明确且易于识别的关系,例如不当操作机械设备可能直接导致事故发生。这类因果关系往往可以通过具体事件进行追溯和分析,从而为安全管理提供清晰的指导。而间接原因则涉及更复杂、隐含且往往难以察觉的问题,如组织文化缺陷、安全意识不足或监管漏洞等,这些因素通过多层次、多环节传播,形成潜在风险链条。因此,对于煤矿企业及相关监管机构而言,深入理解这些因果关系至关重要,以便制定有效措施预防潜在危险。例如,与现场管理实践或设备缺陷相关的一些明显危险可视为触发事件,而那些依赖多个变量共同作用才能显现出的隐患,则需要更加细致入微的方法进行监测与评估。此外,通过建立全面系统化的信息网络,可以帮助决策者更好地识别根本问题,从而采取有针对性的干预措施,提高整体安全水平。两个网络子群之间的密度差异表明,直接原因具有更简单、更明确且易于识别的关联关系,例如对机械设备的不当操作直接导致事故的发生。间接原因则涉及更复杂、隐含且往往难以察觉的问题,如组织文化缺陷、安全意识不足或监管漏洞等,它们通过多层次、多环节进行传播,从而增加风险。因此，对于煤矿企业及相关监管机构而言，有必要深入理解这些因果关系，以便制定有效措施来预防潜在危险。例如，与现场管理实践或设备缺陷相关联的一些明显危险可以视为触发事件，而对于那些依赖多个变量共同作用才能显现出的隐患，则需要更加细致入微的方法去监测与评估。此外，通过建立全面系统化的信息网络，可以帮助决策者更好地识别根本问题，从而采取有针对性的干预措施，提高整体安全水平。在此过程中，应加强数据收集和分析能力，以确保信息流动畅通，为决策提供科学依据。同时，加强对员工培训，使他们具备足够的风险意识，也是提升整体安全水平的重要手段之一。

平均路径长度为深入理解因果网络的密度结构提供了重要的洞见（见表 5-3）。在复杂系统中，路径长度是衡量节点间连接紧密程度的重要指标。通过分析直接原因与间接原因之间的网络路径长度差异，我们发现这种差异微乎其微，平均路径长度约为 1.1。这一结果表明，无论是直接还是间接原因，它们之间的联系均相对紧密，这可能反映出系统内部因素相互作用的高效性。例如，在直接原因网络中，超过 87% 的原因通过一个中介环节与其他原因相连，而仅有大约 10% 的原因需要经过两个中介环节进行连接。这种结构特征说明，在该因果网络中，大多数因素能够迅速影响其他相关因素，从而形成风险链。这种高连通性的特点对于理解和预测风险演化路径及事故致因网络具有重要意义，因为它意味着某些关键节点或风险路径可以引发广泛且迅速的后续反应，最终导致事故发生。

表 5-3　　　　　　　　事故致因网络的平均路径长度

	网络平均路径长度	路径长度	百分比（%）
直接原因网络	1.13	1	0.87
		2	0.13
间接原因网络	1.12	1	0.88
		2	0.12

第四节　事故致因中的关键风险点特征

度数是衡量一个节点在网络中连接数量的重要指标，通常情况下，度数越高意味着该节点在信息传播和资源分配等方面具备更强的能力。此外，高度数节点往往能够迅速获取并传递信息，从而在网络中发挥关键作用。除了度中心性外，节点中间性也是网络结构中的另一个重要指标。中间性反映了一个节点作为其他两个或多个节点之间桥梁的能力，即使其自身连接数量（即度数）较低，但若位于多个最短路径上，则可视为重要的信息枢纽。这一特征使得那些度数中心度较低但中间中心度较高的节点能够有效促进不同部分之间的信息流动，因此，在复杂系统中，这类节点同样不可忽视。在事故致因网络中，具备较高度数中心度和中间中心度的节点被认为是关键节点，即造成事故发生的核心原因。这些核心原因不仅能直接诱发事故，还可能通过多条路径影响其他因素，从而导致更复杂多样的风险链条。

一　事故直接致因网络的关键风险点

煤矿安全事故的直接原因主要集中在环境设备（E）和现场管理（M）问题上，而煤矿工人的违规操作（S2）则起到了关键的中介作用。研究表明，矿工的不安全行为被视为安全事故的重要直接因素[1]，矿工身体状态或心理状态不佳问题尤为突出。这些不安全行为不仅影响了个体的工作效率，还可能对整个团队及作业环境构成潜在威胁。不合规程的爆破作业和特种设备无证操作是最常见的不安全行为。这些行为通常源于日常工作中的习惯，而这些习惯往往是在缺乏安全培训或有效现场管理的情况下形成的。矿工的违章作业和无证操作等不安全行为属于易于识别的显性风险，并可通过有效现场管理进行及时纠正与预防。然而，薄弱的现场管理助长了这些违章现象。特别是在涉及机电设备、局部风

---

[1] Fu Gui, Xie Xuecai, Jia Qingsong, Li Zonghan, Chen Ping, Ge Ying, "The development history of accident causation models in the past 100 years: 24Model, a more modern accident causation model", *Process Safety and Environmental Protection*, Vol. 134, 2020, pp. 47–82.

扇等机械操作，以及顶板支护与爆破活动等高风险环境中，矿工的不安全行为更容易导致严重事故后果。

在由 11 个节点构成的直接原因网络中，有三个关键原因的节点度数超过网络节点度数的平均值：分别是地质构造（E1）、顶板控制（M1）以及矿工违章作业（S2）。这些因素可能以不同方式相互交织并加剧风险。例如，不良地质条件可能导致顶板失稳，而不规范作业行为则进一步放大这种风险进而诱发坍塌等事故灾难。因此，对这些关键因子的深入研究有助于制定有针对性的预防措施，以降低潜在危险。

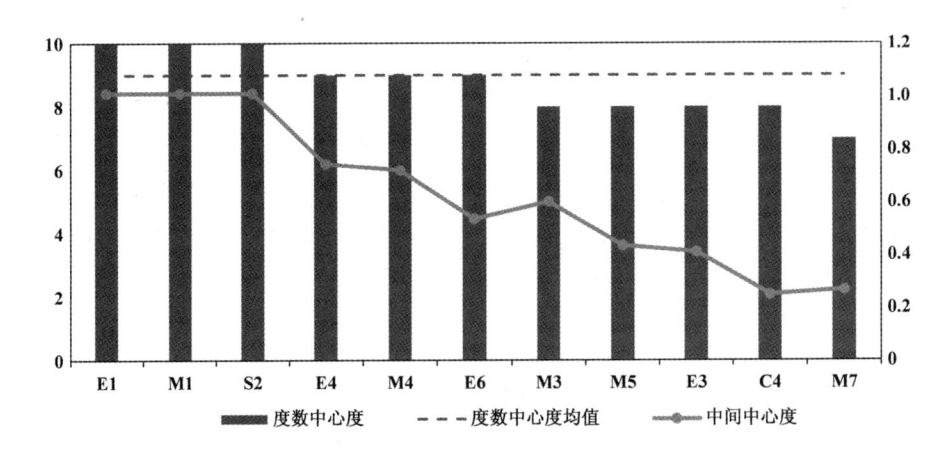

图 5-5　事故直接致因网络的节点属性

二　事故间接致因网络的关键风险点

间接原因网络中的事故成因主要集中于煤矿企业（C）和监管部门（G）两个类别，其中安全管理（C1）、技术管理（C2）、违法开采（C4）、隐患整改（G5）及安全专项检查（G8）发挥着关键的衔接与中介作用。该间接原因网络共包含 36 个节点，其中 20 个节点的度数超过平均值，因此被识别为核心原因。这些核心原因中有 12 个与煤矿企业及监管机构密切相关，反映出行业内部管理、政策执行以及安全标准等方面因素的重要性。相对而言，仅有两个节点涉及环境因素和机械，这表明在当前研究框架下，外部环境对事故发生的影响较小。这一现象凸显了煤矿事故间接原因的复杂性，使其在结构上与直接原因存在显著差异。

直接原因通常明显且易于识别，而间接原因则可能涉及多层次、多维度因素之间的交互作用。因此，在分析时需更加细致地考量这些因素之间的关系，以及它们如何共同作用导致事故发生。

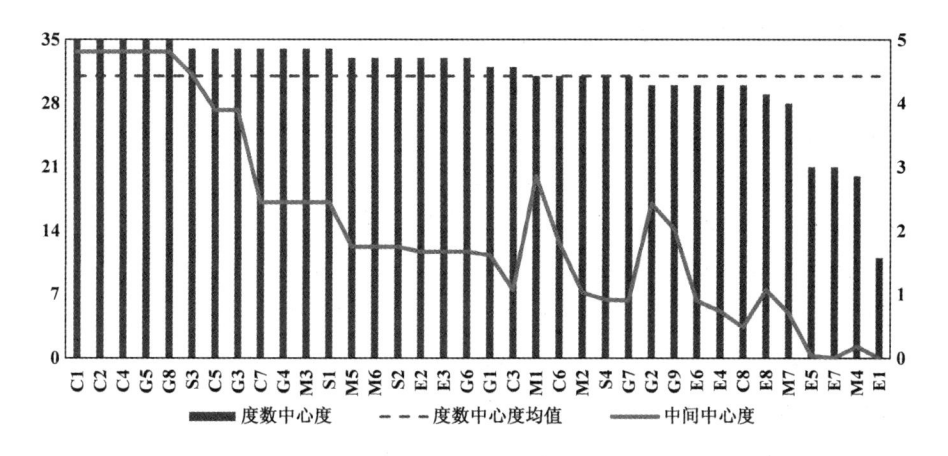

图 5-6　事故间接致因网络的节点属性

值得注意的是，顶板控制（M1）和安全执法（G2）表现出较高的节点中间中心度但较低的度数中心度。这一特征凸显了这两个节点在网络连通度方面的重要中介作用。尽管这两个节点本身连接其他节点的数量并不算特别多，但由于它们能够有效地桥接不同类型的风险致因，从而促进网络内各风险致因相互耦合，成为诱发事故导火索的风险链。顶板控制作为煤矿安全管理中的关键环节，其主要职责是监测和评估顶板状态，以防止潜在的坍塌风险。而安全执法则涉及对安全规章制度的执行与监督，这对于确保各项安全措施得以落实至关重要。顶板管理出现安全漏洞可能诱发矿工违章操作与不稳定地质条件之间的耦合，安全执法不严格则容易忽视对煤矿企业风险隐患、整改措施落实情况的审查，进而诱发人的不安全行为、机械设备的不安全因素、环境的不稳定状态耦合。因此，这些具有显著中介功能的节点同样应被视为核心风险致因，并给予充分重视，以便制定有针对性的应对策略。

第五节　风险传导路径的关联规则

深入理解事故致因之间的内部关系及其相互作用机制，对于制定有效的煤矿安全事故预防策略至关重要，可以为相关决策提供科学依据，确保措施的针对性和有效性。本部分将以事故致因之间的关联规则为基础，筛选出煤矿安全生产事故中的关键风险传导路径。在此过程中，我们设定了关联规则的最小支持度阈值为 0.25，最小置信度阈值为 0.45。这些参数旨在保证所提取规则具备较高的可靠性与实用价值，从而能够更好地指导实际操作。此外，通过对数据集进行详细分析，我们可以发现不同类型事故发生时，各种因素如何交互影响，并进一步揭示其背后的规律。提升值大于 1、置信度超过 0.55 以及确信度大于 1.80 的规则被归类为高度稳健的关联规则，这意味着这些规则在预测未来可能发生的问题时具有较强的一致性和可信赖性。通过这种方式，不仅可以帮助企业及时识别并应对潜在危险，还能促进整个行业对于安全管理理念和实践方法上的持续改进。

一　事故直接原因的强关联规则

煤矿安全生产事故的直接原因共包含 86 条有效关联规则，其中前 10 条强关联规则列于表 6.4。这些关联规则主要探讨了煤矿工人（S2）非法操作与环境及机械设备（M）之间的密切关系。具体而言，有 6 条关键规则（如第 4、6、7、8、9 条）聚焦于环境因素与机械因素之间的相互作用。例如，在现场管理方面，当面临复杂且危险的地理结构（E1）时，将显著提高顶板控制（M1）的安全隐患概率，二者显示出强烈正相关关系，其提升度达到 4.33，而确信度则高达 4.85。值得注意的是，大多数关联规律（如第 1、3、6—8 条）均属于复合型强关联规律，即其前件受到两个或多个不同类型因素的共同影响。例如，规则 1 显示由于通风系统故障（E3）以及煤矿工人（S2）的不当操作，局部通风机（E4）出现故障概率高达 86%。该研究结果的置信度数值达到 5.74，而提升度则为 4.78，两者之间存在显著正相关关系。直接原因之间的关联则相对简单，它们主要集中在通风系统、局部风扇、电气机械设备及煤矿工人的违规操作等几个关键要素当中。这些要素不仅彼此交织，还与顶板条件、瓦斯浓度及煤尘等多种因素紧密相关。有效实施顶板支护与管理措施对于防止瓦斯泄漏、防范顶板塌陷以及降低水灾发生概率具有关键作用[①]。此外，需特别指出的是，通风系统的故障通常被视为导致瓦斯积聚的重要根源。如果矿工未能遵循安全规范并进行不当操作，则可能加剧局部通风机使用不当的问题，进而诱发瓦斯积聚与机电设备电火花、摩擦火花之间的耦合，成为瓦斯爆炸事故的导火索。通过深入探讨通风系统、局部风扇、电气机械设备以及违规操作这四个变量之间的相互作用，可以更清晰地理解它们如何共同促成各种类型安全事故的发生，为后续改进工作提供有力支持。

表 5-4　　　　　　　煤矿安全事故直接原因的强关联规则

序号	强关联规则	置信度	提升度	置信度	兴趣度
规则 1	E3 + S2 ≥ E4	0.86	4.78	5.74	0.87
规则 2	E1 ≥ M1	0.83	4.33	4.85	0.83
规则 3	E4 + E3 ≥ S2	0.75	1.63	2.15	0.43
规则 4	E4 ≥ E3	0.73	3.78	2.96	0.86
规则 5	E4 ≥ S2	0.71	1.55	1.88	0.43
规则 6	E4 + E3 ≥ E6	0.63	3.48	2.19	0.79
规则 7	E3 + E6 ≥ E4	0.63	4.43	2.29	0.86
规则 8	E4 + S2 ≥ E3	0.60	3.12	2.02	0.78
规则 9	E4 ≥ E3	0.57	2.97	1.88	0.81
规则 10	E6 ≥ E3	0.55	3.04	1.81	0.78

二　事故间接原因的强关联规则

煤矿安全生产事故的间接原因共包含 85 条有效的关联规则，这些规则为深入理解煤炭行业安全管理中的复杂因果关系提供了重要依据。前 10 条规则详见表 5-5，展示了不同因素之间的相互作用及其风险路径的

[①] Helong Gu, Xingping Lai, Ming Tao, Aliakbar Momeni, Qunlei Zhang, "Dynamic mechanical mechanism and optimization approach of roadway surrounding coal water infusion for dynamic disaster prevention", *Measurement*, Vol. 223, 2023, 113639.

形成机制，间接原因中的各类因素相互交织、相互影响，推动各类风险要素耦合形成事故风险链，并最终诱发安全生产事故的发生。这些间接原因的关联规则主要集中于煤炭企业（C）与监管机构（G）之间的互动，反映出监管机制在保障安全生产方面的重要性。其中，规则1是唯一一条与现场管理（M）相关的间接原因关联规则，即现场冒险指挥（M3）与技术管理不足（C2）的耦合导致安全事故发生。当这两个前件同时出现时，会严重扰乱煤炭企业内部的安全管理体系，从而提高事故发生的概率。该规则显示出的置信度高达100%，确信度值为4.52，同时提升度达到1.37，这些指标共同表明规则的前件与后件之间存在极其显著且正向的相关关系。此外，监管机构对煤矿企业安全生产治理效果不佳的问题也得到了体现。例如，煤矿企业对相关规章制度执行不力或缺乏必要监督措施，会导致非法采矿活动频繁发生。这种由管理制度不完善和执法力度不严带来的事故隐患风险，在第2、6、7、10条关联规则中均有体现。此外，第3—5条以及第8—9条关联规则反映了企业管理层面原因之间的交互影响，即企业安全管理（C1）、技术管理（C2）、劳动组织（C3）、非法开采（C4）虽然是煤矿安全事故的间接因素，但它们之间也会相互影响，形成一条潜在的风险链。

表5-5　　　　　　　　煤矿安全事故间接原因的强关联规则

序号	强关联规则	置信度	提升度	确信度	兴趣度
规则1	M3 + C2 ≥ C1	1.00	1.37	4.52	0.34
规则2	G2 ≥ C4	0.91	1.48	4.42	0.46
规则3	C3 ≥ C4	0.90	1.47	4.04	0.44
规则4	C2 ≥ C1	0.90	1.24	2.78	0.32
规则5	C1 + C3 ≥ C4	0.89	1.44	3.46	0.40
规则6	G3 + G4 ≥ C4	0.89	1.44	3.46	0.40
规则7	G3 ≥ C4	0.88	1.42	3.08	0.50
规则8	C3 ≥ C1	0.86	1.17	1.88	0.20
规则9	C5 ≥ C1	0.85	1.17	1.83	0.25
规则10	C1 + G3 ≥ C4	0.85	1.38	2.50	0.41

第六节 事故致因中的关键风险隐患

在前述根据原因标题识别的36个事故主要致因基础上,我们进一步提取了事故原因描述解释文本中的关键词,以此表示每个原因内部包含的风险要素。表5-6列举了每个原因中词频排名前三的风险要素。例如,安全管理(C1)的主要风险要素在于安全培训、安全教育不足,以及矿井中缺乏全职的安全管理员。劳动组织(C3)工作中,劳动合同、非法转包、交叉作业是三个最容易出现风险漏洞的环节,其中劳动合同与非法转包主要与煤矿企业相关,而交叉作业则直接与矿井现场管理以及矿工违规操作相关;地质环境(E1)的隐患主要存在于冲击、老空积水和保安煤柱三个方面,其中压力、积水与具体的地质条件相关,而采空区则指明了风险高发的空间位置。探索每个原因内部的风险因素为煤矿安全风险防控提供了更加清晰的索引,明确了每个事故致因的内部风险隐患,实现了时间—空间—群体维度上风险要素的具象化表达。例如,群体维度上的矿工违规操作在违规爆破作业、违章操作通风机方面尤为突出,体现了煤矿安全事故风险链中的"人—机"要素耦合,这两项工作在空间维度上体现为矿井工作面,风险要素在时间维度上的积累直接体现为局部通风机多头供风、串联供风导致矿井瓦斯积聚,引发窒息事故,违规爆破又可能进一步引发瓦斯爆炸事故。这进一步验证了关联规则中提到的违规操作(S2)和局部通风机(E4)的频繁项集。

表5-6　　　　　事故原因中排序前三位的风险要素

事故致因	风险要素
C1	安全培训、安全教育、缺乏全职安全管理员
C2	技术专员、煤矿开采方案、地质条件评估
C3	劳动合同、非法转包、交叉作业
C4	违法开采保安煤柱、越界开采、设计方案
C5	评估报告造假、施工图纸造假、数据造假
C7	拒不执行停产指令、擅自非法组织生产、问题整改不到位
E1	冲击地压、老空积水、保安煤柱

续表

事故致因	风险要素
E2	传感器、安全防护装置、报警装置
E3	循环风、瓦斯积聚、串联通风
E4	多头供风、风量不足、无计划停电
E6	电火花、违章送电、电力故障
G1	违规生产打击不力、超能力生产、规程失察
G3	越界开采打击不力、违法生产查处不力、违法打击不力
G4	弄虚作假、隐患审查、安全指导
G5	督促整改、停产整顿、问题失察
G6	超核准供应量、火工品审核、批准文件
G8	专项检查、整治行动、安全专项
M1	顶板支护、风桥假顶漏风、钻孔位置/深度不够
M3	冒险掘进、危险征兆、消除突出危险
M5	瓦斯危险鉴定、防突措施、技术措施不到位
M6	紧急疏散、应急预案、负责人缺位
S1	技术专员、未经培训、无证上岗
S2	爆破作业、违章放炮、未采取有效措施
S3	自救器、佩戴、定位卡

此外，探索事故致因内部的风险要素还揭示了 13 个在风险网络分析中没有体现出来的新兴风险因子。表 5-7 详细列举了每个致因内部的新兴风险因子及其具体含义。值得注意的是，从新兴风险因子中出现了两个在现有研究中没有得到充分重视的利益相关者：第一个是 C5 逃避监管中的中介机构，即煤矿企业和技术中介机构可能合谋虚假报告以逃避政府部门的安全监管。我们通过对事故调查报告的文本检索，发现主要存在以下几种方式：(1) 中介机构在瓦斯鉴定工作中材料造假以逃避监管。(2) 中介机构在地质稳定情况评估报告中造假，编制了与开采境界不一致的初步设计、开发利用方案，编制的初步设计和安全专篇超出企业采矿许可证允许开采的范围。(3) 中介机构出具的鉴定结论失真，开展层煤与瓦斯突出危险性评估及瓦斯基础参数测定工作时，评估人没有到现场，现场施工的测压孔直径、长度以及封孔长度均未达到测定方案要求，

压力表读数观测时间和取样方式也不符合要求，聘用的现场人员数据造假，导致测定的参数及评估结论失真。（4）中介服务提供煤与瓦斯突出灾害性评估、瓦斯基础参数测定服务时，出具的报告与实际不符，数据结论不准确。

另一个利益相关者是 G6 审核审批中负责民用爆炸物审批的公安部门，这凸显了安全监管机构和公安部门之间跨部门合作的必要性。民用爆炸物品是采煤工作的必需品，也是引发煤矿安全生产事故，尤其是瓦斯爆炸事故的重要导火索。我们通过对事故调查报告的文本检索，发现主要存在以下几种方式：（1）公安局对煤矿企业火工品的月审批量超过核准的供应量，为该矿违法违规生产提供了条件。（2）公安部门在煤矿未提交有效工商营业执照的情况下，违规审核、批准该矿购买火工品。（3）公安局违规同意向煤业公司审核审批火工品，对该矿非法购买、使用火工品的问题失察。（4）公安局对煤矿安全生产法律法规和有关民用爆炸物品管理规定落实不到位，向私有煤矿批供民用爆炸物品审核把关不严。（5）民爆物品审核制度不完善，公安局对采空区治理民爆物品用量异常问题不重视；对民爆物品申请把关不严，存在超库容审批的问题。（6）公安机关火工品审批和管理把关不严。长期违规向证照或技改手续不全的煤矿批供火工品，违规将封条交由煤矿自行封存火工品。

挖掘事故致因的风险因素是对事故致因网络分析和关联规则的重要补充，揭示了在网络分析中被隐藏的风险因素，为关联规则的揭示提供了具体的风险点索引。煤矿企业在技术设计方案与安全评估报告中存在造假现象，以逃避安全监管，这一问题表明规范相关技术代理中介机构的必要性。煤矿生产必须取得地质、瓦斯、爆破等相关资质的认定与专业评估，这些资质认证过程复杂且耗时，因此许多企业寻求专业技术代理机构来协助其完成相关手续，在利益驱动作用下，双方存在合谋逃避监管的风险行为。为了确保有效监管并防止合谋行为，市场监管部门与煤矿安全监管部门之间需建立跨部门协作机制。通过信息共享和资源整合，可以更好地识别潜在风险，并及时采取措施进行干预。

这种跨部门合作与信息共享的需求同样适用于公安部门与煤矿安全生产监管机构。尽管公安部门负责炸药数量的审批，但并不承担对煤矿爆破及日常安全生产的监督职责，这为潜在的安全事故，尤其是爆炸事件埋下了隐患。在实际操作中，由于缺乏统一标准和明确责任，不同职能部门之间的信息壁垒可能导致一些重要数据未能及时传递，从而显著削弱整体监控效果。例如，在某些情况下，煤矿企业在进行爆破作业时，可能未能及时向相关监管机构报告具体情况，而这些信息对于评估风险、制定应急预案至关重要。此外，各个部门之间的信息孤岛现象使得资源无法得到有效整合，进而影响到决策过程和响应速度。因此，加强各级政府及相关单位之间的信息沟通显得尤为重要，以实现对整个行业更加全面和深入的监测。同时，通过定期开展联合检查活动，可以进一步增强各方合作意识，提高整体治理水平，有效保障煤矿生产过程中的人身财产安全。这种联合检查不仅可以促进不同职能部门间的信息交流，还能够通过实地考察发现潜在问题，并采取相应措施加以解决。例如，在联合检查过程中，各方可以共同评估当前实施的安全措施是否符合规定，并针对发现的问题提出改进建议。此外，通过建立长效机制，使各参与单位形成定期沟通、协作共治的新模式，将有助于提升整个行业的管理效率和安全水平。

表 5-7 风险要素中的新兴风险

事故致因	风险要素	风险要素内涵（示例）
C2	开采设计	实际采矿进度与设计方案不符，且缺乏技术安全的采矿计划
C3	劳动合同	煤矿企业与不符合资质的施工团队签订合同，且违法转包，以包代管
	交叉作业	多段队平行作业、危险区超人数作业
C5	报告造假	有关中介机构违规开展业务，在瓦斯鉴定工作中材料造假。隐瞒非法违法开采区域的情况，逃避政府及有关部门检查，采取伪造报表、记录等原始资料造假和在井下巷道打密闭的方式对付检查
	施工图	无施工组织设计、施工图纸，未按设计要求施工；未编制作业规程及安全技术措施

续表

事故致因	风险要素	风险要素内涵（示例）
E3	循环风	矿井通风系统不合理，井下串联风、循环风严重，造成瓦斯积聚，并达到爆炸界限
	串联供风	矿井采掘作业点之间形成大串联，存在循环风，还与周边矿井联通，造成风量不足，部分采掘作业点无风微风作业
E4	多头供风	一台风机向多头面供风，致使风量不足、瓦斯积聚
E6	电火花	工人违章带电检修照明信号综合保护装置，产生电火花引起瓦斯爆炸。卸载巷电机车架线并线夹接头产生电火花引发瓦斯爆炸
G4	现场检查	政府对煤业公司现场检查流于形式，对乡政府分管领导和包矿、驻矿人员不认真履行职责的行为督促检查不到位，对煤矿在停工整顿期间违法施工和生产的问题失察
G5	隐患整改	安全生产监督管理部门对重大隐患挂牌督办责任落实不力，未认真指导和督促检查煤矿企业对重大安全隐患整改落实情况
G6	火工品审批	公安局对煤矿企业的火工品的月审批量超过核准的供应量，为该矿违法违规生产提供了条件。公安部门在煤矿企业未提交有效工商营业执照的情况下，违规审核、批准该矿购买火工品
G8	专项检查	政府对辖区内煤矿安全专项整治工作检查、督促不力，对所属职能部门违规审批问题失察

第七节 实证小结与安全生产管理启示

本章对78份煤矿安全生产报告进行了文本挖掘，区分了事故的直接原因和间接原因，分析了人的不安全行为、机械设备的不安全状态、环境的不稳定因素、管理的不安全因素这四类原因之间的核心—边缘结构，并通过挖掘原因之间的关联规则揭示了风险传播路径。研究的如下结论与发现能够为煤矿安全生产的风险防控提供具体参照。

（1）煤矿安全生产事故的直接原因是地质环境因素、机械设备及现场管理之间的相互作用。这些因素不仅影响了煤矿的整体安全性，还对工人的作业环境和工作效率产生了深远影响。在这些复杂因素中，煤矿工人的违规操作是风险链条形成的重要连接点，且主要集中在局部通风机、照明设备检修和爆破作业三个方面。局部通风机的违规操作表现为串联通风、循环风以及多头供风等情况，这些行为可能导致空气流动不畅，从而增加瓦斯积聚的风险。此外，在照明设备检修过程中，如果未按照规定进行操作，则可能引发电火花，成为瓦斯爆炸的导火索。因此，在煤矿现场管理中这些环节进行严格监控与管理显得尤为重要。直接原因揭示了群体维度（如矿工违章作业）与空间维度（掘进工作面的机械设备）上的具体风险点。由于缺乏有效培训或安全意识不足，部分工人可能忽视相关规程，从而加大了事故发生的概率。同时，不同类型机械设备在使用过程中的维护保养不到位，也会导致潜在危险累积。因此，通过控制相关因子，如加强员工培训、完善现场管理制度，以及定期检查和维护机械设备，可以有效阻断风险链条的传导，从而预防事故发生。

（2）煤矿安全生产事故的间接原因包含了人的不安全行为、机械设备的不安全状态、管理的不安全因素以及环境的不稳定性四大类。这些因素之间存在复杂的相互关系，彼此交织，形成了一个多维度的风险网络。例如，人的不安全行为可能源于对操作规程的不熟悉或心理压力，而机械设备的不安全状态则可能与不完善的企业管理制度、现场管理机制不健全、政府安全监管不到位有关。此外，环境的不稳定性，例如自然灾害或地质条件变化，也会影响煤矿作业的整体安全。因此，控制与消除间接风险是一项复杂的系统工程，其效果通常需要较长时间才能显现。在这一过程中，各个环节必须协调配合，以确保全面提升煤矿企业的整体安全水平。间接原因的关联规则表明，安全生产监管部门（即政府机构）的监督检查与煤矿企业的安全管理是风险链条中的关键要素。当监管部门未能严格履行其安全监管职责时，不仅容易导致煤矿企业出现非法采矿活动（例如越界开采、超能力生产等），还可能使得企业在制定和执行相关政策时缺乏有力约束，从而造成管理上的安全漏洞。为了有效降低事故发生率，各方需共同努力，加强信息共享和沟通机制。同时，应定期开展有针对性的培训，提高从业人员对潜在危险及应对措施的认识。此外，通过引入先进技术手段，如智能监控系统，可以实时监测设备运行状况，并及时发现隐患，从而为保障煤矿作业提供更为坚实的数据支持。

（3）Sent-LDA 模型进一步识别了事故致因中的潜在风险因子，发现 13 个在风险网络与关联规则中未曾显现的新兴风险要素。这些新兴风险要素的出现，为煤矿安全管理提供了新的视角和思路。其中包括两个除煤矿企业和政府安全监管部门以外的重要利益相关者：一是技术代理中介机构，该机构负责对煤矿开采的地质条件进行评估与安全鉴定，并编制相应的开采方案。由于其专业性，这类机构在行业内扮演着重要角色。然而，在利益驱动下，该机构可能存在与煤矿企业合谋进行评估造假等逃避监管的风险行为，从而导致不准确的信息传递，进而影响到整个行业的安全标准。二是负责民爆用品审核审批的公安部门。在这一过程中，公安部门可能面临超额审批及对煤矿企业相关资质失察等渎职风险。这种情况不仅会降低审批过程的透明度，还可能使得一些不符合规定要求的企业获得使用民爆物品的许可，从而成为诱发爆炸事故的重要原因。同时，这也反映出爆炸物品审核与企业安全生产监督管理之间缺乏有效衔接以及跨部门合作不足的问题。具体而言，目前民爆用品审核由公安部门承担，而安全生产监督管理则主要由应急、消防等相关职能部门负责。两者之间的信息孤岛现象严重，使得各自无法全面掌握涉及同一事件或项目的数据。因此，各管理部门需建立有效的信息共享机制和联合执法机制，以加强对煤矿生产安全漏洞的排查及有效监管。此外，应考虑定期开展跨部门培训，提高各方对于法律法规及行业标准的一致理解，以促进协作效率。同时，可以通过引入现代信息技术手段，如大数据分析和人工智能监测系统，加强实时监控能力，从根本上提升整体防范水平。

第六章

总结与展望

第一节 研究总结

当前,中国各类突发事件呈现出交织叠加的发展态势,风险的动态性、耦合性突出,灾难事故的影响深度与广度扩大,对风险防控与应急管理的精准性和科学性提出了更高的要求。本书着眼于突发事件的风险动态特征,以时间、空间和群体三个维度为基本衡量标尺,分析了风险在时间—空间,时间—群体,空间—群体,以及时间—空间—群体维度上的动态机理、表现形式与具体动态内涵。研究首先对突发事件风险动态的研究现状进行了系统性梳理,并在对突发事件概念内涵、动态属性与风险特征的理论分析基础上,确定了突发事件风险动态的基本定义。其次,研究构建了风险动态的时间—空间—群体三维分析框架,论述了各个维度之间的互动机理,并集中阐释了各维度的逻辑关系和风险动态组合方式。最后,研究根据风险动态在不同维度上的具体内涵,以实证研究的方式分别分析了四种情景下的突发事件风险动态特征。

时间—空间二维交织视角下的突发事件风险动态主要表现为风险概率与实际损失的波动差异。研究以突发事件中的洪水灾害风险为实证分析对象,采取系统分解与重构的方式进行逐层剖析,将洪水灾害风险系统分解为风险概率系统和风险损失系统两个组成部分,对风险因子动态、风险局部动态、风险整体动态的自下而上逐层重构,刻画了风险系统的内部动态差异与多样性特征。

时间—群体二维交织视角下的突发事件风险动态主要表现为风险内容、风险烈度以及风险治理的多主体合作网络的动态演化。研究以公共安全事件中的社区矛盾纠纷为实证分析对象，通过对西藏、四川、重庆、云南、贵州五个省市的矛盾纠纷多元化解案例分析，描绘了各主体在矛盾化解制度设计与具体实践中的角色与功能变化，以及矛盾纠纷在化解过程中的内容转变。

空间—群体二维交织视角下的突发事件风险动态主要表现为风险阈值的动态平衡。研究以突发事件中的公共安全风险（景区超载风险）为实证分析对象，采取实地调研和仿真模拟相结合的方式，量化了空间物理条件与群体动态属性之间的双向制约关系，并在此基础上分析了风险阈值在两个维度共同作用下的动态机理。

时间—空间—群体三维交织视角下的突发事件风险动态主要表现为风险的网络传播。研究以煤矿安全生产事故的风险传播为实证分析对象，构建模型对环境、设备、群体、管理层面上的风险因子互动关系进行分析，识别风险网络中的核心风险因子。在此基础上，通过对关键风险因子之间关联规则的挖掘，识别网络中的风险传播路径，全面刻画煤矿安全生产事故的风险致因在矿工、煤矿企业管理者、政府监管部门等不同主体之间，以及在掘进工作面、局部通风机等不同矿井空间之间的动态传播过程。

本书的主要研究结论可以概括为以下几个方面。

（1）时间、空间和群体是刻画风险动态特征的基本标尺，突发事件的风险动态具有多维交织的基本属性，且不同维度的标尺适用于衡量不同类型风险动态特征。突发事件的风险系统包含风险致因、标志性事件、风险载体和风险后果四大基本构成要素，选择风险动态的衡量标尺则需要以相应维度上的风险动因为依据。自然灾害的风险致因主要包括气象、水文、地质、社会及生态环境等因素，在时间和空间维度上具有更为明显的动态特征，包括自然条件在不同时间尺度上的波动，以及环境条件在不同空间领域上的差别等；公共卫生事件的风险致因主要是指病毒或细菌，群体（人）是风险传播和威胁的直接载体，具有时间延续、空间扩散和群体传播三个维度上的动态属性；社会安全事件风险的发生和发展受特定环境条件和人为因素的影响较为突出，在空间和群体维度上具有更为明显的动态特征。

（2）突发事件在时间—空间维度上的风险动态主要表现为风险潜在

威胁与实际损失之间波动方向与波动幅度的不一致性。2008—2018年，中国南方省份的洪涝灾害风险在潜在威胁性方面表现出较大幅度的波动，但实际损失的时空波动则相对平稳。其中，四川省的洪涝灾害潜在风险在时间维度上表现出波动上升的趋势，而实际损失则呈现出波动降低的发展趋势，说明该省份的防洪减灾措施在不断完善；同样地，江苏省的潜在风险概率在2008—2018年均处于高风险水平，但实际损失一直稳定于低风险水平。通过对风险系统的分解对比，再由局部动态逐层重构到整体动态的方式，能够识别出风险系统内部波动的异常年份和异常地区。此外，风险系统局部波动方向和波动幅度的差异说明，在自然灾害领域，高风险并不一定意味着高损失，反之，低风险地区也并不代表其在灾害中的实际损失较小，这一发现是对现有理论研究与实践应用的重要补充。研究根据风险系统在时空维度上的波动差异将中国南方地区的洪水灾害分为了高风险—低损失、低风险—高损失，以及风险和损失相等三种情景，相较于传统以划分整体风险等级来进行灾害评估的方法而言，对风险情景的评估和分类能够在掌握风险内部动态特征、识别风险动态异常年份及地区、制定防灾减灾优化措施等应急管理实践方面提供更具针对性和操作性的依据。

（3）突发事件在时间—群体维度上的风险动态主要表现为风险内容与风险治理多主体合作网络的演化。社区矛盾纠纷中的家庭冲突容易演化升级为自杀或他杀事件，风险事件的性质由民事案件升级为刑事案件。不同类型的社区矛盾纠纷均反映了法律服务的重要性，也强调了多主体合作化解风险的必要性。矛盾纠纷多元化解从制度设计到实践应用的网络动态表明，在矛盾纠纷化解过程中形成的自组织合作网络是一种去中心化的合作机制，政府职能部门、基层群众自治组织、社区居民、专家学者等主体共享网络信息节点，这一发现重新定义了传统政府工具视角下的信息节点概念。研究进一步考察了信息探测节点与信息影响节点的具体表现形式，发现9种矛盾纠纷化解策略。与一般意义上的风险防控策略不同的是，社区矛盾纠纷的化解采用了"服务为主、防控为辅"的模式，包括情感共鸣、法律服务、心理咨询等6种服务策略，以及日常巡逻、入户调查、集体议事等3种防控策略。研究结论同样适用于基层风险防控与基层应急能力提升，具有一定的推广应用价值。

（4）突发事件在空间—群体维度上的风险动态主要表现为不同维度上风险致因的双向互动，以及风险阈值在不同约束条件下的调整，以及由此带来的可承载风险动态区间的改变。研究以景区游客超载风险为实证分析对象，发现特定空间的物理条件、生态条件等因素会约束群体的活动方式与活跃程度，同时，空间内群体的活动状态也会改变空间的风险承载能力。游客的基本运动状态（步行）会对空间风险承载能力产生负向影响，影响系数为0.64，这是因为与静止状态相比，运动状态中群体的侧肩、转身、抬臂等肢体动作会占据更大的空间面积，并降低空间的有效利用率。此外，景区超载风险是以游客动态为直接诱因的空间问题，在空间维度上具有可调节性。然而，若以空间整体承载力为依据估算风险阈值，则会陷入以整体性阈值覆盖内部阈值差异性的困境，因此，需要根据空间内部各区域的风险条件和群体动态属性对超载风险进行独立评估，通过对游客在各区域再分配的方式实现风险在空间维度上的转移和分摊，从而使景区整体的超载风险维持动态平衡。研究结论同样适用于特定空间应急疏散、公共安全风险的评估与管理等方面的实践应用，具有一定的推广价值。

（5）突发事件在时间—空间—群体维度上的风险动态主要表现为风险在交织维度上的传播、扩散和持续的发展过程。对于煤矿安全生产事故而言，事故的直接原因主要集中在环境设备因素和现场管理方面，而矿工的非法操作在事故致因网络中发挥关键的连接作用。其中，设备环境因素主要表现为矿工违章操作局部通风机、照明等机电设备引发矿井风量不足，进而造成瓦斯积聚或爆炸事故。煤矿安全生产事故的间接原因则表现出更加复杂的多层次交互特征，其中政府安全监管部门执法不严与煤矿企业安全管理制度不健全是关键因素。此外，间接原因还揭示了政府监管部门之间的信息孤岛现象，即负责煤矿企业民爆用品审核审批的公安部门与负责煤矿生产监督检查的安监部门之间缺乏有效的信息共享与联合执法机制，为煤矿企业非法生产、超能力开采、超额储备爆炸用品等违法行为提供了空间。

突发事件的风险防控与应急管理既需要分别考虑时间、空间和群体三个维度上的动态因素，又需要兼顾不同维度之间的交叉互动关系。因此，风险动态防控措施的制定需要首先对风险事件的动态维度进行研判：

当三个维度上的风险因子均可控时，可分别对单一目标对象采取针对性的控制策略来干预风险演化过程，如分别采取风险人群管控、风险孕育的物理空间调整等措施；当存在二维耦合的动态情景时，相关策略则需要考虑相互耦合的两个维度上的风险动态属性，即本书二维风险动态分析中的三类情景，采取成对管控的方式来调整风险的动态演化进程；当风险动态表现为三维耦合的情景时，对具体目标对象的单一性策略与成对防控策略均无法有效干预风险的动态过程，需要同时考虑三个维度上的风险因子互动机理，相应的风险防控措施则需要兼顾时间、空间和群体维度上的实际效能与制约关系。

第二节　主要贡献

本书的主要贡献归纳如下。

（1）在理论上，本书构建了适用于突发事件风险动态分析的时间—空间—群体三维理论框架。研究首次系统性地分析了风险动态在不同维度上的基本内涵、动态形式、动态机理，以及时间—空间、时间—群体、空间—群体、时间—空间—群体四种视角下的风险动态表现、衡量方式与属性差异。此外，研究特别指出各个维度只是衡量风险变化前后、变化程度、变化方向的标尺，而不是风险动态的直接致因，为突发事件风险动态的研究提供了基础性的理论参照，为风险动态分析中相关问题解决提供了新的研究视角和分析框架。

（2）在方法上，本书根据突发事件风险在不同维度上的动态属性，设计了有针对性的分析方法，一定程度上弥补了现有研究对风险动态特征刻画不全面，以及分析视角单一的不足。针对传统风险评估方法以整体风险水平覆盖局部风险差异和多样性的不足，研究将风险系统细分为风险致因、标志性事件、风险载体和风险后果四个基本构成要素，并通过对系统的要素分解—逐层重构—局部对比—整体刻画的方式识别了风险系统内部动态的异质性特征，刻画了整体与局部的动态差异；针对群体—空间维度上风险动态致因的数据获取与量化困境，研究对群体在特定空间内的基本动态属性进行了仿真模拟并量化了二者的制约关系，实验方法与结论在人员疏散、特定场所风险评估等应急管理理论研究与实践应用中均有一定的适用性与推广价值；针对时间—空间—群体多维交织视角下的风险动态的复杂性与多变性，研究区分了风险事件的直接原因与间接原因，并通过关联规则刻画了风险的具体传播路径，为满足风险防控的短期应急需求与长期机制优化需求提供了具体参照。

（3）在实践上，本书针对突发事件风险动态的多维属性，优化了不同情境下的动态应急与风险防控策略。在风险的时空动态情境下，研究从识别防灾减灾薄弱环节、评估灾害应急表现能力和应急策略动态调整方案三个方面优化了现有的风险等级评估策略；在风险的群体—时间动态情境下，研究从制度设计网络和自组织网络两个方面分析了多主体在风险化解中的角色差异，明确了风险识别与风险化解的具体策略，以及多主体合作的网络结构特征，为提升基层应急管理能力提供了参照；在风险的时间—空间—群体动态情境下，研究从风险防控措施的精准性、科学性、针对性三方面分别提出了相应的动态应急策略建议，为提高风险防控措施的目标与成本效益比提供了参考借鉴。

第三节 研究展望

突发事件的紧迫性、公共性和不确定性等基本属性决定了其风险动态的复杂性与多变性，本书从时间、空间和群体三个基本维度及其不同组合视角分析了风险动态多种表现形式与动态机理，并以实证研究的方式展现了不同类型突发事件风险动态的分析过程与主要结论。本书在突发事件风险动态的分析方法与具体内容方面虽然已经取得了一些初步成果，但仍存在有待进一步完善和改进的地方，需要在下一步的研究工作中予以继续探索。

（1）突发事件的多类型—多尺度风险动态研究。突发事件从孕育期、发生期、发展期、衰退期到终结期的生命周期是以时间为基本衡量维度的动态过程。不同类型的突发事件在生命周期各阶段的风险表现形式与动态过程具有较大差异，对自然灾害的风险动态研究通常关注年际变化、对公共卫生事件的风险动态研究通常关注日度/月度变化，而在公共安全和安全生产领域，则偏向于刻画时间维度上的微观变化，如瞬时动态等。现实中，各类突发事件往往具有交叉融合的特征，如2020年中国南方洪涝灾害与新冠疫情的交织、2019年"3·21"响水化工企业爆炸事故与社会公共安全风险的交织等。因此，有必要针对不同类型突发事件叠加交织的现实背景，开展多事件类型—多时间尺度交叉视角下的风险动态研究，从而把握复杂情景下的风险动态特征与发展机理。

（2）突发事件的原生风险与衍生风险互动关系研究。本书对突发事件风险动态的研究主要着眼于某一特定类型事件带来的直接风险，而在现实中突发事件具有复杂性、耦合性、隐蔽性、传导性等特征，在注重对原生风险研究的基础上，还应加强对次生、衍生风险以及相互关系、内在规律等方面进行研究。世界各地暴发的新冠疫情的原生风险是对公共健康的威胁，同时也次生或衍生出网络舆情、经济发展、社会秩序、基层治理与国际关系等方面的风险与挑战。现实表明，同一突发事件的原生风险与次生衍生风险之间会互相影响，并作用于风险事件的演化过程。例如，传染病疫情中的网络谣言会影响公众的风险感知与防护行为，进而影响疫情的传播与持续过程。因此，对突发事件原生、次生及衍生风险之间互动关系的研究，有利于更加全面地刻画出风险的动态属性、动态过程，揭示出风险的内在动态机理。

（3）风险群体与风险动态的作用机理研究。群体在突发事件的风险动态中具有主动和被动的双重属性，本书从群体活动方式和活跃程度两方面分析了群体动态与风险动态的互动关系，取得了初步的研究进展。然而，群体动态对风险动态的影响是一个相对复杂和多样的过程，美国关于新冠疫情期间群体活动轨迹的实证研究发现，收入水平较低的群体在疫情期间无法降低自身日常必要的流动性，面临更高的感染风险[1]，不同的社群组织与人际交往模式在风险动态传播过程中发挥着不同作用[2]。然而，关于中国背景下群体类型和活动方式对风险动态影响的研究则相对欠缺，致使中国在疫情散发期间针对群体流动性的防控措施缺少有力的理论支持，在精细化、科学化，以及成本效益比方面有待进一步完善。

---

[1] Chang S., Pierson E., koh P. W., "Mobility Network Models of COVID – 19 Explain Inequities and Inform Reopening", *Nature*, Vol. 589, 2021.

[2] Block, Per, Hoffman, Marion, et al., "Social Network – based Distancing Strategies to Flatten the COVID – 19 Curve in a Post – lockdown World", *Nature Human Behaviour*, Vol. 4, 2020.

(4) 风险动态的智慧识别与预测预警研究。充分利用物联网、工业互联网、遥感、5G 移动通信等智能化手段进行突发事件风险的监测预警，着力在各类风险的致险因素、致险机理、致险路径、致险规律等方面进行前瞻性研究。目前，中国智慧城市的建设与发展取得了一定的成效，与之相伴随的社会风险的隐秘性、关联性逐渐增强，应用城市综合信息工程治理社会风险成为学界和业界共同关注的问题。智慧城市在数据集成、共享与联动等方面的优势能够为突发事件风险动态的识别与预测提供重要的信息基础，对于探索风险动态的互动关系、作用机理具有理论和实践方面的双重价值。

附　录

风险传播网络的模块化处理

表 C1　　　　　　风险传播网络的模块化结果

年龄组	集群	POIs	节点度
12 岁以下	1	学校	3
		村庄	5
		住宅	2
		教培机构	2
13—19 岁	1	学校	8
		店铺	6
		餐厅	4
		银行	1
		商场	1
		医院	3
		住宅	6
	2	超市	7
		生活服务	7
		教培机构	3
		酒店	4

续表

年龄组	集群	POIs	节点度
20—39 岁	1	餐厅	36
		医院	23
		公司	20
		物流	8
		银行	5
		养生馆	1
	2	市场	24
		学校	12
		店铺	15
		教培机构	12
		公共场所	6
		酒店	10
	3	汽车站	1
		生鲜店	15
		生活服务	8
		火车站	9
		酒店	10
	4	汽车站	1
		村庄	22
		超市	29
		住宅	27
		商场	22
		诊所	17
		药店	12
		行政机构	6
		机场	2

续表

年龄组	集群	POIs	节点度
40—59 岁	1	店铺	14
		生活服务	9
		学校	8
	2	住宅	28
		餐厅	28
		村庄	21
		药店	19
		医院	13
		诊所	7
		行政机构	5
		银行	1
		公共场所	2
		机场	1
	3	商场	16
		火车站	5
		汽车站	4
		酒店	5
		养生馆	3
	4	超市	24
		市场	23
		公司	16
		生鲜店	16
		物流	4

续表

年龄组	集群	POIs	节点度
60岁以上	1	餐厅	14
		超市	11
		店铺	5
		生鲜店	9
		生活服务	7
		诊所	2
		公司	1
	2	住宅	19
		医院	8
		火车站	1
		机场	1
		教培机构	3
	3	市场	15
		养生馆	9
		商场	7
		银行	7
		药店	4
		行政机构	3
	4	学校	6
		村庄	7

参考文献

中文论文

毕佳、王贤敏、胡跃译、罗孟涵、张俊华、胡凤昌、丁子洋：《一种基于改进 SEIR 模型的突发公共卫生事件风险动态评估与预测方法——以欧洲十国 COVID – 19 为例》，《地球信息科学学报》2021 年第 2 期。

曹吉鸣、申良法、彭为、马腾：《风险链视角下建设项目进度风险评估》，《同济大学学报》（自然科学版）2015 年第 3 期。

曹杰、杨晓光、汪寿阳：《突发公共事件应急管理研究中的重要科学问题》，《公共管理学报》2007 年第 2 期。

陈安、周丹、师钰：《突发事件机理分析与现代应急管理全生命周期建设》，《中国经济报告》2019 年第 4 期。

陈安、周丹：《突发事件机理体系与现代应急管理体制设计》，《安全》2019 年第 7 期。

陈安：《跨域突发公共卫生事件机理分析与应对机制设计》，《四川大学学报》（哲学社会科学版）2020 年第 4 期。

陈锐、王宁宁、赵宇、周永根：《基于改进重力模型的省际流动人口的复杂网络分析》，《中国人口·资源与环境》2014 年第 10 期。

程棵、陆凤彬、杨晓光：《次贷危机传染渠道的空间计量》，《系统工程理论与实践》2012 年第 3 期。

迟菲、陈安：《突发事件蔓延机理及其应对策略研究》，《中国安全科学学报》2013 年第 10 期。

迟菲、陈安：《突发事件耦合机理与应对策略研究》，《中国安全科学学报》2014 年第 2 期。

崔金栋、陈思远、李晨雨：《基于大数据的多类型网络谣言类型平息方式实证研究——以"新冠肺炎疫情期间谣言"为例》，《情报理论与实践》2021年第4期。

崔鹏、邹强：《山洪泥石流风险评估与风险管理理论与方法》，《地理科学进展》2016年第2期。

崔小倩、郝艳华、唐思雨、樊凯盛、唐雨蓉、宁宁、高力军：《新冠肺炎疫情风险感知量表信效度检验及应用——基于大数据样本的实证研究》，《中国公共卫生》2021年第7期。

丁金宏、程晨、万芊：《中国新冠肺炎平均病死率演变特征分析》，《人口与社会》2020年第2期。

丁中兴、宋文煜、方欣玉、王凯、鲍倡俊、陈峰、沈洪兵、武鸣、彭志行：《基于SEIAQR动力学模型预测湖北省武汉市新型冠状病毒肺炎疫情趋势》，《中国卫生统计》2020年第3期。

杜洪涛、王君泽、李婕：《基于多案例的突发事件网络舆情演化模式研究》，《情报学报》2017年第10期。

杜毅贤、徐家鹏、钟琳颖、侯盈旭、沈婕：《网络舆情态势及情感多维特征分析与可视化——以COVID-19疫情为例》，《地球信息科学学报》2021年第2期。

杜长宝、朱国庆、李俊毅：《疏散模拟软件STEPS与Pathfinder对比研究》，《消防科学与技术》2015年第4期。

范春梅、李华强、贾建民：《食品安全事件中公众感知风险的动态变化——以问题奶粉为例》，《管理工程学报》2013年第2期。

范维澄：《国家突发公共事件应急管理中科学问题的思考和建议》，《中国科学基金》2007年第2期。

方云皓、顾康康：《基于多元数据的中国地理空间疫情风险评估探索——以2020年1月1日至4月11日COVID-19疫情数据为例》，《地球信息科学学报》2021年第2期。

方志耕、杨保华、陆志鹏、刘思峰、陈晔、陈伟、姚国章：《基于Bayes推理的灾害演化GERT网络模型研究》，《中国管理科学》2009年第2期。

冯秀丽、戚洪帅、王腾、李安龙、林霖：《黄河三角洲埕岛海域地貌演化及其地质灾害分析》，《岩土力学》2004 年第 S1 期。

冯正直、柳雪荣、陈志毅：《新冠肺炎疫情期间公众心理问题特点分析》，《西南大学学报》（社会科学版）2020 年第 4 期。

高海霞：《消费者的感知风险及减少风险行为研究》，博士学位论文，浙江大学，2003 年。

高凯、杨志勇、高希超、邵薇薇：《城市洪涝损失评估方法综述》，《水利水电技术》2021 年第 4 期。

高妮：《网络安全多维动态风险评估关键技术研究》，博士学位论文，西北大学，2016 年。

高霞、陈凯华：《合作创新网络结构演化特征的复杂网络分析》，《科研管理》2015 年第 6 期。

龚俊宏：《国土空间用途管制背景下的土地利用变化与洪涝灾害风险空间分布关系研究》，硕士学位论文，江西财经大学，2021 年。

郭君、黄崇福、艾福利：《与月份及预警有关的广东省台风动态风险研究》，《系统工程理论与实践》2015 年第 6 期。

郭晓亭、蒲勇健、林略：《风险概念及其数量刻画》，《数量经济技术经济研究》2004 年第 2 期。

郭晓亭：《证券投资基金风险分析与实证研究》，博士学位论文，重庆大学，2004 年。

国务院：《"十四五"国家应急体系规划》，2022 年。

国务院：《抗击新冠肺炎疫情的中国行动白皮书》，2020 年。

韩平、程先富：《洪水灾害损失评估研究综述》，《环境科学与管理》2012 年第 4 期。

贺山峰、梁爽、吴绍洪、郭浩：《长三角地区城市洪涝灾害韧性时空演变及其关联性分析》，《长江流域资源与环境》2022 年第 9 期。

侯光辉、王元地：《"邻避风险链"：邻避危机演化的一个风险解释框架》，《公共行政评论》2015 年第 1 期。

侯雨乐、赵景波：《1960—2015 年岷江上游松潘县降水变化与旱涝灾害》，《四川师范大学学报》（自然科学版）2021 年第 5 期。

侯雨乐、赵景波：《马尔康市 1954—2019 年降水与旱涝灾害变化研究》，《长江科学院院报》2022 年第 11 期。

黄崇福:《自然灾害动态风险分析的一个形式化模型》,《灾害学》2015年第3期。

黄崇福:《自然灾害动态风险分析基本原理的探讨》,《灾害学》2015年第2期。

黄河、范一大、杨思全、李文波、郭啸天、赖文泽、王海雷:《基于多智能体的洪涝风险动态评估理论模型》,《地理研究》2015年第10期。

黄杰、朱正威、赵巍:《风险感知、应对策略与冲突升级——一个群体性事件发生机理的解释框架及运用》,《复旦学报》(社会科学版)2015年第1期。

黄文成、帅斌、孙妍、李美霖、庞璐:《熵-TOPSIS-耦合协调法评价铁路危险品运输系统风险》,《中国安全科学学报》2018年第2期。

黄玥诚:《高危生产系统动态风险的拓扑模型与定量方法研究》,博士学位论文,中国地质大学(北京),2017年。

贾建民、李华强、范春梅、郝辽钢、王顺洪、解洪:《汶川地震重灾区与非重灾区民众风险感知对比分析》,《管理评论》2008年第12期。

贾建民、袁韵、贾轼:《基于人口流动的新冠肺炎疫情风险分析》,《中国科学基金》2020年第6期。

贾建民、袁韵、贾轼:《基于人口流动的新冠肺炎疫情风险分析》,《中国科学基金》2020年第6期。

江锦成:《面向重大突发灾害事故的应急疏散研究综述》,《武汉大学学报》(信息科学版)2021年第10期。

姜波、陈涛、袁宏永、范维澄:《基于情景时空演化的暴雨灾害应急决策方法》,《清华大学学报》(自然科学版)2022年第1期。

蒋瑛:《风险治理视域的突发事件舆情导控研究》,博士学位论文,华东师范大学,2018年。

金丽娟、许泉立:《中国COVID-19疫情的空间格局和时空演化》,《中华疾病控制杂志》2021年第11期。

孔得朋:《火灾安全设计中参数不确定性分析及耦合风险的设计方法研究》,博士学位论文,中国科学技术大学,2013年。

黎鸣:《论信息》,《中国社会科学》1984年第4期。

李大虎、袁志军、何俊、邓长虹、贺忠尉、黄文涛:《面向台风气象的电网运行风险态势感知方法》,《高电压技术》2021年第7期。

李纲、陈璟浩:《突发公共事件网络舆情研究综述》,《图书情报知识》2014年第2期。

李国婉、夏兵、隋己元、王耀建、杨海军、杨慧琛、王燕华、黎华寿:《海绵城市建设对流域海绵体生态水文过程的改善》,《生态学报》2022年第24期。

李华强、范春梅、贾建民、王顺洪、郝辽钢:《突发性灾害中的公众风险感知与应急管理——以5·12汶川地震为例》,《管理世界》2009年第6期。

李静、Philip L. PEARCE、吴必虎、Alastair M. MORRISON:《雾霾对来京旅游者风险感知及旅游体验的影响——基于结构方程模型的中外旅游者对比研究》,《旅游学刊》2015年第10期。

李陇堂、石磊、杨莲莲、张冠乐、王艳茹:《沙漠型旅游区体验项目承载力研究——以宁夏沙坡头景区为例》,《中国沙漠》2017年第5期。

李天铭、祁姿妤、陈孟轩:《麦积山石窟游客承载量问题的探索》,《自然与文化遗产研究》2021年第6期。

李威君:《风险动态评估理论与方法研究及其在天然气站场的应用》,博士学位论文,中国石油大学（北京）,2017年。

李晓、李守定、陈剑、廖秋林:《地质灾害形成的内外动力耦合作用机制》,《岩石力学与工程学报》2008年第9期。

李云飞、许才顺、池招招、张飞:《基于Softmax回归模型的地震灾害损失预测评估研究》,《合肥工业大学学报》（自然科学版）2021年第12期。

梁晓丹、李颖灏、刘芳:《在线隐私政策对消费者提供个人信息意愿的影响机制研究——信息敏感度的调节作用》,《管理评论》2018年第11期。

刘庆龙、曲秋影、赵东风、刘尚志、王劲:《基于多源异构数据融合的化工安全风险动态量化评估方法》,《化工学报》2021年第3期。

刘世靖、许小进、边修蕊、史梁:《地震发生前后民众心理分析及传播作为》,《防灾科技学院学报》2007年第3期。

刘涛、陈家醇、靳永爱、肖雯:《中国人口流动影响下的新冠病毒肺炎疫情时空格局与防控效果数据分析》,《全球变化数据学报》(中英文) 2020 年第 3 期。

刘涛、陈忠、陈晓荣:《复杂网络理论及其应用研究概述》,《系统工程》 2005 年第 6 期。

刘万利、胡培:《创业风险对创业决策行为影响的研究——风险感知与风险倾向的媒介效应》,《科学学与科学技术管理》2010 年第 9 期。

刘兴朋、张继权、周道玮、宋中山、吴晓天:《中国草原火灾风险动态分布特征及管理对策研究》,《中国草地学报》2006 年第 6 期。

刘雅姝、张海涛、徐海玲、魏萍:《多维特征融合的网络舆情突发事件演化话题图谱研究》,《情报学报》2019 年第 8 期。

刘亚溪、宋辞、刘起勇、张知新、王席、马佳、陈晓、裴韬:《重庆市新型冠状病毒肺炎流行时空特征及其与人群活动性的关系》,《地球信息科学学报》2021 年第 23 期。

刘奕、许伟、乔晗、范维澄:《突发事件应急管理方法研究进展专辑序言》,《管理评论》2016 年第 8 期。

刘勇、杨东阳、董冠鹏、张航、苗长虹:《河南省新冠肺炎疫情时空扩散特征与人口流动风险评估——基于 1243 例病例报告的分析》,《经济地理》2020 年第 3 期。

刘仲藜、章新平、黎祖贤、贺新光、关华德:《洞庭湖流域各季节旱涝及其与大气环流和关键区海温的关系》,《热带地理》2021 年第 5 期。

柳长森、郭建华、金浩、陈健:《基于 WSR 方法论的企业安全风险管控模式研究——"11·22"中石化管道泄漏爆炸事故案例分析》,《管理评论》2017 年第 1 期。

卢小丽、于海峰:《基于知识元的突发事件风险分析》,《中国管理科学》2014 年第 8 期。

陆静、唐小我:《基于贝叶斯网络的操作风险预警机制研究》,《管理工程学报》2008 年第 4 期。

吕健:《基于信息熵理论的给水管网运行优化研究》,博士学位论文,哈尔滨工业大学,2015。

马骏、唐方成、郭菊娥、席酉民:《复杂网络理论在组织网络研究中的应用》,《科学学研究》2005 年第 2 期。

马宁、刘怡君、廉莹：《突发事件舆情风险研究文献综述》，《情报杂志》2019 年第 6 期。

孟博、刘茂、李清水、王丽：《风险感知理论模型及影响因子分析》，《中国安全科学学报》2010 年第 10 期。

倪顺江：《基于复杂网络理论的传染病动力学建模与研究》，博士学位论文，清华大学，2009 年。

聂明秋、黄生志、黄强、王璐、张迎、郭怿：《基于非参数法的气象－水文干旱风险评估及其动态演变探究》，《自然灾害学报》2020 年第 2 期。

牛文元：《国家突发公共事件应急管理中的科学问题——社会物理学的理论与方法》，《中国应急管理》2007 年第 3 期。

庞西磊、黄崇福、张英菊：《自然灾害动态风险评估的一种基本模式》，《灾害学》2016 年第 1 期。

彭小兵、邹晓韵：《邻避效应向环境群体性事件演化的网络舆情传播机制——基于宁波镇海反 PX 事件的研究》，《情报杂志》2017 年第 4 期。

亓文辉、祁明亮、纪雅敏：《核电厂周边居民风险感知的"波浪效应"》，《中国应急管理科学》2021 年第 3 期。

钱学森：《论系统工程》，上海交通大学出版社 2007 年版。

乔晓娇、李勇建、畅博、王循庆：《基于模糊证据推理的突发事件风险分析模型》，《系统工程理论与实践》2015 年第 10 期。

秦程节：《网络群体极化：风险、成因及其治理》，《电子政务》2017 年第 4 期。

裘江南、师花艳、叶鑫、王延章：《基于事件的定性知识表示模型》，《系统工程》2009 年第 10 期。

尚志海、莫骞、陈欣瑶、盘雨薇、廖丽姗、蔡依淳：《不同年龄居民新冠肺炎风险感知与应对行为》，《武汉理工大学学报》（信息与管理工程版）2021 年第 2 期。

沈阳、吴荆棘：《基于复杂因子的网络舆情推演研究》，《情报学报》2013 年第 12 期。

宋华岭、王今：《广义与狭义管理熵理论》，《管理工程学报》2000 年第 1 期。

苏斌原、叶苑秀、张卫、林玛：《新冠肺炎疫情不同时间进程下民众的心理应激反应特征》，《华南师范大学学报》（社会科学版）2020年第3期。

苏芳、宋妮妮、薛冰、李京忠、王燕侠、方兰、程叶青：《新冠疫情期间民众心理状态时空特征——基于全国24188份样本分析》，《中国软科学》2020年第11期。

苏飞、殷杰、尹占娥、于大鹏、许世远：《黄浦江流域洪灾动态风险演化趋势研究》，《地理科学》2014年第5期。

苏妍嫄、张亚明、何旭、杜翠翠：《风险感知交叉演变下突发事件网络舆情传播模型研究》，《现代情报》2020年第12期。

苏筠、李娜、张美华、高立龙：《公众信任及水灾风险认知的区域对比》，《中国安全科学学报》2008年第7期。

孙彩虹、张博舒：《基于目标免疫的疾病传播应急控制模型研究》，《管理评论》2016年第8期。

谭少林、吕金虎：《复杂网络上的演化博弈动力学——一个计算视角的综述》，《复杂系统与复杂性科学》2017年第4期。

陶鹏、李欣欣：《突发事件风险管理的政策工具及使用偏好——以文本大数据为基础的扎根理论分析》，《北京行政学院学报》2019年第1期。

万欣、卞文婕、魏然、胡梦柳、宋亮亮：《海绵城市水系统耦合协调发展及动态响应研究》，《水资源保护》2023年第4期。

汪伟全：《风险放大、集体行动和政策博弈——环境类群体事件暴力抗争的演化路径研究》，《公共管理学报》2015年第1期。

王波、黄德春、华坚、张长征：《水利工程建设社会稳定风险评估与实证研究》，《中国人口·资源与环境》2015年第4期。

王春乙、蔡菁菁、张继权：《基于自然灾害风险理论的东北地区玉米干旱、冷害风险评价》，《农业工程学报》2015年第6期。

王春懿、梁川、赵璐、崔宁博、关静：《基于正交投影法改进TOPSIS模型的宁夏农业干旱风险评价》，《灌溉排水学报》2018年第1期。

王丹丹、杨艳妮、张瑞：《系统功能语言学理论视角下突发公共卫生事件谣言用户立场识别研究——以COVID-19疫情为例》，《现代情报》2021年第2期。

王飞、尹占娥、温家洪:《基于多智能体的自然灾害动态风险评估模型》,《地理与地理信息科学》2009年第2期。

王飞:《风险感知视角下的公众防护型行为决策研究》,博士学位论文,中国科学技术大学,2014年。

王锋:《当代风险感知理论研究:流派、趋势与论争》,《北京航空航天大学学报》(社会科学版)2013年第3期。

王姣娥、杜德林、魏冶、杨浩然:《新冠肺炎疫情的空间扩散过程与模式研究》,《地理研究》2020年第7期。

王莉:《基于PATHFINDER的公共场所人员疏散行为规律及仿真模拟》,《西安科技大学学报》2017年第3期。

王炼、贾建民:《突发性灾害事件风险感知的动态特征——来自网络搜索的证据》,《管理评论》2014年第5期。

王倩雯、曾坚、辛儒鸿:《基于GIS多准则评价与BP神经网络的暴雨洪涝灾害风险辨识——以闽三角地区为例》,《灾害学》2021年第1期。

王鑫、何忠伟、刘芳、张莎莎:《中国非洲猪瘟疫情的时空演化分析》,《中国畜牧杂志》2021年第9期。

王艳霞、李小保、吕厚超:《新冠肺炎疫情期间社区居民时间态度、焦虑和风险感知的关系研究》,《社区心理学研究》2020年第2期。

王毅:《复杂网络上疾病传播的建模及其动力学》,博士学位论文,东南大学,2016年。

王治莹、梁敬、刘小弟:《突发事件情境中公众的风险感知研究综述》,《情报杂志》2018年第10期。

王周伟、赵启程、李方方:《地方政府债务风险价值估算及其空间效应分解应用》,《中国软科学》2019年第12期。

魏静、贾宇广、朱恒民、洪小娟;黄卫东:《基于舆情当事人信息质量及群众信任阈值的观点演化研究》,《情报杂志》2022年第2期。

温芳芳、马书瀚、叶含雪、齐玥、佐斌:《"涟漪效应"与"心理台风眼效应":不同程度COVID-19疫情地区民众风险认知与焦虑的双视角检验》,《心理学报》2020年第9期。

吴国斌、钱刚毅、雷丽萍:《突发公共事件扩散影响因素及其关系探析》,《武汉理工大学学报》(社会科学版)2008年第4期。

吴国斌：《突发公共事件扩散机理研究——以三峡坝区为例》，博士学位论文，武汉理工大学，2006年。

吴静杰、杨乃定、封超、鲁锦涛：《突发事件下情绪对决策者风险偏好和框架效应的影响》，《管理学报》2016年第6期。

夏吉喆、周颖、李珍、李帆、乐阳、程涛、李清泉：《城市时空大数据驱动的新型冠状病毒传播风险评估——以粤港澳大湾区为例》，《测绘学报》2020年第6期。

夏兴生、朱秀芳、潘耀忠、张锦水：《农作物干旱灾害实时风险监测研究——以2014年河南干旱为例》，《自然灾害学报》2016年第5期。

谢佳秋、谢晓非、甘怡群：《汶川地震中的心理台风眼效应》，《北京大学学报》（自然科学版）2011年第5期。

谢晓非、林靖：《心理台风眼效应研究综述》，《中国应急管理》2012年第1期。

谢晓非、郑蕊、谢冬梅、王惠：《SARS中的心理恐慌现象分析》，《北京大学学报》（自然科学版）2005年第4期。

徐涵、张庆：《复杂网络上传播动力学模型研究综述》，《情报科学》2020年第10期。

徐庆娟、潘金兰、刘合香：《基于三维信息扩散和随机过程的台风灾害风险估计》，《南宁师范大学学报》（自然科学版）2020年第4期。

许瀚卿、谭金凯、李梦雅、刘青、王军：《中国沿海地区雨潮复合灾害联合分布及危险性研究》，《地理科学进展》2022年第10期。

许明星、郑蕊、饶俪琳、匡仪、杨舒雯、丁阳、李江龙、李纾：《妥善应对现于新冠肺炎疫情中"心理台风眼效应"的建议》，《中国科学院院刊》2020年第3期。

薛澜、钟开斌：《突发公共事件分类、分级与分期：应急体制的管理基础》，《中国行政管理》2005年第2期。

杨建平、丁永建、陈仁升：《长江黄河源区水文和气象序列周期变化分析》，《中国沙漠》2005年第3期。

杨列勋、邓云峰：《国家突发公共事件应急管理中的科学问题》，《自然科学进展》2007年第4期。

杨默远、刘昌明、潘兴瑶、梁康：《基于水循环视角的海绵城市系统及研究要点解析》,《地理学报》2020年第9期。

杨青、刘星星、陈瑞青、蔡文涛:《基于免疫系统的非常规突发事件风险识别模型》,《管理科学学报》2015年第4期。

杨雪雪、刘强:《基于KPCA-RBF模型的风暴潮灾害经济损失预测》,《海洋科学》2021年第10期。

杨子晖、陈雨恬、张平淼:《重大突发公共事件下的宏观经济冲击、金融风险传导与治理应对》,《管理世界》2020年第5期。

叶明华:《农业气象灾害的空间集聚与政策性农业保险的风险分散——以江、浙、沪、皖71个气象站点降水量的空间分析为例(1980—2014)》,《财贸研究》2016年第4期。

叶琼元、夏一雪、兰月新、张鹏、王娟:《突发事件网络舆情线上线下耦合机理研究》,《情报科学》2021年第3期。

叶欣梁、温家洪、邓贵平:《基于多情景的景区自然灾害风险评价方法研究——以九寨沟树正寨为例》,《旅游学刊》2014年第7期。

尹念红:《面向突发事件生命周期的应急决策研究》,博士学位论文,西南交通大学,2016年。

于海峰、王延章、卢小丽、王宁:《基于知识元的突发事件风险熵预测模型研究》,《系统工程学报》2016年第1期。

于海峰:《基于知识元的突发事件系统结构模型及演化研究》,博士学位论文,大连理工大学,2013年。

于景元:《从系统思想到系统实践的创新——钱学森系统研究的成就和贡献》,《系统工程理论与实践》2016年第36期。

于景元:《钱学森系统科学和系统工程的成就与贡献——从系统思想到系统实践的创新》(上),《中国航天》2021年第12期。

余乐安、李玲、戴伟、汤铃:《危化品水污染事件中政府危机信息公布策略与网络舆情扩散研究:基于多主体模型》,《管理评论》2016年第8期。

虞铭明、朱德米:《环境群体性事件的网络舆情扩散动力学机制分析——以"昆明PX事件"为例》,《情报杂志》2015年第8期。

苑娟、万焱、褚意新:《熵理论及其应用》,《中国西部科技》2011年第5期。

张桂香、霍治国、吴立、王慧芳、杨建莹：《1961—2010 年长江中下游地区农业洪涝灾害时空变化》，《地理研究》2015 年第 6 期。

张军、王学金、李鹏、庄云蓓：《基于 CCM 的突发事件网络舆情传播建模方法研究》，《情报理论与实践》2022 年第 6 期。

张培震、邓起东、张国民、马瑾、甘卫军、闵伟、毛凤英、王琪：《中国大陆的强震活动与活动地块》，《中国科学》2003 年第 S1 期。

张千千、李向全、王效科、万五星、欧阳志云：《城市路面降雨径流污染特征及源解析的研究进展》，《生态环境学报》2014 年第 2 期。

张岩：《博物馆景区最大承载量核定与实施之尴尬——以秦始皇帝陵博物院为例》，《文博》2017 年第 6 期。

张永彬、王坚、王超、凌卫青：《基于 SAPSO 算法的人群疏散模型研究》，《管理评论》2016 年第 8 期。

张云帆、翟丽妮、林沛榕、程磊、卫晓婧：《长江中下游典型流域旱涝与旱涝/涝旱急转演变规律及其驱动因子研究》，《武汉大学学报》（工学版）2021 年第 10 期。

章燕、邱凌峰、刘安琪、钟淑娴、李介辰：《公共卫生事件中的风险感知和风险传播模型研究——兼论疫情严重程度的调节作用》，《新闻大学》2020 年第 3 期。

赵思健、黄崇福、郭树军：《情景驱动的区域自然灾害风险分析》，《自然灾害学报》2012 年第 1 期。

赵思健：《再论自然灾害风险的时空尺度》，《灾害学》2016 年第 4 期。

赵艺学、巫敬：《乔家大院不同舒适度标准的游客承载量估算和景区游客安全预警研究》，《北京第二外国语学院学报》2011 年第 7 期。

赵泽斌、满庆鹏：《基于前景理论的重大基础设施工程风险管理行为演化博弈分析》，《系统管理学报》2018 年第 1 期。

甄瑞、周宵：《新型冠状病毒肺炎疫情下普通民众焦虑的影响因素研究》，《应用心理学》2020 年第 2 期。

郑芳、白晓宇、祝卓宏、陈玥、王淑娟、李新影：《新型冠状病毒肺炎疫情期间民众的焦虑情绪分析：对心理台风眼效应的检验》，《临床精神医学杂志》2021 年第 3 期。

郑蕊、饶俪琳、李纾：《铅锌矿区居民风险知觉的心理台风眼效应》，会议论文，南京，2013 年。

钟景鼎、张美华：《防洪工程信赖对公众洪灾风险认知的影响——以开封沿黄地区与岳阳洞庭湖区为例》，《防灾减灾工程学报》2010 年第 2 期。

周凌一、刘铁枫：《信息视角下新冠肺炎疫情的公众风险感知与预防行为》，《复旦公共行政评论》2021 年第 1 期。

周素红、廖伊彤、郑重：《"时-空-人"交互视角下的国土空间公共安全规划体系构建》，《自然资源学报》2021 年第 9 期。

朱晓寒、李向阳、王诗莹：《自然灾害链情景态势组合推演方法》，《管理评论》2016 年第 8 期。

朱正威、胡永涛、郭雪松：《基于尖点突变模型的社会安全事件发生机理分析》，《西安交通大学学报》（社会科学版）2011 年第 3 期。

祝光湖：《复杂网络上的传染病传播动力学研究》，博士学位论文，上海大学，2013 年。

祝慧娜：《基于不确定性理论的河流环境风险模型及其预警指标体系》，博士学位论文，湖南大学，2012 年。

祝思佳、邱菀华：《基于熵权 TOPSIS 的航空转包生产供应商风险评估》，《系统工程》2020 年第 1 期。

庄文英、许英姿、任俊玲、王兴芬：《突发事件舆情演化与治理研究——基于拓展多意见竞争演化模型》，《情报杂志》2021 年第 12 期。

外文文献

A. Fernández-Cortés, F. Sánchez-Martos, J. Gisbert, A. Pulido-Bosch, "Environmental Control for Determining Human Impact and Permanent Visitor Capacity in a Potential Show Cave before Tourist Use", *Environmental Conservation*, Vol. 30, 2003.

A. Wesolowski, N. Eagle, A. J. Tatem, D. L. Smith, A. M. Noor, R. W. Snow, C. O. Buckee, "Quantifying the Impact of Human Mobility on Malaria", Science, Vol. 338, No. 6104, 2012.

A. A. Azlan, M. R. Hamzah, T. J. Sern, S. H. Ayub, E. Mohamad., "Public Knowledge, Attitudes and Practices towards COVID-19: A Cross-sectional

Study in Malaysia", *Plos One*, Vol. 15, No. 5, 2020.

Abbas Mamudu, Faisal Khan, Sohrab Zendehboudi, Sunday Adedigba, "Dynamic Risk Modeling of Complex Hydrocarbon Production Systems", *Process Safety and Environmental Protection*, Vol. 151, 202.

Abbas Mardani, Ahmad Jusoh, Edmundas Kazimieras Zavadskas, "Fuzzy Multiple Criteria Decision – making Techniques and Applications – Two Decades Review From 1994 to 2014", *Expert Systems With Applications*, Vol. 42, 2015.

Ahmad M., Iram K., Jabeen G., "Perception – based Influence Factors of Intention to Adopt COVID – 19 Epidemic Prevention in China", *Environmental Research*, Vol. 190, No. 10, 2020.

Albert Postma, Dirk Schmuecker, "Understanding and Overcoming Negative Impacts of Tourism in City Destinations: Conceptual Model and Strategic Framework", *Journal of Tourism Futures*, Vol. 3, 2017.

Almagro, M., Orane – Hutchinson, A., "The Determinants of the Differential Exposure to COVID – 19 in New York City and Their Evolution Over Time", *Journal of Urban Economics*, Vol, 127, 2022.

Amy Wesolowski, Nathan Eagle, Andrew J. Tatem, David L. Smith, Abdisalan M. Noor, Robert W. Snow, And Caroline O. Buckee, "Quantifying the Impact of Human Mobility on Malaria", *Science*, Vol. 238, No. 6104, 2012.

Apostolakis G. E., "A Commentary on Model Uncertainty", Proceedings of Workshop on Model Uncertainty, Center for Reliability Engineering, University of Maryland, College Park, Maryland, 1995.

B. Fischhoff, P. Slovic, S. Lichtenstein, S. Read, B. Combs, "How safe is safe enough", *Policy Sciences*, Vol. 8, 1978.

Block, Per, Hoffman, Marion, Raabe, Isabel J., Dowd, Jennifer Beam, Rahal, Charles, Kashyap, Ridhi, Mills, Melinda C., "Social Network – based Distancing Strategies to Flatten the COVID – 19 Curve in a Post – lockdown World", *Nature Human Behaviour*, Vol. 4, 2020.

Brand, L. Jay, "Integration of the Cognitive and the Psychodynamic Unconscious": Comment", *American Psychologist*, Vol. 9, 1995.

Britton T., Ball F., Trapman P., "A Mathematical Model Reveals the Influence of Population Heterogeneity on Herd Immunity to SARS – CoV – 2", *Science*, Vol. 369, 2020.

C. Goh, R. Law, "Modeling and Forecasting Tourism Demand for Arrivals With Stochastic Nonstationary Seasonality and Intervention", *Tourism Management*, Vol. 23, No. 5, 2002.

Chaowu Xie, Qian Huang, Zhibin Lin, Yanying Chen, "Destination Risk Perception, Image and Satisfaction: the Moderating Effects of Public Opinion Climate of Risk", *Journal of Hospitality and Tourism Management*, Vol. 44, 2020.

Chang S., Pierson E., Koh P. W., "Mobility Network Models of COVID – 19 Explain Inequities and Inform Reopening", *Nature*, Vol. 589, 2021.

Chinh Luu, Jason von Meding, Mohammad Mojtahedi, "Analyzing Vietnam's National Disaster Loss Database for Flood Risk Assessment Using Multiple Linear Regression – TOPSIS", *International Journal of Disaster Risk Reduction*, Vol. 40, 2019.

Coco Yin Tung Kwok, Man SingWong, Ka LongChan, Mei – PoKwan, Janet Elizabeth Nichol, Chun HoLiu, Janet Yuen HaWong, Abraham Ka Chung-Wai, Lawrence Wing ChiChan, Yang Xu, Hon Li, Jianwei Huang, Zihan Kan, "Spatial Analysis of the Impact of Urban Geometry and Socio – demographic Characteristics on COVID – 19, a Study in Hong Kong", *Science of The Total Environment*, Vol. 764, 2020.

Cohen, Reuven, Shlomo Havlin, "Scale – Free Networks Are Ultrasmall", *Physical Review Letters*, Vol. 90, 2003.

Coimbra, C. E. A., "Human Factors in the Epidemiology of Malaria in the Brazilian Amazon", *Human Organization*, Vol. 47, No. 3, 1988.

Colizza, Vittoria, Alessandro Vespignani, "Epidemic Modeling in Metapopulation Systems With Heterogeneous Coupling Pattern: Theory and Simulations", *Journal of Theoretical Biology*, Vol. 251, 2008.

Corinne Corbaua, Graziella Benedettob, Pietro Paolo, Congiatuc, Umberto Simeonia, Donatella Carbonid. "Tourism Analysis at Asinara Island (Italy): Carrying Capacity and Web Evaluations in two Pocket Beaches", *Ocean &*

Coastal Management, Vol. 169, 2019.

Cuccia, T., Rizzo, I., "Tourism Seasonality in Cultural Destinations: Empirical Evidence from Sicily", *Tourism Management*, Vol. 32, No. 3, 2011.

D. Jean, L. Diègo, D. Jean, L. Diègo, "Spatial Autocorrelation", *International Encyclopedia of the Social & Behavioral Sciences*, Vol. 5, 2001.

Das, T. K., Bing-Sheng Teng, "The risk-based view of trust: A conceptual framework", *Journal of Business and Psychology*, Vol. 19, No. 1, 2004.

Di Liang, Xiang Li, Yi-Qing Zhang, "Identifying Familiar Strangers in Human Encounter Networks", *A Ltters Journal Exploring the Frontiers of Physics*, No. 1, 2016.

Diedrich, Amy, Pablo Balaguer Huguet, Joaquín Tintoré Subirana, "Methodology for Applying the limits of Acceptable Change Process to the Management of Recreational Boating in the Balearic Islands, Spain (Western Mediterranean)", *Ocean & Coastal Management*, Vol. 54, 2011.

Dixon P., Rehling G., Shiwach R., "Peripheral victims of the Herald of Free Enterprise Disaster", British Journal of Medical Psychology, Vol. 66, 1993.

Yanan Dong, Saiquan Hu, Junming Zhu, "From Source Credibility to Risk Perception: How and When Climate Information Matters to Action", *Resources Conservation and Recycling*, Vol. 136, 2018.

Drefahl, S., Wallace, M., Mussino, E., Aradhya, S., Kolk, M., Brandén, M., Malmberg, B., Andersson, G., "Socio-demographic Risk Factors of COVID-19 Deaths in Sweden: a Nationwide Register Study", Nature Publishing Group, Vol. 1, 2020.

EM-DAT, *Report of Natura Disasters*, Center for Research on the Epidemiology of Disaster, 2019.

Enrique Navarro Jurado, Ionela Mihaela Damian, Antonio Fernández-Morales, "Carrying Capacity Model Applied in Coastal Destinations", *Annals of Tourism Research*, Vol. 43, 2013.

Erik Johansson, "Influence of Urban Geometry on Outdoor Thermal Comfort in a hot dry Climate: a Study in Fez", Morocco, *Building and Environment*, Vol. 41, 2006.

Fan, Jin, and Xiao Fan Wang, "A Wavelet View of Small – world Networks", *IEEE Transactions on Circuits and Systems II: Express Briefs*, Vol. 52, No. 5, 2005.

Fei Zhou, Ting Yu, Ronghui Du, Guohui Fan, Ying Liu, Zhibo Liu, Jie Xiang, Yeming Wang, Bin Song, Xiaoying Gu, Lulu Guan, YuanWei, Hui Li, Xudong Wu, Jiuyang Xu, Shengjin Tu, Yi Zhang, Hua Chen, Bin Cao, "Clinical Course and Risk Factors for Mortality of Adult Inpatients with COVID – 19 in Wuhan, China: a Retrospective Cohort Study", *The Lancet*, Vol. 395, No. 10229, 2020.

Festinger L., *A Theory of Cognitive Dissonance*, Stanford University Press. 1957.

Fischhoff B., Lichtenstein S., Derby S. L., et al. *Acceptable Risk*, Cambridge University Press, 1984.

FKS Chan, J. A. Griffiths, D. Higgitt, S. Xu, F. Zhu, Y. T. Tang, "Sponge City in China—A Breakthrough of Planning and Flood Risk Management in the Urban Context", *Land Use Policy*, Vol. 76, 2018.

Franco Salerno, Gaetano Viviano, Emanuela C. Manfredi, Paolo Caroli, Sudeep Thakuri, GianniTartari, "Multiple Carrying Capacities from a Management – oriented Perspective to Operationalize Sustainable Tourism in Protected Areas", *Journal of Environmental Management*, Vol. 128, 2013.

G. James Rubin, Richard Amlô, Lisa Page, Simon Wessely, "Public Perceptions, Anxiety, and Behaviour Change in Relation to the Swine flu Outbreak: Cross Sectional Telephone Survey", *BMJ*, Vol. 339, 2009.

George H. Stanky, Stephen F. McCool, Gerald L. Stokes, "Limits of Acceptable Change: a New Framework for Managing the Bob Marshall Wilderness Complex", *Western Wildlands*, Vol. 10, 1984.

Gillian K. Steel Fisher, Robert J. Blendon, Mark M. Bekheit, Keri Lubell, "The Public's Response to the 2009 H1N1 Influenza Pandemic", *New England Journal of Medicine*, Vol. 362, 2010.

H. Inaba, "Threshold and Stability Results for an Age – structured Epidemic Model", *Journal of Mathematical Biology*, Vol. 4, 1989.

Hai – Min Lyua, Shui – Long Shen, An – Nan Zhou, Wan – Huan Zhoud, "Flood

Risk Assessment of Metro Systems in a Subsiding Environment Using the Interval FAHP – FCA Approach", *Sustainable Cities and Society*, Vol. 50, 2019.

Hamid Reza Pourghasemi, Soheila Pouyan, Bahram Heidari, Zakariya Farajzadeh, Seyed Rashid Fallah Shamsi, Sedigheh Babaei, Rasoul Khosravi, Mohammad Etemadi, Gholamabbas Ghanbarian, Ahmad Farhadi, Roja Safaeian, Zahra Heidari, Mohammad Hassan Taraz kar, John P. Tiefenbacher, Amir Azmi, Faezeh Sadeghiani, "Spatial Modeling, Risk Mapping, Change Detection, and Outbreak Trend Analysis of Coronavirus (COVID – 19) in Iran (Days Between February 19 and June 14, 2020)", *International Journal of Infectious Diseases*, Vol. 98, 2020.

Hanye Wang, Shengzhi Huang, Wei Fang, Beibei Hou, Guoyong Leng, Qiang Huang, Jing Zhao, Zhiming Han, "Multivariable Flood Risk and its Dynamics Considering Project Reasonable Service life in a Changing Environment", *Journal of Hydrology*, Vol. 590, No. 1, 2020.

Hao Wang, Chao Mei, Jiahong Liu, Weiwei Shao, "A New Strategy for Integrated Urban Water Management in China: Sponge City", *Science China Technological Sciences*, Vol. 61, No. 3, 2019.

Hao Wang, Lixiang Song, "Water level Prediction of Rainwater Pipe Network Using an SVM – based Machine learning Method", *International Journal of Pattern Recognition and Artificial Intelligence*, Vol. 34, No. 2, 2020.

Henderson A. S., Montgomery I. M., Williams C. L., "Psychological Immunisation, A proposal for Preventive Psychiatry", *Lancet*, Vol. 299, 1972.

Heros Augusto SantosLobo, Eleonora Trajano, Maurício de Alcântara Marinho, Maria Elina Bichuettee, José Antonio Basso Scaleante, Oscarlina Aparecida Furquim Scaleant, Bárbara Nazaré Roch, Francisco Villela Laterza, "Projection of Tourist Scenarios Onto Fragility Maps: Framework for Determination of Provisional Tourist Carrying Capacity in a Brazilian Show Cave", *Tourism Management*, Vol. 35, 2013.

Huabing Huang, Xi Chen, Zhanqiang Zhu, Yuhuan Xie, Lin Liu, Xianwei Wang, Xina Wang, Kai Liu, "The Changing Pattern of Urban Flooding in Guangzhou, China", *Science of The Total Environment*, Vol. 394, 2017.

Huixing Meng, Xu An, "Dynamic Risk Analysis of Emergency Operations in Deepwater Blowout Accidents", *Ocean Engineering*, Vol. 240, 2021.

Jaegwon Kim, "Events as Property Exemplifications", Action Theory, Springer, Dordrecht, 1976.

Jian Fang, Feng Kong, Jiayi Fang, Lin Zhao, "Observed Changes in Hydrological Extremes and Flood Disaster in Yangtze River Basin: Spatial – temporal Variability and Climate Change Impacts", *Natural Hazards*, Vol. 93, No. 1, 2018.

Jianping Li, Yuyao Feng, Guowen Li, Xiaolei Sun, "Tourism Companies' Risk Exposures on Text Disclosure", *Annals of Tourism Research*, Vol. 84, 2020.

Jie Ban, Lian Zhou, Yi Zhang, G. Brooke Anderson, Tiantian Li, "The Health Policy Implications of Individual Adaptive Behavior Responses to Smog Pollution in Urban China", *Environment International*, Vol. 106, 2017.

Jie Li, Ziwen Ye, Jun Zhuang, Norio Okada, Lei Huang, Guoyi Han, "Changes of Public Risk Perception in China: 2008 – 2018", *Science of The Total Environment*, Vol. 799, 2021.

Jie Wang, Bingjie Liu, Lastres, Brent W. Ritchie, ZiPan Dong, "Risk Reduction and Adventure Tourism Safety: an Extension of the Risk Perception Attitude Framework", *Tourism Management*, Vol. 74, 2019.

Jimei Li, Yangyang Chen, Xiaohui Yao, An Chen, "Risk Management Priority Assessment of Heritage Sites in China Based on Entropy Weight and TOPSIS", *Journal of Cultural Heritage*, Vol. 49, 2021.

Jing Song, Zheng Chang, Weifeng Li, Zhe Feng, Jiansheng Wu, Qiwen Cao, Jianzheng Liu, "Resilience – vulnerability Balance to Urban Flooding: A case Study in a Densely Populated Coastal City in China", *Cities*, Vol. 95, 2019.

Joris P. C. Eekhout1, Johannes E. Hunink, Wilco Terink, Joris de Vente, "Why Increased Extreme Precipitation Under Climate Change Negatively Affects Water Security", *Hydrology and Earth System Sciences*, Vol. 22, No. 11, 2018.

K. Durga Rao, H. S. Kushwaha, A. K. Verma, A. Srividya, "Quantification of

Epistemic and Aleatory Uncertainties in Level – 1 Probabilistic Safety Assessment Studies", *Reliability Engineering & System Safety*, Vol. 92, No. 7, 2007.

Kaori Tembata, Yuki Yamamoto, Masashi Yamamoto, Ken'ichi Matsumoto, "Don't Rely too Much on Trees: Evidence From Flood Mitigation in China", *Science of The Total Environment*, Vol. 732, 2020.

Kapuściński G., Richards B., "News Framing Effects on Destination Risk Perception", *Tourism Management*, Vol. 57, 2006.

K. D. V. Liere, R. E. Dunlap, "The Social Bases of Environmental Concern: A Review of Hypotheses, Explanations and Empirical Evidence", *Public Opinion Quarterly*, Vol. 44, 1980.

Ke Wei, Chaojun Ouyang, Hongtao Duan, Yunliang Li, Mingxing Chen, Jiao Ma, Huicong An, Shu Zhou, "Reflections on the Catastrophic 2020 Yangtze River Basin Flooding in Southern China", The Innovation, Vol. 1, 2020.

Keith Eastwood, David N. Durrheim, Michelle Butler, Alison Jones, "Responses to Pandemic (H1N1) 2009, Australia", *Emerg Infect Dis*, No. 16, No. 8, 2010.

Law, R., "Internet and Tourism—Part XXI: Trip Advisor", *Journal of Travel & Tourism Marketing*, Vol. 20, 2006.

Leopold R. L., Dillon H., "Psycho – anatomy of a Disaster: A long – term Study of Post – traumatic Neuroses in Survivors of a Marine Explosion", *American Journal of Psychiatry*, Vol. 119, No. 10, 1963.

Liang Ma, Tom Christensen, "Government Trust, Social Trust, and Citizens' Risk Concerns: Evidence from Crisis Management in China", *Public Performance & Management Review*, Vol. 42, 2018.

Lijun Sun, Kay W. Axhausen Axhausen, Der – Horng Lee, Xianfeng Huang, "Understanding Metropolitan Patterns of Daily Encounters", *Proceedings of the National Academy of Sciences*, Vol. 110, 2013.

L. K. Hussey, G. Arku, "Conceptualizations of Climate – related Health Risks among Health Experts and the Public in Ghana", *Social Science & Medicine*, Vol. 223, 2019.

Louise Petersson, Marie – Claire ten Veldhuis, Govert Verhoeven, Zoran

Kapelan, Innocent Maholi, Hessel C. Winsemius, "Community Mapping Supports Comprehensive Urban Flood Modeling for Flood Risk Management in a Data – Scarce Environment", *Frontiers in Earth Science*, Vol. 8, 2020.

M. Zia Sadique, W. John Edmunds, Richard D. Smith, William Jan Meerding, Onno de Zwart, Johannes Brug, Philippe Beutels, "Precautionary behavior in Response to Perceived Threat of Pandemic Influenza", *Emerging infectious diseases*, Vol. 13, No. 9, 2007.

Maderthaner, Rainer Guttmann, Giselher Swaton, Elisabeth Otway, Harry J., "Effect of Distance Upon Risk Perception", *Journal of Applied Psychology*, Vol. 63, No, 3, 1978.

Mark A. Schuster, M. D., Ph. D., Bradley D. Stein, M. D., M. P. H., Lisa H. Jaycox, Ph. D., Rebecca L. Collins, Ph. D., Grant N. Marshall, Ph. D., Marc N. Elliott, Ph. D., Annie J. Zhou, M. S., David E. Kanouse, Ph. D., Janina L. Morrison, A. B., and Sandra H. Berry, M. A., "A National Survey of Stress Reactions After the September 11, 2001, Terrorist Attacks", *The New England Journal of Medicine*, Vol. 20, 2001.

Md. Hamidur Rahman, Niaz Mahmud Zafri, Fajle Rabbi Ashik, Md Waliullah, Asif Khan, "Identification of Risk Factors Contributing to COVID – 19 incidence Rates in Bangladesh: a GIS – based Spatial Modeling Approach", *Heliyon*, Vol. 7, No. 2, 2021.

Meleik Hyman, Calvin Mark, Ahmed Imteaj, Hamed Ghiaie, Shabnam Rezapour, Arif M. Sadri, M. HadiAmini, "Data Analytics to Evaluate the Impact of Infectious Disease on Economy: Case Study of COVID – 19 Pandemic", *Patterns*, Vol. 2, No. 8, 2021.

Melissa N. Care, Nicholas A. Kuiper, "Cognitive Representations in a Self – Regulation Model of Depression", *Self and Identity*, Vol. 12, 2012.

Meng, Z., Yao, D., "Damage Survey, Radar, and Environment Analyses on the First – Ever Documented Tornado in Beijing during the Heavy Rainfall Event of 21 July 2012", Weather Forecasting, Vol. 29, No. 3, 2014.

Michael Siegrist, "Trust and Risk Perception: A Critical Review of the Literature", *Risk Analysis*, Vol. 41, No. 3, 2021.

Michael Siegrist, Bernadette Sütterlin, Carmen Keller, "Why Have Some People Changed Their Attitudes Toward Nuclear Power After the Accident in Fukushima?", *Energy Policy*, Vol. 69, 2014.

Ming Zhao, Zengfeng Sun, Youwen Zeng, "Exploring Urban risk Reduction Strategy Based on Spatial Statistics and Scenario Planning", *Journal of Cleaner Production*, Vol. 264, 2020.

M. K. Hossain, Q. Meng, "A Fine – scale spatial analytics of the assessment and mapping of buildings and population at different risk levels of urban flood", *Land Use Policy*, Vol. 99, 2020.

Mollalo, A., Vahedi, B., Rivera, K. M., "GIS – based Spatial Modeling of COVID – 19 Incidence Rate in the Continental United States", *Science of The Total Environment*, Vol. 728, 2020.

Muhammad ArslanIqbal, Muhammad ZeeshanYounas, "Public Knowledge, Attitudes, and Practices towards COVID – 19 in Pakistan: A Cross – sectional study", *Children and Youth Services Review*, Vol. 120, 2021.

Muhammad Rendana, Wan Mohd RaziIdris, Sahibin Abdul Rahimd, "Spatial Distribution of COVID – 19 Cases, Epidemic Spread Rate, Spatial Pattern, and Its Correlation with Meteorological Factors During the First to the Second Waves", *Journal of Infection and Public Health*, Vol. 14, No. 10, 2021.

Neil M. Ferguson, Derek A. T. Cummings, Christophe Fraser, James C. Cajka, Philip C. Cooley, and Donald S. Burke, "Strategies for Mitigating an Influenza Pandemic", *Nature*, Vol. 442, 2006.

Newman M., "Modularity and Community Structure in Networks", *Proceedings of the National Academy of Sciences*, Vol. 103, No. 23, 2006.

Nidhal Ben Khedher, Lioua Kolsi, Haitham Alsaif, "A multi – stage SEIR Model to Predict the Potential of a New COVID – 19 Wave in KSA After Lifting all Travel Restrictions", *Alexandria Engineering Journal*, Vol. 60, 2021.

Nigel Martin, John Rice, "Emergency Communications and Warning Systems: Determining Critical Capacities in the Australian Context", *Disaster Prevention and Management: An International Journal*, Vol. 21, 2012.

O'Hara, S., Humphrey, M., Andersson – Hudson, J., Knight, W., *Public*

Perception of Shale Gas Extraction in the UK: *From Positive to Negative*, University of Nottingham, Nottingham, UK, 2016.

P. Yarsky, "Using a Genetic Algorithm to Fit Parameters of a COVID – 19 SEIR Model for US States", *Mathematics and Computers in Simulation*, Vol. 185, 2021.

Pandalai – Nayar N., Flaaen A., Boehm C., "Input Linkages and the Transmission of Shocks: Firm – Level Evidence from the 2011 Tohoku Earthquake", Society for Economic Dynamics, Center for Economic Studies, U. S. Census Bureau, October 1, 2015.

Papatheodorou A., "Why People Travel to Different Places", *Annals of Tourism Research*, Vol. 28, No. 1, 2001.

Pastor – Satorras R., Vespignani A., "Epidemic Spreading in Scale – free Networks", *Physical Review Letters*, Vol. 86, No. 14, 2001.

Paul Slovic, "Perception of Risk", *Science*, Vol. 236, No. 4799, 1987.

Paul Slovic, Melissa L. Finucane, Ellen Peters, Donald G. MacGregor, "Risk as Analysis and Risk as Feelings: Some Thoughts About Affect, Reason, Risk, and Rationality", *Risk Analysis*: *An International Journal*, Vol. 24, No. 2, 2004.

Penela, D., Serrasqueiro, R. M., "Identification of Risk Factors in the Hospitality Industry: Evidence From Risk Factor Disclosure", *Tourism Management Perspectives*, Vol. 32, 2019.

Péter Boldog, Tamás Tekeli, Zsolt Vizi, Attila Dénes, Ferenc A. Bartha, Gergely Röst, "Risk Assessment of Novel Coronavirus COVID – 19 Outbreaks Outside China", *Journal of Clinical Medicine*, Vol. 9, No. 2, 2020.

Qiang Zhang, Xihui Gu, Vijay P. Singh, Lin Liu, Dongdong Kong, "Flood – Induced Agricultural Loss across China and Impacts from Climate Indices", *Global and Planetary Change*, Vol/139, 2016.

Raifman, M. A., Raifman, J. R., "Disparities in the Population at Risk of Severe Illness From COVID – 19 by Race/ethnicity and Income", *American Journal of Preventive Medicine*, Vol. 59, No. 1, 2020.

Reza Kiani Mavi, Mark Goh, Neda KianiMavi, "Supplier Selection With Shannon Entropy and Fuzzy TOPSIS in the Context of Supply Chain Risk Management", *Procedia – Social and Behavioral Sciences*, Vol. 235, 2016.

Rui Zheng, Li – Lin Rao, Xiao – Lu Zheng, Chao Cai, Zi – HanWei, Yan – Hua Xuan, Shu Li, "The More Involved in Lead – zinc Mining Risk the Less Frightened: A psychological Typhoon Eye Perspective", *Journal of Environmental Psychology*, Vol. 44, 2015.

S. Koyama, O. Takagi, "Consumer Behavior as Risk Taking", *Hikone Ronso*, Vol. 279, 1992.

Serina Chang, Emma Pierson, Pang Wei Koh, Jaline Gerardin, Beth Redbird, David Grusky & Jure Leskovec, "Mobility Network Models of COVID – 19 Explain Inequities and Inform Reopening", Vol. 589, *Nature*, 2021.

Shannon C. E. "A mathematical Theory of Communication", *The Bell System Technical Journal*, Vol. 27, No. 3, 1948.

Shengjie Lai, Nick W. Ruktanonchai, Liangcai Zhou, Olivia Prosper, Wei Luo, Jessica R. Floyd, Amy Wesolowski, Mauricio Santillana, Chi Zhang, Xiangjun Du, Hongjie Yu & Andrew J. Tatem, "Effect of Non – pharmaceutical Interventions to Contain COVID – 19 in China", *Nature*, Vol. 585, 2020.

Shiliang Wang, Orcid Image, Michael J. Paul, Mark Dredze, "Social Media as a Sensor of Air Quality and Public Response in China", *Journal of Medical Internet Research*, Vol. 17, 2015.

Shu Li, Li – Lin Rao, Xiao – Peng Ren, Xin – Wen Bai, Rui Zheng, Jin – Zhen Li, Zuo – Jun Wang, Huan Liu, "Psychological Typhoon Eye in the 2008 Wenchuan Earthquake", *PloS one*, Vol. 4, No. 3, 2009.

Shu Li, Li – Lin Rao, Xin – Wen Bai, Rui Zheng, Xiao – Peng Ren, Jin – Zhen Li, Zuo – Jun Wang, Huan Liu, Kan Zhang, "Progression of the 'psychological typhoon eye' and variations since the Wenchuan earthquake", *PLoS One*, Vol. 5, No. 3, 2010.

Silke Jacobs, Isabelle Sioen, Zuzanna Pieniak, Stefaan De Henauw, Ana Luisa Maulvault, Marieke Reuver, Gabriella Fait, German Cano – Sancho, Wim Verbeke, "Consumers' Health Risk – benefit Perception of Seafood and Attitude Toward the Marine Environment: Insights from five European Countries", Environmental Research, Vol. 143, 2015.

Simone Marsiglio, "On the Carrying Capacity and the Optimal Number of Visitors in Tourism Destinations", *Tourism Economics*, Vol. 23, No. 3, 2017.

Singal, M., "How is the Hospitality and Tourism Industry Different? An Empirical Test of Some Structural Characteristics", *International Journal of Hospitality Management*, Vol. 47, 2015.

Sisi Pu, Zhijuan Shao, Minrui Fang, Lei Yang, Riyang Liu, Jun Bi, Zongwei Ma, "Spatial Distribution of the Public's Risk Perception for Air Pollution: A Nationwide Study in China", *Science of The Total Environment*, Vol. 655, 2019.

Stankey George H., Fredningsstyrelsen, "The Limits of Acceptable Change (LAC) System for Wilderness Planning", *General Technical Report INT (USA)*, Vol. 176, 1985.

Stephens, C. M., Lall, U., Johnson, F. M., Marshall, L. A., "Landscape Changes and Their Hydrologic Effects: Interactions and Feedbacks Across Scales", *Earth-Science Reviews*, Vol. 212, 2021.

Steven R. Lawson, Robert E. Manning, William A. Valliere, Benjamin Wang, "Proactive Monitoring and Adaptive Management of Social Carrying Capacity in Arches National Park: an Application of Computer Simulation Modeling", *Journal of Environmental Management*, Vol. 68, 2003.

T. Britton, F. Ball, P. Trapman, "A mathematical Model Reveals the Influence of Population Heterogeneity on Herd Immunity to SARS-CoV-2", Vol. 369, No. 6505, *Science*, 2020.

Tarannom Parhizkar, Ingrid Bouwer Utne, Jan Erik Vinnem, Ali Moslehbc, "Dynamic Probabilistic Risk Assessment of Decision-making in Emergencies for Complex Systems, Case Study: Dynamic Positioning Drilling Unit", *Ocean Engineering*, Vol. 237, 2021.

The International Disaster Dataset Centre for Research on the Epidemiology of Disaster. *Natura Disasters Report*, 2019.

Thomas J. Sullivan, Masamichi Chino, Joachim Ehrhardt, Vyacheslav Shershakov, "International Exchange of Emergency Phase Information and Assessments: an Aid to National/International Decision Maker", *Radiat. prot. dosim*, Vol. 109, 2004.

TJ Stewart, "A Critical Survey on the Status of Multiple Criteria Decision Making Theory and Practice", *Omega*, Vol. 20, 1992.

Ulyana S. Ivanova, Olga V. Taseiko, Daria A. Chernykh, "Probabilistic Methods for Risk Assessment of Anthropogenic Accidents and Emergency", *Procedia Structural Integrity*, Vol. 20, 2019.

Van – Hieu Vu, Xuan – Quynh Le, Ngoc – Ho Pham, Luc Hens, "Application of GIS and Modelling in Health Risk Assessment for Urban Road Mobility", *Environmental Science and Pollution Research*, Vol. 20, 2013.

Wang W., Zhao X. – Q., "An Age – Structured Epidemic Model in a Patchy Environment", *SIAM Journal on Applied Mathmatics*, Vol. 65, 2005.

Wanfu Wang, Xu Ma, Yantian Ma, Lin Mao, Fasi Wu, Xiaojun Ma, Lizhe An, Huyuan Feng, "Seasonal Dynamics of Airborne Fungi in Different Caves of the Mogao Grottoes, Dunhuang, China", *International Biodeterioration & Biodegradation*, Vol. 64, No. 6, 2010.

Wang, H., Song, L., "Water level Prediction of Rainwater Pipe Network Using an SVM – based Machine Learning Method", *International Journal of Pattern Recognition and Artificial Intelligence*, Vol. 34, No. 2, 2020.

Wanyun Shao, Feng Hao, "Risk Perceptions of COVID – 19 in a Highly Polarized Environment", *Social Science & Medicine*, Vol. 261, 2020.

W. E. Allen, A. T. Han, J. Briggs, X. Jin, X. Lin., "Population – scale Longitudinal Mapping of COVID – 19 Symptoms, Behaviour and Testing", *Nature Human Behaviour*, Vol. 9, No. 9, 2020.

Wei Li, Huiling Zhong, Nan Jing, Lu Fan, "Research on the Impact Factors of Public Acceptance towards NIMBY Facilities in China—A Case Study on Hazardous Chemicals Factory", *Habitat International*, Vol. 83, 2019.

Wei Su, Xiaodong Zhang, ZhenWang, Xiaohui Su, Jianxi Huang, Siquan Yang, Sanchao Liu, "Analyzing Disaster – forming Environments and The Spatial Distribution of Flood Disasters and Snow Disasters That Occurred in China From 1949 to 2000", *Mathematical and Computer Modelling*, Vol. 54, 2011.

Wendi Wang, Xiao – Qiang Zhao, "An Age – structured Epidemic Model in a

Patchy environment", *SIAM Journal on Applied Mathematics*, Vol. 65, 2005.

Williams, A. M., & Baláž, "Tourism Risk and Uncertainty: Theoretical Reflections", *Journal of Travel Research*, Vol. 54, No. 3, 2015.

X. Guo, J. Ji, F. Khan, L. Ding, Q. Tong, "A Novel Fuzzy Dynamic Bayesian Network for Dynamic Risk Assessment and Uncertainty Propagation Quantification in Uncertainty Environment", *Safety Science*, Vol. 141, 2021.

Xiaojun Liu, Hui Zhu, Yongxin H., Sha Feng, Yuanyuan Chu, Yanyan Wu, Chiyu Wang, Yuxuan Zhang, Zhaokang Yuan, Yuanan Lu, "Public's Health Risk Awareness on Urban Air Pollution in Chinese Megacities: The Cases of Shanghai, Wuhan and Nanchang", *International Journal of Environmental Research & Public Health*, Vol. 13, No. 9, 2016.

Xiaolei Gao, Yuguo Li, Gabriel M., "Leung Ventilation Control of Indoor Transmission of Airborne Diseases in an Urban Community", *Indoor and Built Environment*. Vol. 18, 2009.

Xu Ying, Zhang Bing, ZhouBo－Tao, Dong Si－Yan, Yu Li, LiRou－Ke, "Projected Flood Risks in China Based on CMIP5", *Advances in Climate Change Research*, Vol. 5, No. 2, 2014.

Y. Guo, P. Ru, J. Su, L. D. Anadon, "Not in my Backyard, But Not Far Away from me: Local Acceptance of Wind Power in China", *Energy*, Vol. 82, 2015.

Yangyang Chen, An Chen, Di Mu, "Impact of Walking Speed on Tourist Carrying Capacity: The Case of Maiji Mountain Grottoes, China", *Tourism Management*, Vol. 84, 2021.

Yan－Jun Wang, Chao Gao, Jian－Qing Zhai, Xiu－Cang Li, Bu－da Su, Heike Hartmann, "Spatio－temporal Changes of Exposure and Vulnerability to Floods in China", *Advances in Climate Change Research*, Vol. 5, No. 4, 2014.

Yaron Ogen, "Assessing Nitrogen Dioxide (NO_2) levels as a Contributing Factor to Coronavirus (COVID－19) Fatality", Science of The Total Environment, Vol. 726, 2020.

Yi Han, Lan Yang, Kun Jia, Jie Li, Siyuan Feng, Wei Chen, Wenwu Zhao,

Paulo Pereirae, "Spatial Distribution Characteristics of the COVID – 19 Pandemic in Beijing and Its Relationship with Environmental Factors", *Science of The Total Environment*, Vol. 761, 2020.

Yi Liu, Xianjin Huang, Hong Yang, "An Integrated Approach to Investigate the Coupling Coordination between Urbanization and Flood Disasters in China", *Journal of Cleaner Production*, Vol. 375, 2022.

Yingwei Yuan, Qian Zhang, Sheming Chen, Yu Li, "Evaluation of Comprehensive Benefits of Sponge Cities Using Meta – analysis in Different Geographical Environments in China", *Science of The Total Environment*, Vol. 36, 2022.

YoungHo Kim, InKyoung Park, SooJin Kang, "Age and Gender Differences in Health Risk Perception", *Central European journal of Public Health*, Vol. 26, No. 1, 2018.

Yunqiang Liu, Ming You, Jialing Zhu, Fang Wang, Ruiping Ran, "Integrated Risk Assessment for Agricultural Drought and Flood Disasters Based on Entropy Information Diffusion Theory in the Middle and Lower Reaches of the Yangtze River, China", *International Journal of Disaster Risk Reduction*, Vol. 38, 2019.

Yuyao Feng, Guowen Li, Xiaolei Sun, Jianping Li, "Identification of Tourists' Dynamic Risk Perception—The Situation in Tibet", *Humanities and Social Sciences Communications*, Vol. 912, No. 9, 2022.

Zaller J. R. *The Nature and Origins of Mass Opinion*, Cambridge University Press, 1992.

Zhanjing Zeng, Po – Ju Chen, Alan A. Lew, "From High – touch to High – tech: COVID – 19 Drives Robotics Adoption", *Tourism Geographies*, No. 1, 2020.

Zhijie Jia, Shiyan Wen, Boqiang Lin, "The Effects and Reacts of COVID – 19 Pandemic and International Oil Price on Energy, Economy, and Environment in China", *Applied Energy*, Vol. 302, 2021.

Z. W. Kundzewicz, Su Buda, Wang Yanjun, Xia Jun, Huang Jinlong, Jiang Tong, "Flood Risk and its Reduction in China", *Advances in Water Resources*, Vol. 130, 2019.